我绝不与这个世界妥协

丘吉尔演讲集

［英］温斯顿·丘吉尔◎著

陈钦武◎译

江苏人民出版社

图书在版编目（ＣＩＰ）数据

我绝不与这个世界妥协：丘吉尔演讲集/(英) 温斯顿·丘吉尔著；陈钦武译. -- 南京：江苏人民出版社，2016.12

书名原文: Winston Churchill Speech

ISBN 978-7-214-20069-3

Ⅰ.①我… Ⅱ.①温… ②陈… Ⅲ.①丘吉尔（Churchill, Winston Leonard Spencer 1874–1965）—演讲—选集 Ⅳ.①K835.617=5

中国版本图书馆CIP数据核字（2016）第313572号

书　　　名	我绝不与这个世界妥协：丘吉尔演讲集	
著　　　者	〔英〕温斯顿·丘吉尔	
译　　　者	陈钦武	
责 任 编 辑	汪意云	
装 帧 设 计	异一设计	
版 式 设 计	书情文化	
出 版 发 行	凤凰出版传媒股份有限公司	
	江苏人民出版社	
出版社地址	南京市湖南路1号A楼，邮编：210009	
出版社网址	http://www.jspph.com	
	http://jsrmcbs.tmall.com	
印　　　刷	北京中印联印务有限公司	
开　　　本	710毫米×1000毫米　1/16	
印　　　张	19.25	
字　　　数	275千字	
版　　　次	2017年7月第1版　2017年7月第1次印刷	
标 准 书 号	ISBN 978-7-214-20069-3	
定　　　价	42.00元	

目　录

第一章　主宰自己的声音

（一九〇〇至一九一七）

第四章　发动语言战争

（一九四一至一九四五）

第五章　用不同语言演讲

（一九四五至一九五五）

前　言

温斯顿·丘吉尔在他生命的最后20年中被人们普遍称为他那个时代"最伟大的英国人"。他的逝世受到全世界千百万人的哀悼,在人们的心目中,他至今依然是大不列颠极负盛名的儿子。有关他的书籍和文章发行量之大有增无减,公众想获得对他更多的了解,如饥似渴、贪得无厌地阅读他的著作。每年,成千上万的人从世界各地云集布兰海姆、查特韦尔、布莱顿和伦敦内阁作战部参观访问。"丘吉尔"的英语形容词Churchillian和Churchilliana都已列入权威的新版牛津英语大词典。皇家海军战舰以他的名字命名;他的名字还成为香烟的商标以及大厦的匾牌。电影、电视系列片以他的生活为题材,甚至伦敦的音乐也把他的生活谱为主旋律。他的书籍读起来令人赏心悦目、爱不释手;他的画作在拍卖行里高价出售;他的语录成为警世箴言。

然而在他著述中占据重要位置的演说却至今未能集成出版。这本书正是他演说的集结。我忠心感谢卡赛尔的安·鲍伊德,她第一个建议我做这项工作,并不断给予我热情鼓励和帮助。柯蒂斯·布朗的迈克·肖在这方面也竭尽了全力并倾注了智慧。我还要向剑桥的耶稣学院戴维·雷诺深表感谢,他

曾以温斯顿·丘吉尔为主题和我作了多次令人难忘的谈话。他坦诚相见，这与他知识分子的慷慨同样令人钦佩。克莱尔·康德拉关键时刻为这一研究提供了宝贵的借鉴。最后，我再次感谢谢林达学院。

DNC（民主党全国委员会）

纽黑文

1988年除夕

序

　　温斯顿·丘吉尔是他那一时代最雄辩、最善于表达的政治家，他既是语言大师，又是语言的奴仆。他非凡的事业毋庸置疑地被当作他壮丽宏伟的内心独白。他日以继夜地把词语注入滔滔大浪之中，奔涌不息。这些词语具有鼓舞人、感化人的力量，同时具有振聋发聩、威慑逼人、怒骂申斥的效果。不管是私人交往、公开露面、内阁议政，还是下院辩论，或者是乘车船、坐飞机，或是在食堂、画室、寝室、浴室里，他都滔滔不绝地慷慨陈词。许多书和文章，数种国家报纸，不计其数的备忘录都有力地证实了他经久不衰的口才、无比的修辞天赋，以及他一生对于语言的情有独钟。从开始参加大选到1900年进入下院，直到1955年作为首相的最后两周，丘吉尔在使用语言方面可以说是万无一失的大师。

　　从本质上说，他是一位修辞学家，善于遣词造句，用词多半口语化。有些词在说话中频频使用，朗朗上口。正因为是一个演说家，丘吉尔才生气勃勃；也只有通过演说，他的话语才有极大、永久的影响。

　　丘吉尔同格莱斯顿一样，"演讲是他本身的素质"。他一生中的演说词集成书出版的量多于与他同时代的其他政界人物。选定出版的演说集达八部之多，远远超出4000万字。他使用过的词语，不只限于"血、辛劳、眼泪和汗水"、"他们的好运"、"少数人"和"在终止时开始"已得到广为流传，还有"一如既往"、"铁幕"、"高层会议"以及"和平共处"已成为成千上万人的日常用语。正如丘吉尔自己所说的"只有词语才能永恒"，这

一肯切的预言至少对他来说是恰如其分、无可争议的墓志铭。

—

尽管丘吉尔对于口语的掌握已经达到无比娴熟的地步，但他绝非一个天生的演说家。年轻的时候，对他来说，成为一个出头露面的人物，常常发表演说，那简直是不可思议的事。个头不到五英尺高，略显驼背，薄薄的上唇，娇嫩的皮肤，人到中年发胖的腰围，可见他的外貌并不具有吸引人的魅力。他深感没受过牛津、剑桥大学教育的不足，一方面他一直感到知识的贫乏；另一方面他又觉得自己"从来没有那种年轻人在大学论坛就各门学科即兴辩论的经历"。除了在公众场合作了些简短的评论之外，他根本谈不上掌握了即兴公开演说的艺术。最令人气恼的是，他的声音不浑厚、不动人，语言有障碍，有时口齿不清，兼有口吃。正如一位公正的观察者针对丘吉尔早年经历所说的，他是"一个中等身材、不出众的青年，说话口齿不清……貌不惊人"。

丘吉尔的演说之所以与众不同，是由于他不得不克服不利因素。他通过艰苦奋斗，长期苦学苦练，去掌握他选中的技能。他学习记忆克伦威尔、查塔姆、伯克①、皮特、麦考利、布赖、迪斯累利、格莱斯顿这些名家的最著名的演说词。他背诵他父亲的部分讲话，故意仿效他的穿着和风度。他勇于磨练，克服发音不清和口吃的缺陷，拜访了几个语音专家，心摹口练，坚持不懈，精选妙词佳句以避免日常话语中不谐调的节奏。他对着镜子摆姿势，纠正面部表情。自然，他早年已经建立了不朽的功勋，但还常常担心在下院会议上会脱口失言；就是在后期，大凡作重要发言之前，他往往担心有闪失，直到准确用词、绝无障碍时才感到满意。

首先，他必须在演说词的篇章上花费时间。不管是在下院会议的讲台

① 伯克（1729–1797）：英国辉格党政治家、下院议员，维护议会政治，主张对北美殖民地实行自由和解的政策，反对法国大革命。

上，还是对着麦克风说话，丘吉尔的演说既不是临场发挥、口若悬河的喷涌，也不是某个只经过一番模糊思索便发出的不连贯的大声疾呼。这些演说，也包括一些台词，都是正式的文学作品，预先经过精心制作、润色，才全文排发的。它们是彻头彻尾详尽策划的作品，运用了丰富的历史事实去加强论证，安排了井井有条的论据，直至最后撰写成长篇大论。这一运作的全过程，难免占据了丘吉尔的大量时间。他在下院的首次重要演说总共花了六个星期才完成，即使在二战最黑暗、最繁忙的日子，他对他的演说词也从来不敢敷衍塞责。有时演说会不尽人意，然而他很少有半点懈怠。

丘吉尔具有撰写演讲稿和酝酿演讲的技巧，这极大地弥补了他身体、气质以及智力方面的缺陷。尽管他基本上已形成了自己的风格，但他还要改变风格，以适应新的情况。他开始把吉本的庄重、滚动的句子与麦考利明快、对仗的句子及咄咄逼人的智慧结合在一起。在印度当兵时，他很感激伯克·考克兰，他是坦慕尼协会总部以外的美籍爱尔兰政治家，他的最佳演说比起威廉·杰宁斯、布莱恩还要雄辩有力。那响亮、高谈阔论的演说很快成为丘吉尔声调的特色，这是从小皮特和格莱斯顿那儿摹仿来的，他父亲伦道夫勋爵在抨击和谩骂表达方面明显是成功的一例。丘吉尔把自己的细微、幽默、蓄意平凡的特点加上异常活跃的混合剂，其结果正像哈罗德·尼科尔森指出的，"演说时神采飞扬与聚精会神，这二者异常引人注目地结合在一起了"。

此外，丘吉尔本身是一个遣词造句的真正的艺术家，一个自学成才的人，不亚于一名职业政治家，他的词汇量异常之大。在哈罗公学求学时他在其他方面并不突出，但对于军事美学、醒目的头韵、亮丽的词汇、明快的对仗以及闪光的警句特别有兴趣。就像他的绘画、他的演说充满生动的意象和斑斓的色彩。他喜欢简洁、有力、生气勃勃的名词，如"血、辛劳、眼泪和汗水"。他选用有感召力、肯切、有文采的形容词，如"寂静、悲哀、丰富、破裂"等。他能驾驭出人意料但又精心选择过的词。比如他在描述密西西比河时，用了"桀骜不驯，不可抗拒，慈祥仁厚"，其中非凡的形容词最

后突破了既定的头韵模式，起到了极好的效果。在他同时代政治家中，在杜撰给人不可磨灭印象的词语方面，他是一个无可比拟的能工巧匠。大罢工时代，他的评论《我完全倾向于在消防队和火之间不偏不倚》是有名的一例。而他后来把苏联描写成"一个谜语，用神秘的外衣包裹，居于暧昧隐蔽之中"是另外一例。这种无悔的决心、勤于运用与娴熟技艺的结合，使丘吉尔迅捷地获得英国历史上所有政治家使用的多数修辞手段。从一部著作到另一部著作，由一个危机到另一个危机，由支持政府到反对政府，他总与闪闪发光的词汇结伴。修饰，再使用反复试过的句型，以适应新的情况。1940年英国战斗机驾驶员参战，有名的颂歌中有这样一句："在人类冲突的战场上，从来没有如此多的人把如此多的荣耀归于如此少的人。"这一诗句富有古典的简洁和仿佛信手拈来的完美。但是未定型之前却经过了反复的变更和修改。1899年他视察了奥尔德姆，说："英国从来没有如此多的人，也从来没有那么多的食物供膳用。"九年之后，作为殖民事务大臣，在评论非洲的灌溉工程时说："世界上没有任何其他地方能够以如此少的砖石结构蓄纳如此多的水资源。"当丘吉尔1940年正是一个大忙人时，他的言辞所以能这样轻逸、华美地流动，其原因之一是他储备了一个词句库。

这些语句可以随时遣上笔端，因为它们确切地表达了他真实的个性，也因为丘吉尔的演说不仅仅在运用修辞手法、语言表述才能，而且在公开演讲的技巧方面训练有素。他如此运用语言，因为语言可以生动直接地反映出他究竟是什么个性的人。他本人平凡的个性由每一个夸张的句子表述出来：简单、热情、无辜、不会狡诈欺骗，同时又富有浪漫、豪侠、斗勇、雄心勃勃且城府很深。正如阿斯奎斯·维奥利特的女儿所说的："20世纪之交邂逅他时，听他的演说中没有虚伪、夸张、矫揉造作的东西，有的只是他自然形成的习语。他的宇宙建立在勇敢之上，他说的是这种宇宙语。"1940年维塔·塞克维尔·威斯特实际上也为这一思想感到慰藉，"一个人之所以为他的词汇所打动，原因之一是他感触到这些词语背后似乎有一个强大的堡垒在支撑着、运作着，它们绝非仅仅是评语所用的词语"。

出于以上原因，丘吉尔的演说很快就实现了显著的音韵和谐，成为训练有素的政治手段。的确，他在农村没建立起一个拥有地方势力的根据地，在威斯敏斯特没拥有一批他个人的追随者，他两度改变党性，他的判断常常有误，他政务管理方面的才能或高或低，他对普通人的理解十分欠缺。对于他的演说仅仅被当作他真实的手段这一看法实际上是有争议的。演说使他能博得作为一名年轻下院议员的声誉，使他能在第一次世界大战的变迁中幸存下来，恢复他在20世纪20年代的地位，使他能开展独立运动反对绥靖政策，在二次世界大战中联合自由力量，发挥世界政治家的作用。利用演说他得以将自己的视觉以及他本人的个性完全倾注在人和事件上。他的演说具有独特庄重的特点。他用无可比拟的雄辩演说表达高尚的情感。不管丘吉尔的演说多么重要，他的讲话绝非只是趋时趋势，他是在为子孙后代说话。这部演说集的问世，强有力地证明他是多么成功地达到了他的目的。

二

然而，尽管丘吉尔的演说具有明显超验特点，实际上他的许多演说经历后来证明是无助的，也就是说，演说没能使他实现他成为首相的最高抱负。从本质上说，他的演说反而使他难于攀登社会生活的顶端，无疑，部分正是因为他闪光的词汇、优美的表演。他对自己在演讲中所表达的气魄具有不可掩饰的喜悦，在大部分卑琐无聊的人中引起了过多的嫉妒。就他大部分的事业而言，他的演说正像真正具有诱惑力和感染力的演说那样，不但没说服力，反而触犯和引起了部分人的反对。正如一名下院议员在1935年所说的，"每当那位大人演说……演说厅里总是座无虚席，并引起全场的关注和羡慕。他想让听众笑，他们就笑，想让全场骚动，它就骚动……然而听众并不心悦诚服，最后他还是遭到投票者的反对"。丘吉尔的演说虽然不乏溢美之词，但也有斥骂之词，过于真切又过多地反映了他的公开活动。那么丘吉尔演说的问题表现在什么地方呢？

　　部分在于丘吉尔富丽堂皇的修辞扰乱了平静，人们平静的心理迅速被鼓动起来，去支持许多不同甚至矛盾的原因，而这一切仅仅为了去支持他的观点，这特点在他早期生涯中已很普遍，一直延续到1940年甚至更后。部分问题还在于他不稳定的性格和他探索性的判断完全缺乏真实的成分。还不仅仅在于他生性爱激动、好动，把接触到的一切事情的重要性夸大其词，更在于他的修辞似乎常常模糊了他的理论。是他的词汇左右了他，而不是他驾驭了词汇。尽管他的基本优点或弊端都会很快感染他，也无妨他施展修辞的魅力去表达一切政治意图。查理·马斯特曼发牢骚说："他只确认一切能通过修辞手段启迪他疯狂的事业心的理论。"这一切发生得太经常了，丘吉尔对迪斯累里针对格莱斯顿的指控深有感触。迪斯累利说格莱斯顿仅仅是"深奥老练的修辞学家、沉迷于他自己连篇累牍的激情洋溢"。

　　接下去的困窘是：对于在下院戏剧性的演说、舞台艺术化的独白、不该使用的口吻、进行家庭对话似的议会辩论，凡此种种，他一概不能适应。按克莱门特·艾德礼的说法，这些演说是充满华丽词藻的表演，但是太庄重，太自负，过于精细，不是下院理想的言论，只是阐发个人观点给人以印象而已。议会记录的形式读起来极其豪壮，使后来人倾倒不已，然而却很少反映下院议员的心态，根本无助于辩论自身。好几次他没能预先正确预料议员们的心情，结果招致议会的屈辱，因为他的言辞使议员们感到乏味，再说下去无疑要惹来祸殃。早年贝尔福曾讥笑过丘吉尔，说他的演讲"气壮"，"他只是一个不十分灵活的辩才"。到后来，艾诺林·巴范用了一个暗喻说，"他应当坐在轮椅上战斗，就像一门大炮"。

　　此外，丘吉尔漂亮的词句常常冒犯听众，招致哗然的批评，而他对于别人的情感却全然无动于衷。因为他的抨击（用贝尔福的话说）"既有准备又猛烈"，对此被他谴责的人不会忘记，也不能原谅。以前，在他盛气凌人、以功臣自居的讲话中，他罢免了米尔诺大臣的职务，后者是英国的贤良，无端被贬斥为"罪叛巴涅尔"。20世纪20年代，他粗暴地把拉姆·麦克唐纳刻画成"没有骨气的奇迹"。不久后，他把甘地①丑化为"煽动性的中庙律师"，"印度教赤手空拳的托钵僧"。1945年大选时，他首次在党派政治广播演说中使用了臭名昭著的盖世太保对工党敌手进行的嘲讽。四年之后，他对英国工党财政大臣克里普斯②发动了一次针对浩劫中战时联合体的一员盟友的进攻，该大臣在一次大战中曾是他战时联盟的一名盟友。艾德礼评论说："丘吉尔是语言大师，然而一旦词语大师成为词语的奴隶，就是一件可怕的事情，因为词语背后没有别的，只有滥用的词语"。

丘吉尔的演说很多情况下带有悲观、启示性的阴郁色彩，令人难以置信。他用了一些过于渲染和生动的词语描述对于英国帝制复活构成的一系列恐怖威慑，如"布尔什维克"、"贸易联盟"、"印度的民族主义"、"纳粹分子"、"战后工党"和"原子弹"。"每个人自身都是非常可怕和十分危险的"，而他则用同样的语言来描述这一切。1931年他发出雷鸣般的呐喊，"让我们继续，"当时印度对英国构成了威胁，然而德国同样构成危险，"缓慢地向毫无作用的终结推移，慢条斯理地爬向深渊"。正像得奥·阿迈利评论的那样，这并不公平，很多演说起了副作用，缺乏建设性的设想，"很多威胁从最好的方面说是虚张声势，从最坏的方面说却十分具有想象力"。使用相近的词把威胁刻画得相去甚远，有时又十分难以置信，丘吉尔常常借假警告却贬低了自己危言耸听的虚夸。无怪乎议员们没注意到他发出德国重新武装的警告。议员们以前全听到过此类警告，感到非常厌烦。这一次，他们凭什么相信他正确？

丘吉尔的很多演说都具有极大的轰动效应，可见他的勃勃雄心。然而，确切地说，他的演说往往听起来空泛虚浮，言过其实，还充满自负，所以就

---

① 英·迪拉·甘地（1869-1948）：印度民族解放运动领袖，有"圣雄"之称，印度国大党主席（1925-1934），首倡"非暴力抵抗"，多次发动反英"不合作运动"，领导争取印度独立的斗争，印度独立（1947）后，被印度教极右分子杀害。

② 克里普斯：英工党政治家，参与创立新同盟（1932），二次世界大战后，任财政大臣（1947-1950），致力于战后经济建设，推行经济紧缩政策。

显得雷声大、雨点小。在那个战争年月里，无聊的世界上，1945–1951年这段社会主义时代里，他的夸夸其谈显得异常亮丽、丰富、生动、激情迸发。而在利顿·斯特维奇①和乔治·奥威尔那个时代，"宏伟气度"是没有说服力的。一名妇女听了丘吉尔在群众集会上吼叫，说他是"一个小蠢货，可恶之极，绝不是一名幽默滑稽的演员，不过是双手交叉、操着演说声音浊眉污须的势利小人"。当无线电广播开始响彻大会场时，他便越发超乎时空：作为一名广播员，他缺乏适于媒介、适于节奏、抑扬顿挫的谈话方式。像鲍德温和艾德礼这样的政治家，素来从实际出发，实事求是，敏于适应国情，蔑视、怀疑那些大言不惭、玩弄词藻的演说家，无论在国家还是在下院，无处不胜过丘吉尔，这毫不奇怪。

丘吉尔演说的致命弱点是：演说内容虽与他的美德不一致，却具有奥林匹克水平。他的演讲都是作了精细准备的，这恰恰说明其演讲具有深思熟虑的拘泥特点。庄重的语言往往裹住了高尚的情操，却也能不失深奥，但是往往有令人不舒服的犯禁。演说中若玩弄词藻就不会有不断的创造，但无人不晓的是：丘吉尔常做出不可靠的判断；充满狂热的演说会使听众扫兴，分散注意力；易于使他们羡慕，却得不到承认，最大的弱点是：他的演讲纯属以自我为中心，不关注任何他人的意见。"他在议会厅中不过占住了一个位置，"乔治·兰士白利指责说，"但好像他有权走进来演说，又走出去，扬长而去，就像万能的上帝在说话。他从来不听别人的演说，只关心他自己的。"要是不打算听别人的演说，那么别人会听他的演说吗？

三

当丘吉尔在事业上大展宏图的时候，他演说的强与弱的平衡很明显地被打破了。早年从参加大选到1900年进入议会，直到1915年达达尼尔海峡的灾

———————

① 利顿·斯特维奇（1880–1932）：英传记作家、评论家，以所著《维多利亚女王时代的名人传》和《维多利亚女王传》而闻名。

难导致他的辞职，丘吉尔在培养作为演说家的才能时，力图震慑下院，这不可避免会有过错，会遭受挫折。他初期的演说词是粗制滥造的。他对他同党领袖布罗德利克和贝尔福的攻击十分激烈。有一次他在下院演讲时，只说了一半句子就戛然而止，完全割裂了它的语义；还有一次，作为次官第一次发表重要讲话，他的评论很不符合下院议员的心境，他的句子特别冗长，多有对仗，充满多音节词，以至听众对于他的实际意思多有费解。所用术语的隐晦既巧妙又可笑："已经陈旧过时的词还允许陈旧到过时废弃，只能说明是修辞的无聊罢了。"

尽管如此，丘吉尔不懈地使用术语以及对于优美语汇的鉴别不久获得了重大犒赏。作为托利党下院议员，他往往成为引人注目的中心，再爬一格升为自由党大臣时，便成了大气候了。他当上殖民大臣，就职德兰士瓦省，他在民主自治政府大会上发表的演说可谓洋洋大观，不仅以细节见长，而且收放自如，视野宽阔。任海军上将时，于1914年演讲，他评价海军的讲话长达两小时，这次演说被广泛认作是透彻、无可辩驳之阐述的典范。劳合-乔治[①]明晰地评论道，"满堂喝彩"成为"他的鼻息"。同时他获得"讲坛坛主"这一令人敬畏的称号，尤其是在围绕"人民的预算"上议论纷纷、上院面临宪政危机之际，他获得这一殊荣。在一次卓有成效的演说中，他对于柯曾[②]大臣的所谓"一切文明都是贵族的杰作"及"维护贵族利益"等可悲的说法给予了令人难忘的回击，丘吉尔纠正说："都是所有文明的艰苦努力。"

他事业的第二阶段是1917年再次上台执政一直到1939年二战爆发。作为劳合-乔治联盟的领导成员，他作了有纪念意义的演说，介绍1921年的军队预算，两年后声援了爱尔兰自由联邦。又作为财政大臣，在1924-1929年

---

① 劳合-乔治（1863-1925）：英国首相（1916-1922），自由党领袖，任财政大臣（1908-1915）时，率先实施社会福利政策，第一次世界大战中组成战时联合内阁，出席巴黎和会（1919），承认爱尔兰独立（1921）。

② 柯曾（1859-1925）：英国驻印度总督（1898-1905），任内整治文官制度，保护印度艺术和文化遗产，后任外交大臣（1919-1924），在解决中东问题、签订洛桑条约中曾起重要作用。

间所作的预算因其玄妙的表达和迎合盛大的场面而受到广泛的称赞。哈罗德·麦克米兰后来回顾道："他在演说中显示了自己的机智、幽默、才华，正像他演说的技巧不受听众欢迎那样，他本人也拒不接受人们的青睐。"但是，诸如分段引进义务、公路基金和定额改革这些既十分复杂又非常神秘的议题，对于高谈阔论的演说来讲不是理想的主题。人们越发感觉到，他的风格快要过时了，首先，他自身负有无法言说的诸多错误、厄运、不幸、荒谬的判断——托尼潘地、安特卫普、达达尼尔、查那克等地的困窘、总罢工，再多的演说技巧对上述事件也隐藏不了、挥之不去。内维尔①大臣1925年指出：他的演说熠熠生辉。人们成群结队去听他的演讲，他们说："他的演说是伦敦最精彩的表演"。他继续说："就我的猜测，他们仅仅把演讲当作表演，目前不急于相信他的人格，更不相信他的判断。"

迎着这一令人泄气的背景，丘吉尔打了20世纪30年代的两大战役，从最坏和最好两方面表现出他是一个演说家。1929-1935年他发动了被塞姆尔·霍尔②后来称之为"温斯顿的七年大战"，以反对印度比尔政府。这一战役决定性地表现出他经久不衰、随机应变的演说才能。但是很少有人在一个完全错估的事业上花费如此多的努力。正如斯坦利·鲍德温独具慧眼的观察那样，丘吉尔的固执己见基本上是用爱德蒙·伯克教化乔治三世的语言的。大多数由于他用凶残却无效的语言战争所促发的敌意：他穷追不舍地论证，作强有力纲领化的演说反对纳粹的威胁。因此他的演讲比起他后来五六年中所应该抓住的注意力要少得多。作为个人苦心发动的改革运动，对于表现议会的勇气来说，他的演说可谓登峰造极，然而演说的听众只占大厅的一半。丘吉尔于1938年伤心地直言道："五年来我向下院讲述这些事，并没获得非常大的成功。"

---

① 阿·内维尔-张伯伦（1869-1940）：英国首相（1937-1940），保守党领袖，1938年与希特勒签订出卖捷克斯洛伐克的《慕尼黑协定》，执行纵容法西斯侵略的绥靖政策。

② 霍尔（1880-1959）：英国政治家，曾任空军大臣（1920-1929），外交大臣（1935）、海军大臣（1936）等职，支持意大利吞并埃塞俄比亚（1935），参与策划《慕尼黑协定》。

1935-1945年间，下院、全国、全世界更加集中了注意力。通过"伪造的战争"，任海军大臣的丘吉尔作了一系列生动有力、颇具战斗力的演说，在巩固信心、增强能力方面给人留下了深刻印象。只有当他成为首相时，一生期待着能主宰危难，他的演说才能才完全点着火，有一触即发之势。这才真正时来运转，这就是他的突破。这些问题在本质上都相应成为丘吉尔式的问题了。比如，胜利和失败，生存和毁灭，自由和专制，文明和野蛮。丘吉尔的演说，尽管常常有误，陈旧过时，却一度完全适应这样一次空前的危机——实际上是可怕的，但是内含着勇气。时代的戏剧突然地与他的声调里的戏剧等同起来了。1940年丘吉尔最后成为他朝思暮想要当上的英雄，他的词语最后都按他的意愿产生了历史意义的影响。

在他任首相初期，他的演说带有三种不同的目的，每一种都相应地实现了。首先，他经常向下院报告战争的进展——包括联邦政府的构成、法国的失败、敦刻尔克大撤退等等。他很多著名的讲话基本上都刊登在议会新闻简报上，往往在结尾处附加上振奋人心的一个段落。第二个目的是：联合强化国家的整体性。我们永远弄不清丘吉尔是否鼓舞了英国人民——这是他自己常常否定的，也不知道他是否只表达了他所有演说共有的、却失于言表的情感。他的演说从两方面来说通常是他的内心独白，绝无仅有地成为他与国家的对话。此外，第三个目的便是要使全世界特别是美国人的舆论界相信英国的困境和摆脱困境的实力。自然，他的演说又完全是判断，罗斯福对他的演说留下了特别深刻的印象。当英国一度处于防御阶段，德国任何时候发动侵略似乎都是可能的，而在胜利一向是不可思议的当儿，丘吉尔的演说却是最好的，往往是惟一可取的武器。爱德华．R．默罗[1]曾评论说："他组织动员了英语语言，并将它投入战斗。"

很自然，要保持整个战时感情和言辞的高度激烈，事实证明是不可能的。屈服还是战胜，这一明显而又简单的问题很快就会由同盟国的合作和战

---

① 默罗（1908-1965）：美国广播记者，曾在伦敦主持哥伦比亚广播公司欧洲部的工作（1937-1946），后任新闻署署长（1961-1963），曾撰文揭露参议员J.R. Mc Larthy的丑闻（1954）。

后重建这一更难应付、不需要勇敢的话题取代了。冲突在继续，因此后方就有不尽人意的地方，远东接踵而来的失败导致对于丘吉尔领导的政府的批评，因为他"只有一系列演说的成功伴之以三番五次军事上的失败"。他还可以对目前全球战争状况作宏伟、全面的调查，他轻而易举地挫败了几项无信心的行动；他发表伟大的演说颂扬劳合-乔治和罗斯福。然而对他来说要想简化、戏剧化那些复杂的军事、政治问题已不是那么容易的事了，同时他也不得不维护和纠正连他本人也不赞成的同盟国的政策。德国投降时，他发表十分得体的既动人又庄严地颂扬胜利的广播讲话，就连在胜利的崇高时刻，也禁不住对德·瓦莱勒的嘲笑，因为在整个敌对期间，后者保持了爱尔兰的中立立场。

欧洲一取得胜利，丘吉尔那种富有义务演讲的执著就中断了。在1945年大选中，他那个党的政治广播显得"令人费解、观点不鲜明，不具有建设性，并且话语冗长，以至从中形成不了具体印象"。作为反对派的领袖，他攻击政府的演说——以惯有启示的形式预测印度工业国有化，以及独立的最可怕的后果——当然不是一直都具有说服力的。他的演说依然无愧于伟大议会，有时他表达得情真意切。可是这些年中，他最伟大的成功是在议会之外、在英国之外得到的。在富顿和苏黎世，他的话语都是来自于新近被他们国家的选民罢免的平民阶层。他们习惯于丘吉尔集抑郁和振奋于一体的风格。但是他作为演讲人的身高、场所和计时的奇特、说话的内容，说明了他的演讲不仅在西方世界，而且在"铁幕"背后都具有很大的影响。

1951年丘吉尔又重新执政。那时人们的心境迥然异于14年前，他的演说无须那般鼓舞人心和温文而雅，比如无须要求"1940年所具有的魔力，到1955年一直有轰动效应"。丘吉尔本人到现在为止，的确是一名无聊的泰坦①。撰写演说词成为他的大负担，所以有时他用别人为他写好的演说稿。他老了，他的恐惧和他年轻时的步履缠住了他。他总是焦虑：在议会他还会

---

① 泰坦：（希腊）传说中曾统治世界的巨人族的一员。

下台。1954年4月他作了一次演说，受到很大非议却一意孤行，以至于他在下院被轰了下来。尽管如此，靠着药物作用，他振作起来，再次以无比的雄辩技惊四座；他对乔治六世的称颂以及他本人80诞辰的演说成为出色的表演；他就外交事务和核战争的威胁作的最后演讲同先前其他的演讲一样具有表达力。艾诺林·比万①对他的批评不无道理，后期丘吉尔的业绩不再符合他的话语。然而对于大部分事业来说，他的演说实际上是无可非议的。

四

汇编丘吉尔的演说词，重要的是如何从他遗留下来的大量语词堆中进行优选。1900-1955年丘吉尔通常每周作一次演讲，涉及的内容不再有趣，历史学家例外，有很多资料不可能逐一选择。当然，要选那些最著名的演说词，比如，反对绥靖政策的，有关二次大战的，接下来是党派抗争和执政年月的，这些资料本身很突出。我还企求把早期的有特色的演说，不那么著名的演说，只要是在有生之年的都编选成为演说的代表作。众所周知，这部分不但不那么成功，反而会令人生厌，还有参加竞选的演讲，广播讲话，还有那些在下院的雄辩演说。除去德兰士瓦省宪法，因为其中有些过细的章节略去了，舍此，所有他的演说词都收了进来。对每种情况，还有突出的个人情况，我都从历史背景的角度，都在每次演说的前面作了解释。丘吉尔的声音也许听不到了，然而他本人关注的演说词依然在讲话。

---

① 比万（1897–1960）：英国工党左翼领袖、下院议员、工党政府的卫生大臣（1945–1951），1951年任劳工与兵役大臣时，因反对工党右翼重整军备预算而辞职。

丘吉尔生平简介

1874 // // 11月30日出生在布伦海姆官

1888–1892 // 在哈罗公学读书

1893–1894 // 桑赫斯特军事学院学员

1895 // // 在第四轻骑兵团受命指挥

1896–1898 // 在印度和苏丹服兵役

1898 // // 出版《马拉坎德野战军》

1899 // // 出版《河上的战争》和《萨伏罗拉》

1899–1900 // 在南非任随军记者

1900–1906 // 奥尔德姆区的议员

1900 // // 出版《伊恩·汉密尔顿的行军记》以及《从伦敦到莱迪史
密斯》

1904 // // 退出保守党加入自由党

1905–1908 // 殖民事务部次官

1906–1908 // 曼彻斯特西北区议员

1906 // // 出版《伦道夫·丘吉尔勋爵》

1908 // // 出版《我的非洲之行》；与克莱门蒂娜·霍齐尔结婚

1908–1910 // 商务大臣

1908–1922 // 邓迪选区议员

1910–1911 // 内政大臣

1911–1915 //海军大臣

1915 // //兰开斯特公爵郡大臣

1915–1916 //在法国服役

1917–1918 //军需大臣

1919–1921 //陆军大臣兼空军大臣

1921–1922 //殖民事务大臣

1922–1924 //离开下院

1923–1931 //出版《世界危机》

1924–1929 //财政大臣

1924–1945 //埃平选区议员

1925 // //重返保守党

1930 // //出版《我的早年生活》

1932 // //出版《思想与经历》

1933–1938 //出版《马尔伯勒①传：他的生平和时代》

1937 // //出版《当代伟人》

1939 // //出版《稳步》

1939–1940 //海军大臣

1940–1945 //首相及国防大臣

1945–1951 //反对党领袖

1945–1964 //伍德福德选区议员

1946 // //获一等功

1948–1954 //出版《二战回忆录》

1951–1955 //首相

1953 // //封为嘉得勋章院的骑士；获诺贝尔文学奖

---

① 马尔伯勒（1650–1722）：英国将领，温斯顿·丘吉尔的祖父，曾任爱尔兰总督。在西班牙王位继承战争中（1701–1714）统帅英荷联军，击败法王路易十四，因被下院指控滥用公款被撤职（1711），号称lst duke of Marlborough。

1955–1958　∥出版《英国民族史》

1963　　∥∥被授予"美国荣誉公民"的称号

1964　　∥∥九十寿辰

1965　　∥∥1月24日，在圣保罗大教堂举行国葬

第一章　主宰自己的声音

（一九〇〇至一九一七）

首次演说
"一次美好的记忆"

下院 1901.2.18

丘吉尔第一次政治演说是1897年7月在巴思市的克拉夫尔顿庄园。两年后，在保守党补缺选举时，他成功地赢得了奥尔德姆的民心，而于1900年11月的"非常时期选举"中，他被刻薄地还以同样长的持续任职时间。然后他离开奥尔德姆参加美国的有偿巡回演讲，返回英国之后，于1901年2月14日又到下院任职，当时他才26岁。

四天后他举行首次演说。一方面因为他就在劳合-乔治之后演讲，另一方面，因为他已经众望所归，所以下院的听众云集来听他演说。他开始作即兴评论劳合-乔治的煽动性的演讲，可是大部分话语都关注在精心策划对南非的战争后果和前景问题上。最后一句话直接关涉怀念他父亲伦道夫勋爵的事情。

他受到下院两派议员的称道，阿斯奎斯、约瑟夫·张伯伦的称道已大大超出了他们对他的敬辞，《保守党晨报》觉得他"充分地表达了他内心的期待"。但《自由党每日新闻》却指出"演讲、声调、外貌均无助于他的演说"。两方面的说法都是对的，然而很快就得到证实：他们都错了。

　　下议员们刚刚听过这位大臣的演讲，这位大臣立意对他的演说进行修改。修改后的演说文已在报纸上发表，演说时的声调既温和又稳健，无论是这位大臣还是他的政界朋友都不打算对它提出批评或是对某个部分提出质疑。也的确如此，我们把修正稿的缓和与刚刚做过的十分刻薄的演说对比一下，得出如下结论：修正稿的缓和就是这位大臣的政界朋友同他上司之间的缓和，而演说中的刻薄则是他自己的，所以避免这种结局是困难的。有人向我提议，总的来说，如果这位大臣只改动修正稿不去演说，而不是光演说不改动他的修正稿，这样也许会更好。倘若要我这样做，我不会介意这位大臣的任何评论。我想，基于最有名望者的经验，他的名望已经给下院的记录增光添彩，国家面临紧急时刻（可以说，不包括实际的侵略举动），尽管这样，无论如何也不应该限制或避免议会讨论的完全自由。再者，我认为布尔人不要认为这位大臣的言论有什么特别的重要性。世界上没有人像布尔人那样接受如此多的口头同情，而几乎没有实际援助。如果我是布尔人，我希望到战场上去作战——我不会受任何同情话的欺骗，尽管有成百个大臣在这话上面签字，我也不会上当。这位大臣在农场着火的问题上喋喋不休。现在我不是建议讨论农场失火的道德规范问题。我认为大臣们应当向后看，关注这样的事实：对人道的思考不能阻止德国军队在巴黎市区扔炸弹，不能不让那个大城市的市民挨饿，以至吃老鼠、吃粗劣粮食的地步，以迫使驻军投降。我敢说，陛下的政府在制止战场上的将领采取最后五六十年中由欧美将领率先运用过的战略战术，我不完全同意一方面背信弃义，一方面又野蛮攻击。根据我所目睹的战争，我认为，同其他特别是有国民参加的那些战争相比，这次在南非的战争，总的来说贯串了人道主义和非凡的慷慨。加纳冯自治城的大臣已经注意到一位将官的情况，虽然我反对此刻在那些报效国家的将领们的个性上大做文章，因为我本人了解布鲁斯·汉密尔顿将军。大臣阁下曾怀着仰慕之心把那位将官作为布鲁斯·汉密尔顿加以描述的。没有证据证明在国王陛下所有的军队中几乎没有官兵像汉密尔顿将军那样具有善良的心，或较大的勇气，否则，我感到不能面对下院听众进行演说。

正是那位大臣，反对党的领袖，就这次战争结束后在南非推行的政策提出了异议。据我理解，政府和反对党之间对这一问题的分歧，在于陛下政府预计在双方的敌视结束后，在充分的代表权给了这些国民之前，将会有文官政府介入的机会。另一方面，这位大臣，反对党的领袖认为，假如军政府作为临时措施继续存在，而文官政府又插不进来，这些代表性的体制将会尽快确立下来。我希望我绝不会误解这位大臣的意思，假如我误解了，相信他会毫不犹豫地纠正我，为此我会感到十分内疚。如果真是这样，我会恭恭敬敬地请求下院允许我审查这些可供选择的建议。我不希望自己去制定法律，把我的观点强加给这位大臣。在这种情况下，最后10个月里我大量游历了南非。那时，我想在下院全盘托出积在我心中的想法。

首先我愿意回顾一下，找出我们参战最初的原因。我的意思当然是说我们参战与扩大公民权有关系，我们开始与布尔人谈判扩大德兰士瓦人的公民权。我所说的德兰士瓦人，是指全体德兰士瓦人，不是指首批移民。那时，那里的英国人比布尔人多2.5倍。但是在战争爆发前的那几月中，每一列火车都载满了英国臣民，他们竭力逃避冲突。正因为这一原因，南非侨民才流落世界各地。对我来说，似乎战争结束后我们也不应当忘记原来的动机，就是带着这一动机去谈判才决定打仗的。假如我要制定什么条款，我就得让下院拟定原则，规定他们不能把任何代表性的体制扩展到德兰士瓦人那里。更危险、更可笑、更无意义的做法是让一个毁灭国家的政府凌驾于它残余的人口之上，凌驾于那一特殊部分的人口之上。我想，无疑，在最后开火与举行首次选举之间不会有意见分歧，这里必定会有一个可观的间歇，不管是何种形式的政府必须插足其间。

我请下院考虑：文官政府、军政府二者之中，哪一种最有可能导致国家的恢复或者阻止国家的发展，并最有可能促进分散人口恢复原状。我知道有一批大臣希望代表性的体制会直接在军政府后面出现，然而我想他们不会彻底认识到，这种军政府将会是多么令人讨厌。我对英国官员最尊重，我听到他们遭到像来自某些大臣演讲的抨击时，感到非常遗憾和恼怒。虽然我把英国处理战事或是处理地方种族问题的军官当成世界上最优秀的军官，我却不相信他们受到的训练或者他们的思维习惯会使他们胜任在欧洲人中树立足以信任的权威。每当我看到受尊敬的布尔族农民便感到十分耻辱——布尔人是乡绅和农夫的奇怪结合，人们通常能发觉农民在粗布外衣的遮蔽下其阿谀奉承的本能——看到这种人就像雇佣兵似的被那些年轻的副官们蛮横地驱使，驱使得团团转，就使我感到羞耻。我毫不犹豫地说，只要有像这样的军政府存在，就不会有商业的竞争者，不会有外国侨民的再次入境，不会有从世界各地涌来的移民。对于布尔人的人口增长来说，只有不满、绝望以及对于我们英国移民不断增长的怨恨。另一方面，比如说文官政府的体制，我认为我们在道义上有绝对的权力去筹建它。要是能从皇家财库提供钱款就好了——假如你在像阿尔弗莱德·米尔纳爵士那样的执政官的统辖下，具有一个文官政府（再说一遍！），无须我去颂扬那位尊敬的执政官，我相信他会得到全体保守党的信任。下院的另一边还有很多大臣没有在他们内心深处发觉，忽视阿尔弗莱德·米尔纳对于南非事务审慎的见解是一种草率。人们一听说德兰士瓦省有一个政府，在它的领导下财产和自由都有了保障，一听说在这些国家里，人们可以自由安全地生活，世界各地的移民就会络绎不绝奔向这里，他们发展这个国家，自己通过大兴商业而发财，这种现象往往发生在各种各样战争之后。根据我自己的经历来判断，有许多议员从他们其他阁员那里收到来信询问：到南非去是否可行？这一移民政策制定好的时候，我们将再次让大多数德兰士瓦人民诚心热爱并忠于王族，当你把代表性的体制奉献给他们，大多数人的权力由于帝国权威机智、审慎地干预而受到保护时，你会发现他们安全地依附在广泛一致的行政管理基础上。可以说，是忠实的英国化的德兰士瓦省。就其在南非规模的转折而言，其前景必然按原来的说法是"大有希望的"，依照这个意思"角"这个字就指好望角。

我不是要去批评像这位反对党领袖这样杰出的权威提出的建议，而是我发现不去将这两项选择的计划拿来比较是不可能的，我必须表达：我对国王陛下政府建议选择的道路有强烈的倾向。我现在从这两个新的共和国最后

确定的问题过渡到形势要求急需解决的问题。什么应当是当前政府的政策？我认为在下院有一个相当普遍的共识，那就是使布尔人投降这一问题变得容易、体面些，不然继续在战场上顽抗是危险的，要吃苦头的。让政府同时继续推行两条路线，并且要全速推进。我由衷地同情我尊敬的朋友奥尔德姆的高级内阁大臣，阁下去年的演说带有极大的忧虑。我们应当竭尽努力使布尔人真正懂得：什么样的条件适应他们。我诚挚希望尊敬的殖民大臣将做好一切要做的事，使那些正在战场上作战的勇敢、不幸的战士深切认识到：无论何时，应随时承认他们狭小的独立必须融合进英帝国更大的自由之中，这样就会充分保证他们的财产、宗教信仰的自由，保障平等权力，确保代表性的体制。最后而不是至少，英国军队愿意与勇敢、坚韧的敌人保持一致，这是战争的荣耀所在。我希望尊敬的大臣不要因为陛下的使节遭到拒绝而泄气，而要坚持不懈地努力，在这些人的面前摆出条件，根据这个条件，任何时刻他们会获得大英帝国许诺的和平与友谊。当然，这一诺言的实现要看布尔人是否愿意接受我们的条件。他们也许会拒不接受这些慷慨的条件，不论站着还是躺着，依然喊叫："不是死亡，便是独立！"（民族主义者在下面欢呼。）我不明白面对那种前景有什么值得欢呼的，因为假如是这样，战争将带来一个十分悲惨和黑暗的局面。如果布尔人对于理性的声音充耳不闻，对于友好的援助视而不见，如果他们拒不接受所有的建议，践踏所有的条件，那么我们禁不住要羡慕他们的决心和坚韧。我们只能希望我们自己的民族显示坚强持久的决心和韧性，以追求他们认定的正义事业。好就好在尊贵的大臣们结成了爱尔兰党，他们应当在自己内心发现该党在说话，在行动，并且都涉及战争。很多事都靠勇敢牺牲，首先都是靠爱尔兰人的军事本领去实现的。有一个现实的原因，我相信尊贵的大臣们，把你们放在显眼的地方不会说我专横无理吧。这样做是让他们接受忠告，诚挚地与陛下的内阁合作，一起迅速地结束战争，因为他们一定要知道，爱尔兰的问题和激情不可能激发英国人的想象力。既然我们的思想都集中在南非作战的士兵身上，我们应当采取什么样的军事措施？我不怀疑其他机会将会给下院，让他们去讨论，但是就我所理解的"空中低语",大体指的是:有可能改善南非形势的大量现象。有迹象表明,布尔人愈来愈弱了,他们所作的疯狂、拼命的挣扎,再也不能持续下去了。照这样,现在恰是内阁和军队加倍努力的时候。对于像我这样的内阁大臣来说,是义不容辞的,我们是代表工人阶级全体选民的。提醒政府认识这样的事实,这个国家是不会计较战争的耗费的,直至大获全胜。我认为我们大家已看到报纸上宣布三万多骑兵将被派往南非作战。我欣慰地注意到,并非只满足于大量派兵遣将,作战部长已经找到了一些优秀的印度军官。在他们中间,最突出的是宾顿·布拉德爵士,他将亲赴南非,把印度前线的游击战术带来运用在这一特殊的战争上——我不把南非的战争称作游击战。我将永远抱有这样的希望:尽管作了大量的准备,还不够。某一个晴朗的下午,作战部长将带着新的作战计划到下院,要求不仅仅派遣所有的增援部队,而且有必要保持25万人的数额,包括战争中的疾病伤亡人员,而且每月的递增二至三千人。这样由于布尔人兵源逐渐减少,逼迫他们陷入与日俱增的困难,他们不仅要遭到大浪的拍击,而且会遭受涨潮的灭顶之灾。

有些尊敬的大臣们已经在这里或者别的什么地方见到或听到,有人蔑视战争,把这次战争当作贪婪的战争。我遗憾地说,我有责任拒不接受那个讨人喜欢的说法。假如有人在战争中喝彩,欢欣鼓舞地走出来,或者跃跃欲试,他们做得过分了,今天说来也太过分了。假如按照尊敬的北安普顿大臣的多次建议,某些资本家花钱去打仗,希望这样做会增加他们的矿产价值,他们现在知道他们做了一次十分荒唐的交易。对民众,对整个国民,战争自始至终只能是义务战争。他们相信,他们宽宏大量地表示他们相信,陛下的内阁和移民大臣已经彻底地被同样高涨的爱国热情激励。他们知道其他的鼓舞都不能保持住并使常规军和志愿军生气勃勃。经过这几个月的艰苦战斗,他们不得不承受公开争斗的正面压力。他们的确不能不表示遗憾,像我一样在战争中失去了许许多多好朋友。我们禁不住为许多战争中出现的偶然感到遗憾,但尽管如此,我反复考虑,自责不会导致战争总原则的出台,我们没

有理由对于战争期间失去的一切感到羞愧，我们没有权力听凭命运的摆布或者悲观失望。我认为如果有哪些尊敬的大臣对于南非的国事大为不快，我愿意向他们推荐本人从中得到的莫大欣喜的根据。让他们注意一下其他英帝国的属国和殖民地，看一看那里的战争后果。在好望角殖民地疑虑的朋友身上我们失去了什么？在加拿大和澳大利亚我们得到了10倍，或许是20倍，那里的人民，下至最边远省份的实地参加了冲突的农民，都能认识到从前决不能认识到的道理：他们属于帝国，而帝国属于他们。我不能坐视不问，我多么感激下院听众能够仁慈和耐心地听我演说，他们把仁慈和耐心献给我，我明白，并非是出自我个人的缘故，而是由于许多尊敬的大臣们依然保持着美好的记忆。

德兰士瓦省宪法
"英格兰的礼物"

下院　1906.7.31

像保守党政府为自由贸易周末提供赞助那样，丘吉尔觉察到自己愈来愈对本党失去同情心，1904年5月他丢掉在下院的发言权，又坐在反对党的席位上。1905年11月自由党政府成立，他被任命为殖民事务次官，他的上司埃尔金大臣是一个呆板、严厉的苏格兰贵族，这就意味着丘吉尔将以高效率，轻松愉快地担负起处理帝国下院商务的责任。

1906年在任，压倒一切的殖民问题便是德兰士瓦省的未来和英国在布尔战争中来之不易的胜利在奥兰治自由州的结局。丘吉尔作为一名次官，他所履行的首要职责是摆脱众所周知的议会灾难。他后来的一次演讲是宣布他制定德兰士瓦省新宪法的建议，这次演说大大地恢复了他的地位。演说最后托出一个慷慨、梦幻般、非党派的方案，这一部分后来成为丘吉尔许多更著名的高谈阔论的主题。

阿斯奎斯的女儿后来回忆道："没有飞扬的演说，就没有贵族派的挑战和寻衅。"他的演说有分寸，有分量，有说服力，稳而适度，审慎严谨，一贯到底，给人以完美、条理分明的感觉。

　　今午，我有责任代表政府就近来关于在南非吞并殖民地，关于经过我们反复思考制定宪法草案的框架和特点向大会一一说明。大体说来，我认为这是本届新议会一直在着手处理的最重要的事务问题。虽然没有人否认它的重要性，或忽视激发下院两派强烈的感情和焦虑以及事务所复现的神圣的记忆，但是有人劝我，没有什么理由能把我们同这个问题如此猛烈、尖锐、严酷地割裂开来；相反，我认为，商务的重要性使得所有参与讨论的人都要负责任，我当然要恪守我自己的诺言，静修深思，努力防止一切可能激发的平淡的自责，反驳党的政治问题，反驳党派偏见的冲动。

　　两大历史性的政党在这一问题上毕竟不存在真正的分歧。新政府反复宣布（强调那一短语）向新殖民地选派代表，负责任的体制是他们一开始就关注的事情；在国王陛下的新任顾问上任之前，唯一有争议的问题是：什么时候？就演讲的争执而言，尊敬的西伯明翰内阁大臣（他的职位现在还空着，我肯定其职责受下院一切部门的监督）就这一问题以其习惯吐露的观点和思维的勇气在表达。他说："对这一决定所负的责任在于当权的内阁官员。他们比我们更有知识，假如他们认为作出大的承诺更保险，假如他们是正确的，没有人比我们更乐意。我认为，虽然重要，这一变化不应当说成是殖民政策的变化，而应看做是殖民政策的继续。"

　　那么假如我们同意这个原则，我认为严肃重大分歧不会把方法作为起因。因为没有人争论：扩大负责任的内阁是正确的，但是公正地扩大它是不正确的。没有人争论：允许自由体制的形成是正确的，但是用某种方法保留控制的手段是不正确的。因此我希望不应当有任何暴露出来的严重的偏离，我们也许会继续争论下去。

　　今天我只是要宣布：内阁怀着尊敬决定到德兰士瓦省去。德兰士瓦的情况是紧急的，它是南非的神经中枢。这是一个解决所有南非政治问题的场所，不管是社会的、种族的，还是经济的，都要通过斗争的方式来解决；这个新国家最近在开垦荒原，用不到30万白人，以适当的小规模再生产出那些缠结的、互相冲突的问题，这些问题通常在人口稠密、古代建立起来的欧洲国家才可以发现。德兰士瓦省的情况与奥兰治河殖民地的情况有本质的差异。后者一直处于过去时代，将再次走向未来，是一个安静的农业国，在智慧、大度的内阁政府的领导下，追求他自己的幸福的目标。今天下午关于奥兰治河殖民地，我所要说的是：批准宪法不必拖延时间，在批准宪法这件事上，仅仅因为有保护这个国家一切阶层居民的公平代表权的愿望，我们才能生气勃勃，这样才能有效地表达大多数人的意志。

当我们走进办公室，发现由尊敬的圣乔治的汉诺威大臣为德兰士瓦准备好的那份宪法（现在没人见过），我希望这位尊敬的大臣不要怀疑我对于他的后代怀有什么恶意。我一直细心地养活和培养他们，可生命已经不复存在了，甚至还没有诞生之前就已经停止了呼吸。我相信：这位尊敬的大臣只要记住，将来他面前的那份宪法草案有很多可能性时，他会得到自我安慰的。当1791年的宪法被撕成碎片的时候，那时的西哀士①神父毕竟比尊敬的大臣年轻一些，所以他有时间再制定并复活两部新宪法。

坦率地说，我宣称：利台尔顿宪法是完全无效的。它使得权力机构屈尊掉价，成为行政职责的全部负担。九位大人都没有内阁工作的经验，我敢说，他们没有内阁工作的能力，没有大多数被任命官员的支持（我确信尊敬的西伯明翰大臣在制定代表性的政府计划方面经常是绞尽脑汁的），也没有一个组织严密的党的支持，就这样被放进35名财权在握的内阁大臣之中。布尔人或者已经完全放弃参与宪法制定，或者早就有破坏宪法的目的。英国的党分裂为两派，一派是执政者，宣称通过破坏、拒绝供给其他议会不满意的装备，蓄意制造立宪僵局。实际上，这位尊敬的大臣提供的宪法似乎不可避免地使用魔法召唤现代政客们的噩梦，迷惑内阁，使他们相信必须征得他们的赞同而不是唾手可得。

五月份我在下院讲话时，陛下的内阁认为有必要复审一下全部的问题，

---

① 西哀士（1748-1836）：法国大革命时代的活动家，天主教教士，当选为三级会议（1789）的第三等级代表，参加起草《人权宣言》，雾月十八政变（1799）之后，为临时执政官之一，波旁王朝复辟时流亡比利时（1816-1830）。

我们认为公平合理、自由自在地开始是我们的义务和权利，我们从来没把利台尔顿宪法当作宪法来对待。一个指导原则激活了陛下的政府去执行政策，即执政内阁拨款给南非的布尔人和不列颠人时不要区别对待。我们建议给予两个民族以最充分的特权和英国公民权，我们在那些忠诚的战士与那些疯狂寻找英国武装的人中进行大布施拨款不打算区别对待。根据弗里尼兴条约，在荷兰人与英国人之间宣布保持持久和平。根据条约的第一条，布尔国的精英和它最著名的领袖们承认英王爱德华七世陛下的合法权威，从那时起英国在南非的最高权力便确立于军事荣誉和军事成就稳固的基础之上。

这一公平交易的决定就我们对于那些在过去的几年中崇高地维护了英国的事业的人而言，没有忘恩负义。对于德兰士瓦的英国人来说也是合乎情理的，对于保护涉及英国利益依法设定财产的每一项条款，我们都慎重对待。而南非的未来，我加一句，它将长期归属英国，要求英王对于两个种族都应当主权均等，两个种族应当学会把这个国家当作他们的朋友。

我上次在下院大会上说了关于南非宪法问题，借此机会我再强调一下总则的精华部分。"一人体现一张选票的价值"，我说过，这是一个可行、合乎逻辑、毋庸置疑的原则；在人与人之间进行公正投票，唯一可靠的原则就是要承认：在种种情况下，它是一个宏观的设想——人人平等，人与人之间的任何歧视都是不健康的、不民主的。"一人体现一张选票的价值"的原则在这个国家是适用的，也是可以实现的。既要依靠人口，又要依靠选民。谁被选中了倒不重要，因为这个国家不存在这一部分结婚生育比另一部分多的问题。精确地说，相同数量的人，分配也相同，结果会涉及投票者或人口基础是否纳入再分配法案的问题。但是南非人口新布局与旧布局间的差异在城市和乡村人口之间有很大的区分。要想保留"一人体现一张选票的价值"原则，陛下政府决定要选择的基础是投票者这一基础，而不是包括德兰士瓦省的人口基础。无疑，这是对的。

尊敬的圣乔治的汉诺威·斯葵尔大臣提议建立一个年价值为100英镑的公民财产资格，那几乎不是这个国家的高标准。我不想根据他宪法中的公民权不十分公正、不十分善意、不十分慷慨的代表措施与这位尊敬的大人进行争辩。但是标准更加严肃地针对布尔人而言，而不是针对英国人，因为在城市里生活花费是如此昂贵，几乎每一个城市居民，无一例外地都要面对"100英镑的年价值"财产资格。但是在农村，大批人虽然很穷，却都是十分可敬的、标准的公民——即劳动者、农民的儿子等，他们不需要那个资格，最后那个资格把他们排除在外。南非的条件实在低下，与南非问题和事务截然不同，陛下的政府都宣称迫切需要庄严的投票程序，反对任何财产资格，因为我们决定"庄严投票"将作为分配选票的基础。

事实如此，长期谈判和讨论在继续。根据这个问题，一派要求"庄严投票"，另一派则要求投票者的基础，同时也照样出现了默契，尽管只是一个原则要求另一个原则平衡这十分不正规的一致。但是，偏袒任何一方的建议，那是不适合陛下政府身份的。我们维护双方的利益。我们维护"一人体现一张选票的价值"，我们严格按照他们的利益，即整个德兰士瓦省人与人之间公正的原则，我们也维护"庄严投票"。因此我们决定，大凡年满21岁的成年男子，在德兰士瓦省居住达六个月的，除了英国的警卫队员，都可以参加无记名投票，选举议会议员。

现在有一个我必须时刻关照的问题，关于妇女选举问题。这一问题在不同场合、用不同的方法引起了内阁成员的注意。我们非常谨慎地思考了那些问题，我们还下了这样的结论：剥夺了一个年轻的殖民地为自己说话的权利，使他们冒着连我们自己都没有勇气去进行实验的危险，这是不妥的。就让我们把这个问题交给司法机构去决定吧。

我来谈一谈划区选举的问题。关于这个问题的一方面，我们面临两种选择——平等选区还是地方行政长官的老管辖区。说到"老"，我是指观念陈旧，这些区是用地方长官的作风管辖的。这两种说法彼此争执。平等选区的长处是对称性的，能够严格地用数学计算法精确地分配选票。可是布尔人强烈地要求保留地方行政区。我认为他们各自都过于斤斤计较了。因为一般来说，由于某些选区的划分过于复杂，布尔人的投票在老行政管辖区比在平等

选区作废票数要多一些。然而布尔人大为担忧的是：根据先前的宪法，老选区具有地方生活的色彩，应该说受到的干扰极少，这一点与陛下内阁的关系非常密切。此外，还大大地节省了宝贵的时间和经费，以避免新分区派给额外工作，要是这个国家被精确划分成平等选区，新选区纵然有额外的分派，也是必要的。

决定采取老行政区的办法，把德兰士瓦省分成16个选区，威特沃特斯兰德（简称兰德）是其中的一区，这一决定牵涉到另一个问题。为了分配名额，你怎么再去划分这些地方行政区域？有的区分两名，有的区分三名，有的区分配很多；你根据什么制度向这些区分配选票呢？我们构想了比例代表制的问题，这是一个妥善的方法。照这个方法少数人的细微差别，他们的观点和兴趣都具有行之有效的代表性。埃尔金大臣向大会作了批示，作为一个特别关注点，他对于实行比例代表制的可能性进行了探讨。大会审查了很多证据，极其深刻地剖析了这个问题。他们还忠告我们说：在德兰士瓦，对于像这样的建议绝对有人支持，至于说推行（并不说强制推行）更是在全国之内不受欢迎、不可理喻的事。假如科学的比例代表制不被采纳，我将毫不犹豫地说，下一个保护少数最好的办法是直截了当地争取独个的席位。我们有些人在这个国家坐过可以坐两个人的座位，通常还有可容三人的座位。可我相信这两种制度中不管哪种都适合德兰士瓦选区的划分，两个地方少数派中的一方被击败，遭到灭顶之灾，具有独个席位选区划分的少数派一定会归还给那类温和、自主的荷兰大臣或是英国大臣。我们特别希望看到他们被选为议会代表。所以带着不消灭这些地方少数派的愿望，陛下的政府决定把具有独个席位或是一对一的选区作为德兰士瓦选举的规定。然而我要补充的是，这些选民团体只是划分成一个一个的选区，不是再进行严格精确的划分，而是根据现有的陆军军阶的组成划分成小组，尽可能保持农村期望人口和现存区域不变。

议会将认识到这一个难以理解的高层次问题。像爬山，每一个高峰都有尖端，然而更有绝顶在前头。现在我们决定内阁大臣将根据老的行政区，把那里的成年男居民分配到独个席位选区。但是我们怎么去使用那个原则？我们怎么去发现在这个国家的每个选区有多少成年男性，进而去发现选民的分配额或每单元可分配的阁员数？众所周知的三大选择本身已作了说明。我们可以采取利特尔顿选民的名单，这是经过补充核实的。我们还可以造一个新的名单，我们还可以采用1904年的人口普查统计数字。

塞尔本大臣向我们指出要修改利特尔顿选民册，因为做一个新的花名册要花七个月时间。这样，安排了必不可少的选举间歇，在德兰士瓦省设立好执政机构之前十个月就过去了。我想应当同意南非所有党派根据我们的意愿去避免拖延时间，遗憾的是拖延时间的现象已经发生。内阁负责确保整个信息的安全很有必要。然而要使得一个国家振奋人心的大选奔腾不息，对于政府的特殊机关是十分不利的。它激发了情绪，妨碍了健康的进展程序，必然会过早地终止没有把握的事情。因此我们决定采纳1904年的人口普查的统计数字。

我现在要求议会检查那16个地方行政长官管辖区。我认为在他们中分配内阁成员名额之前，这样做是必要的。在南非的所有讲座中这些区已经分成三个小区：威特沃特斯兰德、比勒陀利亚以及"德兰士瓦其他地区"。比勒陀利亚是德兰士瓦的主教区，该区有十分独立的公众舆论，属于强烈的英国舆论，传播迅速。人们认为比勒陀利亚将选出三至五个大党派成员，其中有温和的英国党，它同"进步会"没有瓜葛。"德兰士瓦其他地区"包括老选区，他们把布尔成员派往老的立法机构。然而有一两个席位也许会被进步党或是英国执政党的候选人夺去。

现在谈一谈兰德。我们必须排除任何偏见去考虑兰德。兰德不是乡镇，也不是城市，只是一个矿区，方圆也有1600平方英里，成人占人口的一半。兰德的人口不像有些人想象的那样是一个异国人口。其中大多数是英国人，他们占很大的比例，包括由多个选区抽出来的优秀、诚实、刻苦工作的人。兰德还有很大比例的荷兰人。克鲁多斯村是荷兰移民区，在关于南非的大讨论中，它常被排除在兰德以外，归属于"德兰士瓦其他地区"之内。除了占

一半荷兰移民的福特斯城堡以外，其余还有两个包含荷兰人的郊区。这些地方都能为接受哈特·福克帮助的英国执政党提供席位。再者，兰德的英国人社区划分成四个重要的政党。有德兰士瓦进步会，这是一个大的、强有力的协会，是从矿业界产生出来的；责任政府联合会；德兰士瓦政治协会——团体处于执政党和进步党之间；还有劳工党协会，其中党员很多。有三大劳工协会（实际上有四个），独立劳工党、德兰士瓦劳工联盟、威特沃特斯兰德商务劳工会以及比勒陀利亚商务劳工会。我为什么要在大会上把这些事实摆出来？我这样做是因为我觉得有必要表明：一挥手就消除了这一复杂的杜区问题，或者是一句话就解决了他们的困难，这是大大地超出了可能性的，而取消了这样一个社区的代表，又是何等的不公正。其中有我们在自己的政治生活中所目睹的所有对抗手段和敌对势力。

把1904年人口普查的成年男性名单用在我所说的三个区中，我应当把32个委员名额分给兰德区，6个给比勒陀利亚，还有30个分给全国剩下的选区；假如把兰德的克鲁格斯多普村包括进去，那就要分33名给兰德，6名给比勒陀利亚，29名给其余各区。南非议会在那一点上很有希望，不仅仅作出了公正的决定，还在所有党派之间达成了一致的协议。我不打算用长期谈判折磨下院，它们是毫无成果的。假如进步党抱怨，1904年的人口普查的数字统计被采用了，就不允许再增加人口，而人口的增加恰恰成为事实，普查人口的统计实际上也已被采用，情况两相符合，总协议可以达成，我们有充分的理由说大有希望。布尔人的信念是：我们会公平合理地对待他们，这在整个谈判中已经成为一个愉快的特征，我相信，它还会成为南非未来历史无可估量的价值因素——布尔人尽管有压力，不情愿，但是在议会的指引下他们之间友好相处，会同意给他们再分去一个席位，迎合威特沃特斯兰德地区增加人口的需要，迎合33、36，或包括克鲁格斯多普村34、36和29的建议。执政党是同意的，进步党倒是犹豫了，大多数当然要求加入进来，根据这些条款达成一致的协议。然而某些领导人挺身而出，要求一、二、三或更多的席位，虽然塞尔本表示了这样的意见：建议作33、36，排除克鲁格斯多普村的安排，这种安排对于英国在德兰士瓦投票是非常有利的，但那些领导们依然无动于衷，固执己见，这样一来达成明确协议的希望化为泡影。

议会返回到这个国家，带来了建议，即政府行使职权，建议应当固定分配席位。这就是我们决定要做的事。我们决定把34个席位给包括克鲁格斯多普村的兰德，6个给比勒陀利亚，29个给其余选区。塞尔本大人希望大家都知道他同意这一安排。我现在很乐意承认每一部宪法或要考虑到对等或要考虑被接受。我们的德兰士瓦宪法既不依靠对等又不依靠被接受，但却很接近对等，也接近接受。就该宪法与对等相去甚远而言，它已经趋向接受，还由于彻底妥善处理而得到维护，因为我忠实地相信把额外的一个名额增补给已划定的威特沃特斯兰德地区，为人口普查以来出现的人口增长情况所证实。

在这一基础之上，德兰士瓦议会将要创立。它将由69名议员组成，他们的工作会得到相应的薪水。可以连选五年，落选后席位就空了出来。作这一规定原因是议会中的多数正如在好望角议会中一样（与多数内阁一起继续执政），尽管是多数但人数很少，假如执政党打算从二三票中去掉一票，当党派之间势均力敌时，这一票就一定能使内阁继续当权，假如德兰士瓦内阁连续几届都是由势单力薄的几个部组成的，无论用何种方法进行一次性的投票，结果将是一次大的灾难。可以发现，当某党占有很少的多数，为了填满席位被迫与其中的一个阁员分手时，他们通常不选那位适合那一高职的人选，就这样他被淘汰了。

现在让我说一说语言的问题。在这位大臣的宪法指导下（这位大臣是圣乔治的汉诺尔·斯癸尔），议会议员们向议长提出要求并经允许可以说荷兰语，我们不可能屈从于那个条件。我们的意见是这种区别会引起反感。对于小民族来说认识他们的语言是可贵的。我从来不能触动自己的感情，因为在南非一些地区有荷兰人，他们希望能有荷兰教师教他们英语。我对于英语语言的规则、英语文学珍品及其世界范围内用英语进行商业联系方面的见解不是那么差，我不相信英语可以安全地接受像-taal之类方言的挑战，我相信在未来的时代里唯一有把握去保持像-taal这样的语言的做法必将使他成为受排

斥的语言，人们带着谨慎又带着恶意说这种语言，向他们的成见提出抗议，抗议他们真正地会把它看做不能容忍的行为。因此，我们决定借鉴好望角的经验，允许德兰士瓦议会议员公正地用荷兰语或用英语给议会听众讲话。

有人会问我对于我们所作的安排会有什么结果，我拒绝考虑或预言这一问题。因为它不妥、有失大雅。我甚至认为这个国家下一次选举的时候也不能说自由党的多数会有多大。我也不会建议尊敬的大臣通过广播把落选的候选人在竞选中的结果公布于众。我不会说出英国在德兰士瓦是如何进行选举的。有很多社会、经济方面的问题正在开始使用有益于健康的抗刺激剂去医治种族问题的旧创伤。（感谢上帝）幸亏两个种族之间的界限不像以前那样清楚。这个情况我了解，无疑，在德兰士瓦，英国选民比荷兰选民要多，因为这些英国选民根据法律从来没有受到不公平的对待，在他们的权限内，只要他们齐心协力会很容易获得大多数的。我希望通过大选介入生活的政府能成为一个联合政府。在一个两党都能够接受的温和领袖领导之下，该政府能与两党成员友好亲善。这一解决方法对于南非来说是上帝赐予的。但是究竟结果如何，陛下政府有信心，新召集来的大臣不管来自哪个党，不管属于哪一民族，无论如何都要对王国政府尽职尽责。我还想说，这个议会具有很高的代表权威，它代表下院殖民事务部去处理来自下院一切方面阻碍议会的一切不公平的干预。

现在我来处理第二议会的问题。这并不是很吸引人的主题。我们站在下院一边不是特别倾心于第二议会，当时我也不知道我们对它的关注随着岁月的更替会变得越发投入。但我们不得不受殖民地实际情形的支配，设立第二议会。帝国如果没有殖民地，就不设第二议会。大量的第二议会被任命，我认为任命的第二议会的资格及其在实践中的作用并不低于选举出的团体的资格。我希望陛下政府可能的话，对选举安排所不能承担的地方利益能给予特殊保护，这一点说起来我很遗憾，然而我们不能鼓励去创造一个被任命的第二议会的永久形式。但是至于地方事务的重要性，至于使选举复杂化造成的不利因素，德兰士瓦的各个阶层长期以来一直期盼的这一切，特别是因为涉及某一新选举团的创立所引起的意外拖延，内阁已经为议会对这一切作了处理，并作为纯粹的临时安排，去建立一个指定由15人组成的立法议会。这15人要由王国政府任命，假如因为死亡和免职，职位有空缺，根据常务次官的指示由地方长官来顶替。在德兰士瓦第一议会执政期间，第二议会的筹备工作将被完善，必要的话发放特殊证书促使它进一步得到巩固。

按照《弗里尼兴条约》，我们承认：批准自治以前选举权不应当交给当地人。我不准备对"natlve"一词的意义进行争论，从它的合法或技术特点上，由于牵涉到这一条约，我们依靠它求得这样一个严肃问题的解决，我们必须在很大范围内靠其他党对条约的解释把我们联在一起；毫无疑问，白种人以外的布尔人会把它看成破坏条约（假如选举权首先给了白种人以外的其他人），我们会对这一决定后悔莫及。我们后悔的是德兰士瓦人和奥兰治河殖民地不愿意作安排，而人们认为这些安排对于好望角殖民地并不是完全有害，然而是这一条约把我们牵在一起了。同时我们还留有余地。任何把"无能"强加在当地人身上，而不是加在欧洲人身上的立法机构，将交给国务大臣去处理，总督在接受国务大臣的决定之前是不会同意这样做的。立法机构也会有所保留实行当地土地转让。为当地利益做好钱款准备是惯例，比如在对地方长官或其他政治或皇家官员教育方面，为行政管理保留一定数目的资金。我们建议把斯威士兰置于地方长官的直辖之下，作些有限的规定。他所依法授予的财产对地方的优惠不会少于现行的安排。

1906年11月30日，在中国招募中国人的筹措决定下来。我们的领事们将要撤回他们给予矿业代理人的代表权，而我却坚信英国政府决不会再恢复他们的代表权。宪法有一条规定，提出取消现行中国劳动法，因为它已经停止实行一段时间了。但是我不能说这段时间的停止是理所当然的，但是要给新议会一点时间去估量他们的地位，并对劳动问题作总体考虑。我刚刚说到的介于白人和其他人种之间不同的立法肯定会有一个条款，它允许我们使用"奴隶身份"或者类似奴隶身份这个词，但这些说法肯定会造成不必要的伤害。我们所选用的这些词生动有力，因为他们更精确、严谨，避免了我们所

要防止的灾难。

现在我已经在下院说完了依宪法设定财产的话，我还想说我们的建议是相互依存的，应当作整体看待。我这样说没有不尊重议会的意思，因为显然这是行政内阁应当规范它的职责的问题；假如我们宣布的政策改变了，不得不发现一批新人贯彻执行新的计划。我们准备以自由党的名义来确定授予财产，这对我们来说就是强有力的权威，然而还有我们应当孜孜以求的更高的权威，我不是请求而是特别要和那些坐在对面的大人说话，这些大人们长期以来善于公共事务，他们一生中却难以逃脱对南非的责任。他们是受命的一个党的向导，虽然在下院中居于少数，却代表着几乎半个国家。我要严肃地向他们发难，他们是否在不遭到大筹备组激烈、粗鲁的谴责之前就不打算停下来；我还要问，他们是否不打算同我们一起使德兰士瓦宪法的批准带上国家法令的色彩。依靠我们中的大多数我们就能使它成为一个党的礼物；他们能使它成为英格兰的礼物。假如是这样，我们充满信心地希望，那些无可估量的福分将从这一决定中涌现出来，使我们能更有把握、更迅速地得到这福分；迈出实实在在的明智一步就是从英国的政治角斗场中撤出南非事务，因为他们把伤害加在两个政党头上，而他们自己也从而受到严重的伤害。然而在任何情况下，我们打算单独向前进，如果我们应当继续享受议会多数的援助，那么特殊证书将发放出来，严格地与我今天下午解释的设定财产的规定相一致。

风靡论坛
大庭广众下激情迸发

维多利亚剧院　伯恩利 1909.11.17

　　1908年，当阿斯奎斯战胜坎贝尔·班纳曼①成为自由党政府首相时，丘吉尔升为贸易委员会大臣而进入内阁。两年后继续前进成为内政大臣。此时他还不满四十岁，真是平步青云。不是吗？在近来的政治历史上无可匹敌。

　　整个这一时期，他深深地陷入了国内事务和社会改革。当时与劳合-乔治合作（受他影响很大），为政府的立法大纲奔忙，丘吉尔频频演说，强有力地支持了贸易委员会、劳动交换、失业和医疗保险。当上院不慎于1909年拒绝了"人民预算"时，他对第二议会攻击之强烈仅次于劳合-乔治，既可笑又幽默，也不乏智慧。

　　1909年12月16日，在两次大选的第一次，就这一论题唇枪舌战，柯曾大臣激情迸发地捍卫了奥尔德姆贵族，次日丘吉尔在附近选区给予了令人难忘的回击。那是他早期论坛风格的突出一例，显示了他何等机智灵活，何等成功地以既庄重又绚丽多彩的下院演说风格，风靡论坛。

　　主席用既通俗又怜悯的语言给你讲了你在以后几周要说及的三个大问

---

　　① 坎贝尔·班纳曼（1836-1908）：英国自由党领袖、首相（1905-1908），准许南非德兰士瓦和奥兰治河殖民地实行自治。

题。伯恩利必须作一个清楚肯切的答复，首先，不要冒险作完全不能代表大多数选民意见的答复（欢呼）。

主席告诉你的三大问题的第一个是维护我们自由贸易的制度（欢呼）。我对在兰开夏郡墙上贴的关税改革的广告深有感触。根据广告很容易画一张惨痛情景的画面，也容易写出"自由贸易"的文章，但我不能肯定它是否会失于准确，在同一张画上印着"酒后交通事故的牺牲品"或"土地垄断的牺牲品"（欢呼），毕竟这里一件是可以辨别邪恶的事情，另一件是可以找出原因的事。没有比不真正发现它的真实原因就去补偿一种邪恶更糟糕的事了。我们国家有失业现象，假如这是由于"自由贸易"造成的，那么我设想德国、美国的失业大可归罪于他们追求的国库岁入制。这样说可能更好理解一些，这个制度不是"自由贸易"，而是"保护贸易制"，我们搞"关税改革"的朋友们发觉他们自己能够争辩，在这个国家的失业现象是"自由贸易"造成的，而德国、美国的失业则是由"保护贸易制"造成的（欢呼）。

我想问你这样一个问题，恳请我们兰开夏郡搞"关税改革"的朋友们尽量给予答复。这个问题就是：搞关税改革经历了怎样的一段短时间？我知道保守党的报纸批评了我近来在兰开夏郡作的演说，其中我说了这样一句话：兰开夏郡将会放弃"自由贸易"的条款，原因是它吃过了那段短时间的苦头。放弃"自由贸易"的条款到底是怎样影响那段短时间的呢？使棉花贸易出现了繁荣景象的原因是相当复杂的，所有那些一生中研究过并且像你一样了解这些原因的人都不会教条地理解这些原因，并且解释起来很简单。现在我说一说原材料的供应问题。用购买原材料的价格去买棉花是棉花贸易繁荣的一个重要因素，而且是比以往更加重要的因素。这是在一段时间之后，比如我们所经历的那段时间，当时在棉花贸易方面的扩展很大，很多作坊平地而起，也许太快，兰开夏郡作坊的发展和扩大突飞猛进，比世界上种棉花的土地不断增长的可适应速度还快。对我们来说，那是一个很严重的问题。当我还在殖民部时，我作了很大努力尽可能扩大另一个产棉供应区（欢呼）。

我们的棉花供应只有在我们能从许许多多不同国家而不是只从一个国家去购买时，才能得到保障。那就是在谷物生产方面我们现在正在做的事，我们能从所有出卖谷物的国家去购买。当然你不能在一瞬间就能发展起大面积的棉花产区。在这些产区开始在国内市场发生效应之前，要花很多年，10年、15年……

在这个国家所有大的贸易中，可以说只有棉花交易没有收到关税改革制度所给予的任何赔偿（欢呼）。人们把这一制度当作犹如所有治疗皮肤病的一剂灵丹妙药，我们懂得，它可以治愈折磨人心脏的任何病症，确保人人有可观的薪水，始终有就业的机会。但我确信这都是谎话（欢呼）。他们残忍，使英格兰和苏格兰的多个角落误入歧途，在兰开夏郡尤其残忍，误导更加严重（欢呼）。兰开夏郡经济、商业力量的一切重要范围内的聪明能干的公民们一遇虚弱或头脑发热时，会听凭那些不切实际、危险邪恶的诱惑而堕落下来。

几天前，我在利物浦演说时发觉，由于对建议的批评，利物浦船舶协会通过了一项奇怪的决议，意思是说：假如关税改革来临，利物浦不能不沦为一个自由港口（笑声）。我能领会他们的意图。没有比那个政策再明白的了，其目的是要减少海上来往货物的流量，政策的要旨是要求运到这个国家的每捆货物履行各种各样缓慢的手续，缴纳各种各样的税收，政策的实施也有害于利物浦的繁荣，因此按常规，利物浦的公民必然要反对这样的政策。但是我们有些利物浦的朋友想以两种方法接受它。他们想投关税改革的票，但也想保持利物浦这样一个港口？（笑声）我们为什么该停留在利物浦？曼彻斯特，以空前的努力那一个已经发展成为40英里方圆的内陆海港如何？（笑声）邓迪港怎么样？伦敦港如何？赫尔港呢？纽卡斯尔港呢？泰恩大港呢？所有这些港像利物浦一样都有成为自由港的渴求。那么我建议我们应当贯彻执行这个原则，直至达到逻辑的结果，使英格兰成为一个自由港，成为现在这样世界上伟大的自由港（欢呼）。那是一个执行起来不会招致多少麻烦的政策，因为依靠这个政策已经建立起英国的伟大（欢呼）。

摆在我们面前的第二个问题是预算问题（大声欢呼）。搞预算就是要付账。逃脱不了责任，经费开支在继续，享受抚恤金的人每个星期都要来领取抚恤金（欢呼），无畏战舰在建立之中（笑声）。对于这些，现在我们听到的不多了。保守党不得不避开海军的恐慌，因为支出的慌乱（笑声）已经证明在他们的支持者中间更加强大。我们认为议会征收必要的税款不仅有权把大宗税款加在富人身上（比加在穷人身上要多），而且要看到更大比例的税金得到落实，应当逐步地去落实，以便确保平等奉献（笑声）。此外，我们认为我们有权把特别税附加在那些很明显属于富裕阶层人的身上。或者有人说："你们的计划包括了除了海军和老人年金以外的其他经费。国家保险怎么办？失业保险怎么办？劳动报酬怎么办？经济发展、农业发展又靠什么？"我们的反对党说："这些客观之物毕竟不是必不可少的。"

我们今年征收的税足够满足今年的需要，所以在未来的年月里会带来更多的岁入；与此同时，假如有可能减少军备方面的开支——这是一个非常重要的问题（欢呼）。那么根据我们的布置，应当会有大的岁入。但是那就是反对预算的理由吗？我们打算怎样使用（预算在以后几年中所能带来的）这些不断增加的岁入？岁入由预算提出来又忠实于每一项建设性的建议，该建议不亚于分派税收所使用的方法，其目的是支持和加强人民的家园，原因何在？

当我在兰开夏郡开始我的竞选活动时，我向每个保守党的演说者挑战，把他们一个个击败，并问道：我们和现在的上院具有同样的组合，为什么上院有权凌驾于我们头上？为什么上院的儿童有权凌驾于我们的孩子头上？（欢呼）柯曾大臣（哼叽声）以很大的勇气接受了我们的挑战，不，上院不曾发现更多有能耐、更多盛气凌人的卫士，星期三在奥尔德姆，你们听说过奥尔德姆吗？（笑声）我也听说过（笑声）。那么在奥尔德姆，柯曾大臣把群众大会当成我称之为"中世纪"获奖论文的宣读（笑声）。我不是说那不是一次雄辩的演说，它是一篇华丽的演说文。我以极大的兴致，带着艺术享受之情和满意的感觉读了这篇演说词，因为我想让柯曾大臣在我们的每一个乡镇，每一座城市，全国各地都作那样的演说。我不会提出比这更好的问题：他应当找一个机会竭尽他的才能和演说技巧，向全国广大听众摆出这些观点。肯定地说，它会减少我们中的某个人的许多麻烦（笑声）。

让我们看一看柯曾大臣所依据的一两个论据。他始于维护那批立法机关的遗老们，那是一件非常需要勇气的事（笑声）。他说，"看一看君主政体！"但是国王并不是立法机关的遗老。在这个国家国王只统治，并不管理。国王靠大臣敬献忠言。几百年来英国国王从来没有制定法律的权力，二三个世纪中他从不拥有废除已通过法律的权力。十分理智的做法是在每个国家，最高官职的罢黜应在个人野心所及之外，还应当超然于党派纷争所引起的惊慌和变化之上。作为君主立宪制，我们把尊敬和荣誉归于英国国王。我认为英国人不会准备转瞬间同意这些王国的君主去行使沙皇俄国所行使的权力（听众：说得对，说得对！）柯曾大臣几乎从来不会选择不那么精确的"事实"去支持他的论点。

而后他告诉我们，皮特①先生、福克斯以及格伦维尔先生昔日掌管下院，40年后他们的儿子也任要职并发挥了极其重要的作用。他继续说，今天像这一类的事又复现了，只是规模小了一点。但几年前，格莱斯顿先生、张伯伦先生、罗伯特·塞西尔②大臣（在索尔兹伯里③后）也在下院，现在你看到他们的儿子都至尊至贵了。而后他转向我（笑声），我有什么可归功于我父亲的吗？为什么？我当然把一切都归于我的父亲（笑声，呼叫）。可是所有这一切对于下院立法机关的遗老们维护了什么？因为我父亲是伍德斯托克成员，不应当说成为伍德斯托克的永久成员。不知道伍德斯托克人会对我想些什么。倒的确可以举一些这样一种人的例子：因他们的父亲出人头地成为

---

① （老）皮特（1708–1778）：英国政治家，曾任首相（1757–1761），（1766–1768），为英赢得七年战争的胜利，使英国成为北美和印度的霸主。

② 塞西尔（1864–1958）：英国政治家，为1919年国际联盟盟约起草人之一，获1937年诺贝尔和平奖。

③ 索尔兹伯里（1830–1903）：英国保守党领袖，三次任首相（1885–1886，1886–1892，1895–1902），印度事务大臣（1895–1902），外交大臣，推行帝国主义扩张政策。

显贵，得到了与别人相同或比别人更大的声望。但是又有多少相反的情况？（笑声，一个声音："讲出来！"）这种世袭的例子屈指可数。但请想一想大量反面的例子，他们带着体面慈祥朦胧的面纱（笑声）。假如一个特别选区的投票人喜欢看重老关系——假如他们要说："我们就投这位青年的票，因为我们了解他的父亲"——他们的这一自由选择有什么不对？能用什么方法充分发挥他们的权力，使其选出他们自己信任的代表？假如柯曾大臣的争论证明了某种价值，那么它证明了：要是遗传理论实有其价值，那一理论不管在什么特定的代表制度下都会得到考虑。但是，上院议员的要求不带有这样的条件，假如投票者受有立法权的显贵们的儿子委托，不管投票者喜欢不喜欢，显贵们的子孙后代都有权委托他们投自己的票。那要求为自己作了这样的解答，我们应当在我们的国家，保持一个最高阶级，具有法律赋予的功能保存在他们的血液中，由他们传给遥远的后代；还解答说，这些功能暂时不分使用者的个性，不问他的知识和经验，都应当得到运用（笑声），并且完全不以公众的需要和公众的意志为转移。那是一个只需要在一般的英国陪审团面前陈述、同瞬间的鄙视一起丢开的建议。为什么那个建议从来没被否决？我想，它之所以一直没被否决过是因为上院从来没受到全体民主选民的严肃对待。这一现象自1885年以来一直存在着，他们从来没受到严肃处理，因为人们认为他们处于一种麻木、软弱的状态，这样死亡便缓缓地相伴而生。现在我们看到上院正在步入政治的前列，对于任何多数选派的立法机构不仅仅行使他们的否决权，不管来自下院的机构阵容有多大，是否才当选上的，都应要求对整个的金融界施行新的权力——此权力使得他们成为这个国家的主要统治中心（呼叫）。这就是我们不得不仔细审视他们意图的原因。一旦我们对他们进行审视，我敢说他们也就暴露无遗了（呼叫）。

"啊，但是。"柯曾大臣说，继续为这个议会的遗老们辩护，"我们无须随风转舵去捕捉一股大众激情。"试问，他们目前在做什么？他们全部的满足是他们以为预算是个糟糕的预算。预算是错误、阴险的，会给国家造成各种各样的邪恶。但是他们说，假如大选中，国家、选民凭着一股民众激情使有利形势下的大多数回到预算上来，他们就会立刻通过（笑声，呼叫声）。也许他们很谨慎，也许他们办事很得体，当然不是反对民众的那股激情（笑声，呼叫声）。《劳资争议法案》怎么样？我毫不犹豫地说，上院或者上院中的大多数人都把这个法案看做是一个彻头彻尾的坏法案。因为这个法案包括了一段比在其他任何法令里的条款都不光彩的条文。可是法案背后有上院所认为的"一股民众激情"。他们一避开，法案就通过了（笑声，呼叫声）。

而后就是老年抚恤金的问题了。兰士多恩大臣以及许多上院议员用不严整的措辞，把它看做专为自己打算的体制，以破坏节约、伤害了工人阶级的自尊为罪名通告废除。在上院看来，该体制只能靠自由使用车间才能保持住（笑声，呼叫声）。贵族们对于议案表示了极大的厌憎，以至于携带着补充案还说：五六年后整个体制都应当再度受审查，假如还是没有更新，还会失效。那就是"一股民众激情"乍起的地方（大笑，呼叫）。法案通过了，他们相信，它将毁了这个国家（笑声）。法案通过了，我很高兴，可是对于上院来说毫无用处，法案规定的仅有一件事是躲避，这是错误的。它所考虑的是民众的一次背后支持，于是走上前来摆出严肃、独立于我们命运之外的主宰者的架势，抵制全体选民脑海里闪过的念头（笑声）。我提出反对上院的指控要点是：他们正在继续发展决策委员会拉选票的陈规陋习（呼叫）。我说，至今从反对"一股民众激情"出发，他们常常尽力耍弄托利党派的把戏（笑声）。

当你提出（我欣然承认的）特许法案不是所谓好的拉选票方式，而是与其中的一种最可怕的恶势力斗争的诚挚的努力（大声呼叫）——当你提出那样的问题，当上院认为他们通过拒绝回答能够轻易得到某些区域的些许党派威望，不管上院哪位最好的人对他们提出无论什么要求，无论政府作出什么样的妥协，不管教堂、主教，还是英国的戒酒协会他们自己的教堂对他们作了多么有感染力的祈祷，不管企图与邪恶斗争的愿望多么恳切，他们马上把它搁置一旁。因为他们希望得到的不是"一股民众激情"，而是一股议会大

厅里的激情（大声长时间呼叫）。

　　现在我说一说柯曾大臣的第三个论点"一切文明"，他说——他是从伟大的法国作家、一个不可知论者勒南①那儿引证的一句话："一切文明都是贵族们的杰作。"（笑声）他们在奥尔德姆喜欢那个（笑声），在奥尔德姆没有公爵，没有侯爵，没有子爵，他们从来不觉得恭维（大笑）。柯曾大臣说贵族是什么意思？他演说的论点十分清楚，他不是指自然的贵族，指的是在每个国家，每一代人中的最优秀、最有天才的人，是最聪明、最勇敢、最宽宏大量、最有技巧、最漂亮、最强大、最积极的人。假如他一直这样，我认为我们也许会同意他的想法。正确理解的民主是指最优秀人才领导的那个联盟，柯曾大臣的引文以及他的辩论无非是企图完全证明上院是我们保持的一个非常理想的公共机构。这就清楚地表明所谓"贵族"一词就是指旧的司法官、男爵、伯爵、公爵，用"etc"（等等）这一词，我不是说其中有什么不体面的事（笑声），或指其他国家贵族一词的含义。我再说一遍，这个词由于它的所指荒谬，不能不删除免用（呼叫）。

　　"所有一切的文明都是贵族们的杰作"。怪哉，要说贵族是一切文明的辛勤劳动者（大声欢呼兼"再说一遍"）才更加真实。几乎一切伟大的智慧和力量都是凭借人类从中受惠的所有伟大奉献才由广大人民群众中产生出来。就拿文明的动因——宗教来说吧，全世界的宗教都来源于人民，全世界的宗教都是来自劳苦大众，绝大部分都是这样，包括了基督教。基督教的教义为穷苦人祈祷传诵，穷苦人指地位低下的极少一部分就业者，他们是为艰难时世中的穷人、落泊者、受歧视者、被遗弃的人布道——基督教今天主宰了世界，把所有使现代生活清静卫生的宝贵思想都贡献给了文明。一个公爵画出了多么大的一幅画面（笑声）？我听说有一位大臣，诗写得好，他就是拜伦大臣，但是他不写那类上院的大臣们所喜欢的诗。在科学方面，凡是伟大的发现都是这一迷人的圈子之外的所作所为，这圈子是柯曾大臣构想的

①　勒南（1823–1892）：法国哲学家、历史学家，以历史观点研究宗教，主要著作有《基督教起源史》等，尤以该书第一卷《耶稣的故事》最为著名。

用以拥抱那些有才之士的。在机械发明方面——另一个文明的代理人——你又一直深入到兰开夏郡的劳动人民中，在很多情况下，我们文明生活的昌盛是建立在一些最明显的发明创造之上的（欢呼）。甚至当你加入战争——虽然你不大可能把战争当作文明的原因。然而它一直是人类命运和人类发展的强大动力。有许多将军都成为上院的贵族，但是很少有贵族成员成为大将军的。柯曾大臣使我们想到许许多多贵族都在国家任了高官。他描述了他们如何在上院挑选41名首相，只有16人来自贫苦、可悲的下院。他把内务大臣、海军第一大臣以及在上院所任的长长的一系列职务都列举出来，相形之下只有为数很少的人在下院任职。我相信这是事实，这仅仅表明了他们是不正派的政治权威，他们许多年来被一个小而有限、非代表性的阶级收买了（欢呼）。柯曾大臣还告诉我们：很多显贵在前些时候为进入上院感到自豪。我认为这是正常现象：他们迫切地把脚踏在这样一条安逸舒适、通常是绝对必须走的路子上，被派在国家各个部门作大用场。柯曾大臣告诉我们，"一切文明都是贵族们的杰作"，他引证自己的话说。我引证我自己的话，我的话可不像他的话，他的话都是那种优雅深奥的精华。你们以前都听过我的讲话，用罗比·彭斯的话说：A man's a man for a'that.（笑声）我反对我的马踏上兰开夏郡之路，我倒愿意拉着它踏上苏格兰的任何一条道（笑声）。

所有这些问题都应当被允许沉睡。可是它们都是从上院的动议中被提出来的，既然它们被提出来，你一定要解答这些问题。我注意到张伯伦先生写回信作解答，他痛苦地折磨着自己，说是关税"改革"不作为大选中唯有的问题。要是不作为唯有的问题，我认为保守党无论在哪一个问题上都将被吞掉，但是要是两个问题双管齐下，他们就将被推翻。

海军的使命
"我们必须强大起来"

伦敦市政厅   1911.11.9

当另一位海军大臣主要负责正在发展中的内阁而奔波在国内第一线上时，丘吉尔因增加1908年的海军军费而遭到反对，丘吉尔公开表露不完全相信德国人会发动战争的疑点。但是德国舰队的扩张，1911年7月阿加迪尔的危机，海军部的无能和不称职的明显表现以及丘吉尔对军事问题的永久性的兴趣，所有这些强有力的根据说明他急切地接受了挑战，并匆匆动员和改造英国海军。

1911年10月他更换了海军第一大臣雷金纳德·麦肯纳，麦肯纳就在内务部任职。直到1915年5月，海战才成为丘吉尔注意的焦点。他成立了海军参谋部。改善低劣的甲板条件，把煤炉改造成以石油为能源的动力装置，支持枪炮方面的发明创造，提高战舰设计技能，大大增加了海军的规模。

他在议会的大部分演说极端冗长和复杂，不适合印刷。但是在部里任职初期，在他升职的日子里，在市长的宴会上就海上防卫进行演说时，他巧妙迂回地说及他的前任，他对于英国不可战胜的海上威力充满信心，并对势在必行的改革和改进作了清楚明了的说明。

　　我第一次借这样一次机会如此幸福、如此善意地祝酒答谢，这真是我的大幸，同时也非常高兴在服役期间接触了我的老朋友、老司令员威廉·尼科尔森爵士，如此，我才得以了解他，并在他的领导之下工作。那时他是西北边境驻军的参谋长，而我当时是威廉·洛克哈特的值勤军官。受到信任、应召，我承担了值勤的义务，怀着对海军伟大传统的崇敬，也带着朴实、真挚的愿望，我一丝不苟地领受了人们称谓的倾国的信任（呼叫）。我通常是在有利的条件下开始的。我想对所有党派成员尽到我的义务，特别要对我的政治敌人，以报答关键时刻他们的友好、善意待我之情。我也继承和发展这一大为有利的形势。海军是强大的，它既是绝对的强大，又是相对的强大，他是高效能的（呼叫）。今晚，尊敬的官兵们，你们是人格最高尚的人（呼叫）。各式各样的舰船都受到仔仔细细的检查，与其他舰队相应的船体比较越精密，英国海军崇高优势越是确信无疑。我很感激我的前任的勇气和远见卓识，感谢麦肯纳先生（欢呼）。我承认，也要你们承认，近几年议会为了加强一线防御所制定的自由条款。除了深切、永远感谢费希尔，还要把贡献和国家的成立都归功于费希尔大臣（欢呼），他是这个国家众所周知的最有能耐的海军大臣（欢呼）。既然真正的改革常常由受压抑的个性所产生的憎恶带来的，现在争议正在远去，我们正在欣赏他所作出的伟大业绩，这个业绩是不带有磨擦的，也许是不可避免伴随着海军这一问题的摩擦。今晚为了共同的事业，为了在一定行业意见限度内提倡自由的事业，为了在一切阶层中怀着真诚的愿望去为这个国家服务，使得这一事业生气勃勃，今晚让我祝酒答谢（再说一遍！）。假如允许我及早使用与我的职务相适应的隐喻，那么就让我的航程在晴朗、适应的气候中开始吧。

　　我们的海军是强大的——我们必须巩固它的强大（大声长时间地欢呼），保持其应有的强大，就是说，当不得不使用它时才使用。不仅仅保持强大，还要有准备，常备不懈，利用最有利的时机，发挥最大的威力（欢呼）。我说，当然要有保留，这样做对于刚刚就任的内阁成员来说很有必要。但是就我所知，当我们尊敬的朋友、现任内阁成员说：从下午的预算

中，从他们现有的反常状态可以看出，明年的预算将有所下降。假如现实中他所期待的目标不会有失误的话，当前就没有理由不去完成保持招之即来的战备状态的双重任务（再说一遍）。不管找出什么理由，倘若国家安全不允许有任何含糊，这样的下降还不算是理想的（再说一遍）。

但是这里让我说几句最清楚不过的话。我们的海军战备必须基于其他势力的海军战备上。假装把德国海军突然增兵说成不是我们采取决定的主要因素，这肯定是一种无效的伪装，不管关系到经费开支，还是新的建设。进行如此的伪装等于对近年来德国的能量和德国科学带来不寻常的巨大发展稍示正义而已。否定在英德这两大帝国之间的海军竞争这一明白的事实，将进一步被证明是愚蠢的，因为双方具有如此多的共同利益，双方始终没有争执的自然原因——双方的海军之争是战争的本质表现，几乎处在每一困难的背景之中，而且已经抵消反反复复所做的竭诚努力——伦敦市已经体面地分担了这一困难——在两国之间建立了真正的友好感情，否定这些肯定是愚蠢的。如果争斗继续下去，每种不信任、不安的因素被激活了，一种邪恶引出另一种邪恶，形成又长又丑恶的相互联结的一串。我们不是那样的盛气凌人，以至于设想跟着人们的脚步如此频繁而来的错误和谴责完全被放在一边。保持海军的崇高优势就是我们的根本原则。在这个基础之上立着的不仅仅是帝国，不仅仅是我们伟大商业的繁荣，这一基础不仅仅是处理世界事务的好地方，在我们这一海军优势的崇高地位上矗立着的是近乎千百年来我们捍卫的生活和自由。

明年的海军法律一旦完善，将会为德国提供一个宏伟、可怕的舰队，仅次于英国明年法律规定限制发展的舰队，把新舰的年限额加在德国海军总额上所得之和将下降到近几年来限额的一半。到目前为止，一如议会规定的那样，那个法律规定的限额无论如何还没有被超过。很高兴，我证明了以下事实：关于德国部长的声明，已经由事件严格地证明了，这就是置于世界的国务，不带任何附加条件，只是去遵守法律，将作为一次大而明智的解放来到欧洲。我们应当感觉到，就像海军的经费一样高，无论如何，高水平已达到，全世界的人们将会自由呼吸，国家将会走进一个更加令人信赖、更加亲切友好的气氛中去交换意见。我们应当很开心地联手一起去做这件事；另一方面，市长大人，假如海上作战需要其他动力系统中现有的大项目，该项目若是被更大规模的新项目全部兼并的话，对我们对其他国家来说都是极大的憾事。但是为了陛下的政府，我不得不说：世界上的所有国家和民族中，人们将发现英国是最能承受压力，不会忽视她的义务的（欢呼）。

达达尼尔海峡的替罪羊
"我竭尽了全力"

邓迪　1915 .6.5

由于丘吉尔的改革热情，海军的装备比起他在海军部刚刚任职的时候要好得多，使它有能力去面对1914年战争的挑战。那年10月份，他回忆起年迈但却顽强的费希尔大臣由第一海军军务大臣任上退了休。开始他俩是很好的搭档，但1915年出现了性格的差异和战略观点的分歧导致了费希尔的辞职。

不久后，丘吉尔自己也被迫离职。因为达达尼尔的灾难使他受到很多个人攻击，假如丘吉尔被海军部免职，保守党的反对派将会加入阿斯奎斯领导的联合政府。丘吉尔竭尽努力以求复活，然而最后还是被迫接受兰开斯特公爵郡大臣的任命。他的这项工作既清闲，待遇又优厚。同时，A.J.贝尔福接替了他在海军部的职务。

1915年6月5日，丘吉尔到邓迪去演讲，他面对他的选民捍卫他第一大臣的职务。演讲中表达了他对海军成就的自豪，反驳了报界继续对政府和他本人的攻击。在演说的结尾他对于民族的呼吁余音不绝，清楚地预示了他于1940年所作的伟大的演说。《明星》这样写道："丘吉尔先生说出了这个民族想听的话。"不过这已是在他还想作这样的演说之前的一段时间的事了。

　　我认为找机会来到我的选民区，这无疑是正确的。一是因为可以目睹近来发生的一些事情，二是因为自我上次来邓迪演说以来已有一年多没来过了。我到这里来不是以个人的私事来打扰你们的，不是来作解释或专事斥骂和反责的。在战争中，一个人必须尽自己的责任。战争或来或去，我们要掌握自己的命运。在这里，或是在议会，我不会说一句我没有真正感触过的话，要说的话得能表达重要的内容——要包含我所关注的事情——即打仗，战胜敌人（欢呼）。

　　阿加迪尔危机几乎把我们带进战争。之后于1911年我被派到海军部，我到那里接受首相交给我的特殊任务，一旦德军袭击我们，便可把舰队置于紧急战斗和常规战斗状态（欢呼）。从那之后，几乎有四年了，根据我本人特有的过时而可敬的语言，我负起了对于英王和议会的责任，做了海军部的一切事务，我说到"负责"是说，在真正的意义上尽职尽责，后来因为所有的失误而受到了非难（笑声，欢呼）。那些年月包括了我们海军历史上最重要的时刻——备战的时刻，保持警惕和动员的时刻以及在没有任何经验的情况下，面对实际战争的那一时刻。我尽了职（笑声），海军档案馆可以极详尽地说明在我参与的重大事件中所起的作用。我指望借这些事件来维护我本人的荣誉。

　　我依靠了海军的总形势：战争初期的危险过去了，海上的敌人已经清扫干净，潜水艇在一定的范围内已经布好了威胁的阵势；个人的支配地位、公海上我们战舰的崇高地位，这些都毫无疑问地建立起来（欢呼）。相对而言比起大战初期，我们的实际力量大大地增强了，从战争的特殊需要出发，所必备的各类船只、舰艇继续发展壮大，日新月异。现在到年底，英国的海军所得到的增援之多，简直是超现实的，不可思议的。一切都井然有序，每件事几乎都在预见之内，所有我们的供给、储备、弹药，一切辎重、官兵的征招等等无不到位，没有一处是死角。你们已经采取了应敌措施，你们只管放心大胆地前进（欢呼）。在全世界的海面上没有敌人飘扬的旗帜（大声欢呼）。

我将永远骄傲地说，在所有这些成就里，有我的一份。现在我的职权转让给别人执掌了，在我职权范围之内所做的一切事情，在言行、思想方面，我将给我的继任者以忠实的帮助，这是我的责任（欢呼）。我的确十分高兴地看到贝尔福先生（欢呼）能够胜任这一伟大的任务（欢呼）。现在达达尼尔海峡的战事正在进行，使他有机会再鼓起他的勇气，保持他的沉着、冷静和不屈不挠的韧性。靠着这些，15年前他改变了雷迪·史密斯的噩运，制止了他变节投敌的行为。

我有两件关于达达尼尔海峡的事要告诉你们。第一件，必须接受海上和陆上的失败，但是你们所使用的舰队是过剩的，假如在这次战役中总部不使用它，在你们南部港区它就会闲置无用，大量的船只都是舰队的组成部分。无论如何，年底之前都得停放在那里，因为大量新增援的急于下水的船只需要它们的水手。因此，只要官兵们的宝贵生命得到了拯救，像船只那样的损失在敌人和朋友的想象中总是很容易被夸大。

军事演习的花费也是昂贵的。而有些人设想基钦纳①（大声呼叫）正忙于指挥，没有严密细心地考虑关于我们军队在法国、在佛兰德斯所有其他至关重要的需要。这些人都错了，不仅错，简直太武断了。

我讲的第二点是：正直、清醒地看待你们的失败，同时一定不要忘记，你们在为获奖而竞争。伊恩·汉密尔顿爵士的军队，罗贝克元帅的舰队，他们离胜利只有几英里的距离，比如这次战争与胜利失之交臂。当我说及胜利，不是指每日布满报纸栏里的日报，而是基于光亮夺目的事实，勾勒出民族命运的外形并缩短战争的时间。我们的德国战友，我们英勇的澳大利亚人，我们的新西兰伙伴们，正在绵延几英里的山脉和丛林之中打仗，那里就有敌对帝国的垮台，敌军战舰和军队的溃败，举世闻名的都城的坍塌，那里也许就是强大的同盟军威临之地。斗争是严峻的，且危机四伏，损失惨重。但是，当胜利到来的时候，一切都会得到补偿。绝不存在一个战争的辅助战

① 基钦纳（1850-1916）：英国陆军元帅，击败苏丹，残酷镇压南非布尔人，第一次世界大战时，任陆军大臣，因所乘巡洋舰触雷沉没而溺死。

斗，在此战争中，战略的、政治的、经济的优越性能够得到充分的体现，或者这一辅助战斗与在中心战场上的主要决定有真正的联系。穿过达达尼尔海峡峡谷，跨越加利波利半岛的山脊，有某个已发现的通往和平的最佳捷径。这就是今天下午围绕那一主题我所要说的，以后也许当在这一著名的故事结尾的这一章写出来的时候，我还会再回到这一主题。

　　我不与那些悲观者在一起。我常读到新闻界朋友的自责与对别人的指责，因为他们太乐观了，最好让他们的良知得到休息。大量作忠实报道的报界有责任在战争期间鼓舞人们的信心和战斗精神。大凡过去那些在危难之中责任心强的伟大统帅、一国之君都煞费苦心地通过各种手段打消悲观情绪（欢呼）。我们的同盟法国人有一种新的说法：老百姓的悲观对军人来说就是胆小鬼，不是说你不必面对现实，你应当面对现实，当然有必要采取措施从我们的实际情况中得到鼓舞。当我们回顾并且记住我们已经卷入某些国家的军事冲突；记得大国之间的冲突使各自作好了战争的准备；记得我们卷入了这场冲突，可10个月之前还是一个和平文明的国家；还记得，我们的国民生活没有哪部分通常不包括海军的（欢呼）——英国的海军和德国的一样都作好了战争准备（大声欢呼），事实会证明我们不会辜负自己的任务（欢呼）——但是我们也记得我们的国民生活除了海军以外没有哪一部分能适应大规模的战争。难道我们从总体上说还有什么可自豪、可感激的吗（欢呼）？例如，那么多年的和平生活之后，我们早就应当认识到有必要去找基钦纳征兵，去动员我们的军队（欢呼），去找坚韧不拔的领袖，像约翰·弗伦奇爵士去统帅他们（欢呼）机智灵巧的将军，如道格拉斯·黑格、伊恩·汉密尔顿爵士、海军总司令约翰·杰利科[①]、比提元帅[②]、斯杜尔蒂、罗贝克以及挥动着漂亮的阿瑞托莎战舰上宽宽的三角旗的英勇善战的海军将

----

①　杰利科（1859-1935）：英国舰队司令，第一次世界大战期间指挥舰队取得日德兰战役的胜利。

②　比提（1871-1936）：英国海军元帅，第一次世界大战时期任战列巡洋舰分舰队司令，指挥日德兰海战，1919-1927年任第一海军大臣。

士，所有这一切难道不是妙不可言的吗？依靠海军的例子举不胜举，只等待金光闪闪的时机为我们的丰功伟绩作见证。在这个时期每个人都有义务去忠于他的领导，给他的领导以信心，他们或许是积极主动的士兵，也或许是在议会中任职的一名焦虑不安的政治家。不仅是在做一切事情顺利的时候，还要使他们感觉到在辉煌的事业里遭受不可避免的损失时不应当受到谴责，或者在第一次陷入困境，命运多舛之际遭到迎头棒喝是不公允的。而后你会说你的领导或许在军队里，或是在地方上，你都可以从他们那儿得到勇气、力量、胆识，并愿意去冒各种各样的险，肩负起一切责任，没有这些禀赋，战争就不可能有伟大的胜利（欢呼）。

现在我想说一说我本人陷入的麻烦（笑声）。我认为报纸不应当被授权攻击国家的重要领导人（大声欢呼），不管是在前线还是在后方，或者写一些特别着意于散布疑点的文章，或者着意在他们之间制造仇恨。报纸应该相信他们，对他们特别的军事演习要有信心。我说这些，不仅针对元帅、将军，还针对国内的主要阁员，特别是伟大作战部的领袖们。没有哪个国家战时允许报纸这样做。假如要批评，有必要去批评的话，首先这个批评必须是中肯的、严肃认真的。要批评，就在内阁范围之内进行，我们不能让敌人结党参加我们的讨论，而后让议会（本身有权）暂时闭门独处，却看起来必须为国家未来的利益、为了军队的安全和胜利，去制止那些不负责任、恶毒的吹毛求疵者。

在这个国家，我们坚决支持报界的自由。既然有议会和自由论坛，一家自由的报刊在国民生活中是自然和健康的象征。一旦有战争条件的限制，议会就要受到自愿而严格的约束，不去给敌人送情报。很多主题不允许自由讨论，不然的话社会的平衡就不再真实，严重的伤害将会来自于报纸荒唐的宣传。

很遗憾，自由党内阁既然不存在，我就没有在议会会议上发言的机会。我认为人们已经发现基钦纳大臣有一个非常重要的情况要代表作战部公之于众，我代表海军部也要说些事情：内阁正濒于垮台，它长期的事业在国内事务中有纪念意义，但是他已经走完了自己的路，它的功业不管在南非还是在爱尔兰，是好还是坏，都载入了史册。我知道今天下午许多人聚集在这里，都是敌视内阁的人，我们准备在不同的基础之上共同合作。在我没谈到内阁和他的前景之前，我必须征得你们的同意，只有对我以礼相待，我才会对智者说几句公正的话（欢呼）。有一个政府长时期一直到最后都忠心地要求和平，但尽管如此，它保住了我们的海防，所需的一切都得到了供给以反对战争的危险；有一个政府，把几个师之众派往战场，其数目相当于我们国家任何政党在我国一切历史时期所计划增兵的六倍；有一个政府，以你的名义、以国家的名义对法国和比利时履行了每一项义务、维护了每一个荣誉（欢呼）；有一个政府，把我们这个团结的民族带进了战争，未来记录了那个时期一个受伤的世界带着审视的眼光回顾这一民族陷入大灾难的所有事件——这一切将表明：英国绝对没有一丝污迹（欢呼）。我想你会允许我说一说关于自由行政管理的问题。很荣幸，许多年来我是其中的一员，我站在公正立场对它的组织成员说话，对它的领导者说话，对忠实维护它的伟大的党讲话。

在我离开该党之前，请允许我说一说我的一个伟大的朋友。在苏格兰你很了解他，可现在他已置身社会生活之外了，他就是霍尔丹①大臣（欢呼）。我深感忏悔的是：他不打算充实他那可爱的大部了，没有更诚挚的爱国者为国王服务了。在最后七年的内阁中，我没有一次机会在那个大部任职，尽管霍尔丹大臣根据他对德国政府体制的了解，警示我们有必要去防范来自德国人野性的危险（欢呼）。他没有一次不替国防、军事、海军着想，支持法国人可以使我们的军队在紧急关头迅速地到达战斗现场，那么他就同法国人一起进行复杂的布阵。他不顾众人的反对，面临经济危机，募集远征军。他组织本土军（欢呼）非常辉煌地维护了部队和它的创建者，依靠它英

---

① 理查德·波顿·霍尔丹（1856-1928）：英国律师，曾任王室法律顾问，支持英国发动南非战争（1899-1902），在陆军大臣（1905-1912）任内，整编英国陆军，组建帝国总参谋部和本土防卫预备队。

勇作战，严明纪律，以泰山压顶之势，取得了我们军事上的卓越成功。当然这一点不是主要方面（笑声）。几个月之前所有在这次战争中参战的陆军将士都开赴前线，在霍尔丹大臣麾下作战。大英帝国正式宣战之前，在那注定命运的日子里，当阵阵疑惧穿刺很多人的心时，我们是否采取应有的行动——在那些日子里没有一个人靠近爱德华·格雷①爵士，没有人更清楚地明白，义务把我们领向了何方（笑声）。

鉴于这一形势我告别了过去。一个新政府成立了，老对手把他们的其他争论、个人兴趣都搁置一旁。党派偏好得到了纠正和控制，政府要求代表政治力量及其才能来驾驭一个统一的国家的良知（欢呼）。支持政府，助其成功，使它成为发动战争的有效工具。忠于政府，公平地对待它，尊重它，慎重地判断它，这样做并非出于恶意。对此不能作一般的政治选择去考虑，它对于现存的人都是一种自我保护（欢呼）。将近三周的时间，这个国家把注意力从战争转移到内阁建设、职称评定，所有这些虽平常但对于我们的政治体制来说却是必要的细节，在和平时期却是如此有趣（笑声）。

如今事情已经过去了，虽经历了那么长的时间，毕竟过去了，我不禁要问自己这样一个问题：国家对新国民政府有什么企盼？当然我可以自己回答这一问题。我只准备用一个词去回答，即是行动（大声欢呼）。那就是需要，那就是唯一的正义，有了它便会有更强的国家统一观念，更加强大的推动力，领导者的规划所基于的更大原则——这原则就是所有党派对作出的巨大牺牲所希望和要求的回报。这些牺牲是每个政党深思熟虑之后，从其特殊利益和理想出发所作出的。行动——行动而不是犹豫不决；行动而不是言语；行动而不是激动。国家要有秩序，责任就在于由政府去宣布应该做什么。我们要向议会建议。至于是重新崛起，还是垮台，要看最后的结果。这就是你们希望我带回伦敦的口信——行动；现在就行动，行动起来要有信心

---

① 格雷（1862-1933）：英国外交大臣（1905-1916）。奉行亲法反德政策，联合俄国，在第一次世界大战爆发后，因为德国破坏比利时的中立，说服内阁对德宣战（1914），战后支持国际联盟。

和勇气。信赖人民，他们从来不会使你失望。

长篇大论的演说不适应我们生活的时代，所以我想再花几分钟的时间就所有有必要占长时间的问题谈一谈国家对这些问题的权限。可能不会有争议吧？这些权力是绝对的，别的都不重要。民族要生存，要保持它的自由，没有自由，生活就变得可憎恶了。而主要的是在一定的程度上行使无可争议的权力，这才是必要的。我坦率地告诉你们，假如不强行派兵到战场上作战，就不可能赢得战争的胜利，那么我支持这一措施。但是我认为那样做是不必要的（欢呼），肯定现在是不必要的。相反，我国人民的特点是：使那些向来不缺志愿军的地方恰恰都变成法国人和佛兰德人血腥的战壕（欢呼）。

没有哪一民族像英国这样在历史上任何时期发现人民群众的英勇精神、敢于牺牲的精神得到如此广泛的传播，几乎传播到全世界。没有强制性，法国革命就不能捍卫法国的土地。但现代英国已发现有上百万的公民完全出于维护本身自由，在最艰苦、最残酷、丝毫不讲得失、置生死于度外的战争中，既迫切又清醒地决心为原则而战，为原则而死。原因在于那是最美妙、最鼓舞人心的一个事实。在这一美妙的半岛上的全部历史时期，在以后的日子里，都是基于这一美好象征（欢呼）。志愿军在公路上已经走得很远了，他们正在为国王效力，到那300万人聚居的地方去。他们已经走得太远了，抛弃了这一伟大的道德优势，这优势为我们的军队增添了光荣，维护了我们国家的尊严。只是为了把相对的小部分人开到烽火连天的前线，而这些人不是完全能适应自己的工作，这部分人尽管他们各有自己的工作，几个月之内却做不好准备。做那样的工作，在我看来是极其愚蠢的（欢呼）。

但是在国内服务，保家卫国，使得那些出国作战的战士装备良好，给养充足，对我来说似乎立足点不同。记住，我们面对的敌人会不分男女老幼，不管使用何种方法，只要有机会，就毫无顾及地消灭我们。假如按一下电键就能杀人的话，我们的敌人就会片刻也不犹豫地就在今天下午消灭我们这个

伟大国家的每一个人，我们要打的就是这一种敌人，我们要打的那种像园丁用烟熏掉蜂巢那样不顾一切的人。但我们认清这是一种世界历史上的新情况，它是从可怕的过去的深渊中跳出来的。我们打的就是这样一种敌人，我们进行的是一场殊死的战斗。失败就受奴役，甚至被灭绝。不赢得决定性的胜利，就要重新蒙受苦难。在令人忧虑的停战之后再开战，也许就要在不利条件下孤军作战了。那么在战争又发生之后，欧洲决不会有和平，除非德国的军事体系被粉碎，被打垮，再不能翻身，那时才没有任何办法反抗征服力量的意志和决心（大声欢呼）。鉴于这一目的，我们整个民族必须组织起来（欢呼），必须社会化，必须组织动员起来，我认为不管用什么形式必须强调——我不想臆断——可我想不管以什么形式，政府应当强调，保持实力，加强必要的控制，还要组织官方确定一下，不管什么阶层什么地位的男女是否按照自己的方式都尽到自己的一份力量了（欢呼）。以民主的原则共同分享这一份，社会的正义要求它，国家的安全需要它，行使你的职权，我将把这个口信带回伦敦，"让政府依靠它的信心行动"（欢呼）。

首先让我们欢呼一下（欢呼，口号"魔鬼可耻，让德国鬼子见鬼去吧"）。让我们好好地欢呼。我已经告诉你们，海军的职责是如何被免除的。你自己看一看，我们的经济生活和精力要是不受丝毫检查怎么才能保持下来，这样你们肯定会认识到这一大社区的全部力量。我们战士的勇敢已经在欧洲的军队中赢得了普遍的尊敬（欢呼）。英国这个词现在被看作博得国际信赖的象征和标志。我们的领土和殖民地的忠诚维护了我们的文明，敌人的仇视证明了我们斗争的成果（欢呼）。可我要时刻忠告你们：当你们焦急或感到压抑时，不妨说一说对呈现在你们面前可怕的战争画面的色彩和光线的看法。看，澳大利亚和新西兰在最后一次和最精彩的一次战斗中，沉重地打击了普鲁士和土耳其的联合暴行（欢呼）。路易·博塔①将军占领了南非成为君王（欢呼）。加拿大拼死捍卫了溃不成军的比利时的最后几英里土

---

① 路易·博塔（1862-1919）：南非军人，南非联邦第一任总统，1910-1919年建立南非党，1915年占领了德属西南非洲。

地。再看一下战场上的硝烟和尸横遍野的惨景，在一个解放了的欧洲静谧的背景里，展望一下大英帝国的美妙幻象。

再说一说我们的任务。向前看，不要向后看，在内心深处和精神的高度焕发出青春的活力，竭尽全力。时代是严峻的，需要是迫切的，欧洲的苦难是无限的，但是英国的力量应当凝结起来进行斗争，它将是不可战胜的。我们是共同事业的强大的后备军，这个后备军要团结得像一个人一样向前进（大声，长时间的欢呼）。

一个灾难性的建议
"忆上院议员费希尔"

下院　1916.3.7

　　1915年11月丘吉尔退出内阁，积极参与法国事务，最后他被指派统领皇家苏格兰富塞利尔斯的一个营。服役的六个月是在战壕里度过的，他所表现的勇气又使得很多人垂慕。他被排斥在政治活动之外，又急切地想返回到政治舞台上来，他只是担心贝尔福占据海军部，因为他太软弱无能，太呆滞，不能适应时代的需要。

　　丘吉尔离开战场所作的这次不同凡响的演说，显示了他不管是处于最佳状态还是处在最差状态都无愧于一位议会的雄辩演说家。演说开始就细心地、全面深刻指责了内阁的战争表现，特别指责了贝尔福在海军部的表现，吸引住了下院听众的注意力。丘吉尔在结尾处提出让他新近对手费希尔元帅官复原职，复任第一海军军务大臣。

　　他没有在下院留任听取反映，这便成为广为流传的笑谈和疑点。甚至连他最亲密的朋友也认为他最后的建议是自杀的愚蠢行为。他批评的中肯被忘却了，第二天贝尔福作了一次破坏性的反驳，使丘吉尔陷于无助和屈辱的境地。人们普遍认为他的政治生涯永远完结了。

下院感谢我尊敬的朋友，海军第一军务大臣，他的海军部在整个海区开展了大型活动。对此他作了冷静、广泛的调查，他划分各个分支的海军时使用了贴切、巧妙的语言。我个人也很感谢他对于以前委员会的工作划分所给予的礼遇和关心。但是我更遗憾的是今天下午我作的评论本来可以尽可能地精练，我却不得不弹拨一个刺耳的音符。不是责备，既不愉悦，也不使你惊慌，这一音符带给你的是某种警示。我尊敬的朋友的演讲，第一部分首当其冲地表达了下院的热情支持。在约翰·杰利科爵士身上，我们可以看出一位海军将领最高尚的品质，他对于战舰的指挥比任何陆军将领都更加看重认真的调查研究和事必恭亲。总司令统领他的骑兵作战和布阵时几乎都靠他的手势，这不仅仅是必备的最高素质，异乎寻常的素质，身心的特别功能，而且是很大的实际能力。在世界上所有的海军司令中，没有一个人在处理和操纵大型海上装甲舰队时表现的熟练程度及其自然特性堪与约翰·杰利科爵士的娴熟功夫相匹敌。只要他的旗帜在飘扬，就有他辉煌的海军。多佛顿·斯杜尔蒂和戴维·贝提爵士，他们两人都发挥了海军令人难忘的特殊作用，这一特殊作用与他们的荣耀连在一起。我们坚信驾驶操纵海上所有战舰，在充满艰难险阻的惊涛骇浪中穿行迎战敌人，靠的是我们最好的职业技能和不屈不挠的坚强意志。然而就是这支在特定时间听凭他们调遣的海军和它与敌人战舰之间的剑拔弩张的关系，在很大程度上主宰了海上事务的方向。

每一位第一大臣、海军委员会的每一个成员都是他们前任的继承人。我想我已经提醒下院，虽然我在海军部任职三年，战争一旦爆发，我从议会接过来的每一支战舰还都没有安排到战位。正如我继承了现在财政大臣的职务以及他的那份可观的供给那样，我尊敬的朋友成为我的继任人，但是继承权还没完全确定下来。在和平时期新建工程大纲规定，向议会要多年之内所需要的资金，议会又把它加在继任人的身上，战时把负担和紧急费用强加在所有与海军部有关的单位头上，特别是强加在从来没想到自己有可能被计算在内的那些人的头上。我想我尊敬的朋友认识到他已经继承了一个大的庄园，既获得了劳动，又占有了财产。不管你是否看到了战舰，还是巡洋舰，还是

轻型潜水巡洋舰，或是驱逐舰，或是刚刚见到的一切类型的舰艇，他无疑都继承了大宗供给，都要最大限度地征收他海军部的动力税。假如那些大纲全部及时地执行了，不论什么理由，甚至连最遥远将来的忧患理由也没有了。相反，我完全同意我尊敬的朋友的意见：战争爆发时，可以充分确保我们的地位得到巩固并得到实际相应的提高。当然我将要彻底摸透这一纲领的细节，我将同路易王子和费希尔大臣一起对这部分负责。然而今天，我们必须铭记的有关这些细则的本质点是：如何去贯彻执行这些细则？要完全彻底地贯彻执行吗？要不要及时执行？我非常希望第一大臣已发现向下院提供下述保障的可行性，即费希尔大臣和我基本上可以工作到大片新工地建设的全过程。我可以肯定，在那些条件下我们已经觉察到形势是大为有利的。

当然，我十分同情尊敬的大人，当他发现所作的声明荒唐，即新的建设工程停下来了，并且有对先前的政策大反其道的情况。它表明海军委员会全体成员不打算执行实施新工程的巨大纲领。但那解决不了我在评论过程中一再提出的某些问题。尊敬的大人承认他和他的顾问们对将要取得的进步不完全满意。

（贝尔福先生说："我说过我想要拥有更多的战舰。"）我也要说，自从我回到这个国家，我已从必须依靠的信息源中获得了印象，这种印象比起从常务次官的声明中自然获得的印象，就不是那么十分令人满意和确信。这些事情触及了社会生活，必须以极大的克制去表达，我完全同意尊敬的大人：一定要避免细枝末节。他说及战争初期的情况，当时我们的地位，我们的焦虑，正如他所想的，并非是我们当前所焦虑的那种很可能称之为焦虑的阶段。那不是争执的分界线，我认为说得太远，现在我们已进入了可以发展海军的新的战争阶段。首先，我们确信宣战之前就着手建造的主舰无论是我们的，还是德国的，只要急切需要就可以投入战斗。任何还没有完备的舰只只会在意外或是新决策中耽搁。我相信这个战场是一个广阔的战场，因为有很多充足的理由预示了这一耽搁或舰只建造的拖延。比如，战争打起来首先要做的就是全神贯注在你即刻要用的船只上；也许战争的进展致使准备工作贻误，促成了再次改进和新的发展；在准确判断的前提下，在双方海军的实力范围之内，他们认为必要时才去把所有要建造的船只建造齐备。

我们不知道德国人在做什么，这是一层穿不透的幕幔，正如尊敬的大人了解的，这幕幔18个月来已经覆盖了德国的海军船坞，遮盖了海军和商业。这位大人说他并不知道那里有什么进展。那是一个严正的声明——不是我谴责中所指涉的那种声明，但那是我们必须铭记的严肃的事实。那儿究竟发生了什么。我们可以肯定这一点：那儿的事情在进行之中，伟大的德国海军在总统特别关照之下，多年来投入了经费、投入了努力和辛劳，经过策划才建成的。我们能否想象德国政府会满意地允许海军虚弱地倒下，而只是去嘲笑基尔运河（并不指望采取行动）吗？不会的，这是我们花了代价才了解到的。假如依靠他们非凡的军事力量才能在作战过程中可以为德国提供真正有效克敌制胜的基因的话，他们会默认自己完全丧失努力、作用和组织领导吗？会默认曾经使他成为第二海军优势的力量和才智已经付诸东流了吗？假如我们根据这样一种揣测而行动，那就太冒失了。我们会推测德国战前着手建造的舰艇已全部造好。这也许不是事实——我敢说不是真的——但是我们必须预测，我们应当这样做。假如德国的战舰已经造好，但我们的却还没完全造好，那么我说这种严重的实实在在的原因，对于用每只舰船的情况去解释造船的误工和拖延是必不可少的。我不是说那些原因都有根有据，我是说，我们应尽最大的努力，尽早地建成这些船只。

我必须提醒下院记住：这些最新的船只是我们用以迎战的，它们胜过德国最新研制成的那批重机枪。我只是谈舰船的问题，其容积记载在海军的年刊和历书上，现在已经发表。我并没触及任何一陌生问题，或是公之于众的问题，我极力避免那样做。这些船都装备了15英寸口径的大炮。在和平时期我们靠冒险负起海军部委员会几乎负不起的责任，以确保这尊炮的"伊丽莎白皇后"的称号。实际上我们建成了完整的体系。按照五大舰的品种把这些炮排列到位，从不虚设一个试验炮位。这样做，我们缩短了整整一年的时间，把所有的船都装配上威力强大的武器，显示了这种炮比起13.5英寸口

径的炮更具有优势。13.5型是我们此生（不如说这一辈子）使用的最好的一种，当然威力也大得多。这件事就像打胜仗一样，一定要收实效。向高效能发展的问题一度在海军部还是大有分歧的，可现在意见一致了。议会批准我们14艘军舰装备15英寸口径的重炮，其中，如果记得不错的话，有十一二尊炮是战前配备的。假如这些战舰都安排就序，将会有明显的不同。还有一件事要记住，它会小心翼翼地使我们逐渐接触所有这些问题。主战舰战前就开始造，现在已经竣工了，我们正在进入开战后新战舰又开始制造的阶段，可能双方已准备就序。我当然知道我们所做的事，并把这秘密保守起来。然而我们也不知道德国做了些什么。我们已经向外界宣布，这一地区已划定了。我们已经有了海军的年刊和历书，并进入了一个陌生的区域，这一区域的划分是不确定的，也是不可测量的。出于这一原因我们不允许任何拖延，耽搁我们纲领的贯彻执行，因为我们必须从现在开始供给，不仅反对已知的，也反对宣布的，而且还要反对继续增长的未知因素。我也必须指出另一个论点：战争爆发后的前四个月，我们面临十分令人焦急的形势，这种局面绝对没有消失，也不是随着意志的发展有任何可以觉察到的减少。下院将记住过去我强调过的老生常谈，即平常的时机和选择的时机。

（G. 法布尔先生说："把他们挖出来，怎么样？"）

我同意这位先生的意见。这是一句很愚蠢的说法，我不该放过他。

（G. 法布尔先生又说："很抱歉说了那句话。"）

战争爆发了，我们有幸把船造出来准备打仗，所以这根本不是平常的时机。到了一定的时候，有了职权，就好进行整修，从中队和小队里作固定资产扣留。那时买进了新船，还做了其他的扩充，这样就保持了一般的发展趋势。寻求平常时机作为抵制选择时机的原则依然在运作，因为德国舰队下海，假如照常规行事，全速而来，那么我们就要用海上的巡洋舰来对付，往往采取部分出击的形式。战争布满了不测风云，就目前的情况来说，海军部已经先行了一步，但做得还不够——我迫切地向我尊敬的朋友作解释，并使用了不冒犯、不令人恼火的语言，他也常常以礼待我，可是应当指出他没有使用让人易于接受的方法。他用的是粗鲁、野蛮、激烈的方法，用的是无休止的舌战。记住，除此之外其他的一切也都在运动之中。我们看到了我们自己的大发展，但是也要记住，我们周围的其他事情同时也在发展、壮大，所以片刻也不能停止划桨。你们必须继续开动机器全速前进，瞬间之失何止一停，而是失败。我们幸存下来，我们正从军队弹药匮乏中解脱出来，付出了生命财产的代价才得以控制局面，前头不远就是我们的优势。一旦海军物质缺乏，就没有恢复的机会。哪怕血与钱毫不吝惜地倾倒而出，也丝毫无补于无意识释放努力的后果。

我今天下午来这里以最大的责任感说了这些事。我说这些是因为，我肯定有时间避免这些危险，肯定为时不晚，太晚了就无须啰嗦，不晚，还有时间。我担心我要说和正在说的警告的话、规劝的话有可能激发出仇恨。尽管如此，要说的一定得说，应该说。这些话会产生有用的结果，这是确定无疑的。可是我要告诫诸位虽然还有时间，海军部决不能认为战争结束了，他们必须立即再振作精神投入到执行任务中去，势在必行，一天都不能耽搁。我所说的关于大战舰的问题，因为他们的力量没有减少，适合于多个中队，特别适于驱逐舰。战前根据1913—1914年的计划我们微微减少了驱逐舰的数量，为的是花同样多的钱建造形体更大、威力更强的驱逐舰，也是为了发展我们的"阿瑞托莎"轻型巡洋舰的规划。战争及时地说明轻型巡洋舰虽然必要，而且令人羡慕，却不能代替驱逐舰，何况用以对付潜水艇的大批驱逐舰呢！然而在路易王子时代，我们就着手制订新纲领了。而后，费希尔大臣带着新的冲动进入海军部，1914年的秋季我们一起工作的时候，一切安排不仅井然有序，而且以超出一切可能的规模完成了。假若我们从事的各式各样小工艺计划已经或正在及时地贯彻执行，那么海军部就会产生立竿见影的结果。

（贝尔福先生说："他们大大地增强了。"）

无疑其他人也都跟在海军部后面来了，可是别的危险也接踵而来，我正在处理这个方面的问题。假如让他们落在后面，假如允许他们日复一日地退

回去，那么我们的海军和大舰队不知不觉地就会失去了安全，也失去了我们为他们准备的有利条件，我们认为这二者都是他们不可缺少的。很遗憾，下院在听了常务部长所作的高级声明之后，我还得打扰你们，但是这个问题极其重要。光说"我们正在尽自己的全力"是没有用的，你必须继续去做必须做的事。尊敬的大人谈到了劳动范畴。正在建设中的海军的重要单位和海军中队是我们海军财力的首要拨款单位。尊敬的大人晚一些时候应当告诉我们关于海军部的劳动问题，现在他还没有接触，还没有处理欺骗的问题，下院对此感到满意，可我却不以为然……

（阿斯奎斯首相说："他没有这样说。"）

他这样说我能理解，无论如何，他还没有采纳这一建议。

（一位尊敬的内阁成员说："又太迟了！"）

假如他不这样说，我就误解了他。这位大人说及劳动欺骗和把前线的战士领回来，似乎那是一个补救办法，就此我理解了一个高尚的补救措施。我认为不是那样，那一措施并没使得这一问题得到绝对令人满意的答复。我了解我朋友的难处，以及加在他身上的辛劳和负担，但是他必须克服这些困难。英国造船业的资源是无可比拟的，也是应有尽有的，假如用最高的速度和最大的能力使用……

（贝尔福先生作了一次观察，这在新闻记者的画廊里是听不到的。）

比如"监控"重炮舰，包括了它周身所有的零件，被如此有远见地散布在世界上这样庞大的舰队，有些装备了世界上最大的大炮的炮舰，六个月就造出来了，对此你有什么想法？尽管他们发挥最大的想象力，也没有人能对英国造船厂生产的产品形成任何概念。

我从委员会负责的物质规划想到潜在的稀奇古怪的危险以及必要的应急措施。特别是海战，你必须经常设问敌人——现在怎么办？下一步怎么办？你必须经常寻求各个击破，把握住措施，要去构想怎么样让敌人去做起码你想叫他去做的事。我尊敬的朋友（贝尔福先生）说及前任委员会在战争初期克服了十分严重的危险，有一次危险他没有说及，即对海军的潜水艇袭击的威胁。这次威胁由于去年今日采取了非凡规模和异常复杂的措施而得到了化解。虽然德国的潜水战近来一败涂地，还将会失败下去，你们仍旧不能认为这种失败不会再以新的更加困难的形式出现，因而不再要求作进一步的努力，不再搞新的发明创造。相反，你必须赶在敌人之前把新的装置准备完好，你的随机应变和发展的观点必须根据超过他使用的那个最高限度的规模。我觉得发出警告是必要的，出于多种原因对此我不想再说。

还有一件事我不能不说，我十分谨慎地用语言去这样做了。为海军制定的战略方针纯粹具有逆反的特征，绝对不要这样认为，即最谨慎之路是有人随着走的。我希望记录下这样的内容：前任委员会当然不会对1916年一整年的被动态度感到满意，那就是我针对那件事所要说的。还有一件表明我的意思的比较小的事，我听到了很多有关空袭的事。一个很大的反对策帕林①的补救办法是把策帕林消灭在他的研究室里。我本人都不懂为什么好几个月以来一直推行空袭政策，人们认为这是不可能的，推行这一政策所使用的才智远比费希尔大臣和我的才智都大。而且在开始的几天里，把一帮海军驾驶员运到科隆、运到杜塞尔多夫②、腓特烈港③，甚至到库克斯港④。不想作出结论就等于我今天白说了。第一，前因说出来了却没有把握去达到及时的收效；第二，不得出明确、切实可行的建议就等于我没发出警告。1914年11月巴滕贝格的路易王子告诉我说他要退位，把他忠心耿耿操持的事业卸下来是他的责任。我认定只有一人能继承他的王位。我了解海军中所有高级官员，肯定没人能掌住这个权，只有费希尔大臣远见卓识，所以我明确表示不与其他的海军大臣合作。用这一办法，反对党、海军部以及其他部门，他们经常，也许不是故意地打乱费希尔大臣的切实可行的步骤，这些障碍都——克

---

① 策帕林（又译为齐柏林）（1838–1917）：德国军官，策帕林硬式飞艇的设计者，曾参加普奥战争（1866）和普法战争（1870–1871），退役（1891）后研制一艘硬式飞艇，在腓特烈港作首次飞行（1900）。

② 杜塞尔多夫：德国城市，法国诗人海涅的诞生地。

③ 腓特烈港：丹麦港口城市。

④ 库克斯港：德国北海岸港市和第二大渔港。

服了。他回到他的老地方，其后六个月的战时政务，我相信可以与皇家海军历史上的辉煌时期相提并论。

我不相信我们之间十分友好、亲切的关系会就此破裂，而这次战争带来的重压和震惊是巨大的，形势使他们经历这代人从没经历过的痛苦。我们告别了政府确定的伟大事业，人民忠于的伟大事业，告别了与供给贫乏的作战部队命运悠关的伟大事业（我们逾越了这一障碍）。故而我公开地反对费希尔大臣回到海军部——我多次强烈地向首相和海军第一大臣表示了这个意见。现在我们获得了一个截然不同的形势，现在我不怀疑我自己担负的无论什么职责。有时我认为我不能这样表述这个意见，但尽管我离开这里几个月的时间，对于这儿的一切却都清楚。时间紧急，问题严峻。战争向着纵深发展，国家和事业的存亡都系于舰队。我们不能没有我们已经拥有的最强大、最精锐的部队。个人想法不能成为国家和那些为国为民的人的障碍。我认为当前的海军部，与他们的能力、忠诚和热忱相比还缺乏动力、智能，这种现象不容许再继续下去，邪恶未生，尚未有时，纠正它，只能用一种方法去纠正它。我肯定国家和海军部正期待着采取那一必要的步骤。我同意在座的我尊敬的朋友（G. 兰姆伯特先生）上次在他的讲话中提出的建议，并且我敦促海军第一大臣丝毫无误地去加强他自己，通过召唤回费希尔大臣，使他官复原职，再振兴海军部。

第二章　鄙视和警告

（1917—1939）

布尔什维克的恫吓①
"一种带有侵略和掠夺性的形式"

伦敦康诺特公寓   1919.4 .11

不久，丘吉尔就结束了他活跃的作战部工作，回到伦敦，而后花了12个月的时间企图证实他在海军部的所作所为，力争官复原职。最后他的政治命运开始好转，劳舍-乔治1917年6月又把他调进联合政府任军需大臣。1918年11月大选之后，他成为陆军大臣兼空军大臣。

在这些职务的任职期间，丘吉尔陷入他本人称之为布尔什维克的恫吓之中。他害怕俄国革命会像法国革命那样发展，并有力地支持英国和同盟国在内战期间支持沙俄白军的部队。实际上丘吉尔极大地错估了布尔什维克的力量，到1920年，很明显他的政策注定要失败。

这次演讲是在战局大体稳定的时期作的。这是早期丘吉尔以启示录的形式作的演讲，在内战的年月里传播得尽人皆知。他的语言似乎既过于猛烈，又过于悲观。但是一定不要忘记在胜利的果实里前景未卜，的确，这更多地是对于胜利者而非对失败者而言。

---

① 丘吉尔是坚决的反布尔什维克者，本文可以说是本世纪两极对立和冷战思维较早的代表作之一——编辑注。

我们都在等待着和平委员会评议的结果。我们处在暴风雨前的一片寂静之中。几周之内，或更短一点时间，我们将会知道同盟国加在敌人头上的条款是什么。在其后的问题里，我们还会了解敌人是否已经接受了那些条款，还要不要进一步采取一些必要的措施。与此同时，我认为不应当把我们自己与特殊的观点联系在一起。任何协议皆由有经验和有能力的各国政府首脑集结在巴黎达成的，那种既复杂又有普遍性的协议，除了有关普遍性决议之外，必要时都要作整体判断。支离破碎的宣泄、零星分散的讨论无非是荒唐无效的。我们筛选出一帮能工巧匠，他们别的什么都不想，对别的什么也都不感兴趣，只专心于自己的研究。他们只管日以继夜地工作，去完成自己的任务，能够整体地表现自己，又能从公众的同情和信心里得到最充实的措施，从来没遇到过棘手、艰巨的任务，应当解决的问题也不能解决得尽如人意。没有人想得到所有他们想要的东西。要说没有人应该得到一切他们想要的似乎过分了点，每个人都想抱怨些什么（笑声）。

这不是我们玩的摸彩游戏，而是一个争取正当的和平和持久和平的问题。那种和平达到了，个人的失落感就会在一场欢乐中抛在脑后。假如达不到，任何一个国家，任何大臣或代表所赢得的一个国家纸上谈兵的胜利，对于那个国家，或者对全世界都没有什么用处。因此和平委员会所做的工作必须作整体考虑，而不是根据非此即彼的判断。

停战以来，联合王国的一系列事件使我们很满意。当我想到困难的时候，1918年11月11日，我审视了这些困难，才明白我们是怎样克服困难，在那期间，我们克服了多少困难。我认识到我们应该感到满足和庆幸。将近250万人从部队复员回家，给国家带来和平工业。100多万军火工人转业，从事其他工作。有时不得不考虑到劳动就业问题，有时它带来相当的威胁，这些困难都由首相和鲍纳·劳先生凭着大智大勇克服了，当然还有这个国家的工会代表（"再说一遍"）。由于在几个月前复转中心的工作十分不力，军队目前又保持了先前冷静、坚定、纪律严明的状态。这些都是重要、关键的事情。的的确确，贸易的繁荣受到阻碍，在一些国家还不能摆脱贫困，假若

整个世界都像英国那样富裕，今天下午，全世界都会感到高兴（欢呼）。

自从我到这里来，听说赫尔市不像人们希望的那样对我们的就业问题如此欣赏（笑声）。不过我不把非重要性归咎于补选，无疑它是随着比人们期待和向往的更带摇摆性的大选之后到来的（笑声）。很自然，会有反响，有反响也是健康的。政府不应当从这些反响中采取什么使补选从其清晰明白、振兴这个国家的方向上发生偏转，不使它从恢复和加强国家体制的方向上偏转，不使它从扩大我们国家的社会福利基础的方向上偏转。由英国强大的武装捍卫的、由战士们从战争中夺取的、由我们捧出来的立法成果，我们不能把它丢失在国外。

我只希望这块大陆事件的发展就像我们自己半岛上一样地顺利。正相反，颓败的进程稳步地，甚至是迅速地遍及欧洲大部分地区。英国政府发布了白皮书，就布尔什维克狂暴行为的真凭实据，进行了生动的描绘。暴力以很多形式表现自己，英国是各种形式暴力的敌人，那就是我们反对恺撒主义并再次与它作斗争的原因。那就是我们反对布尔什维克主义的原因。在所有暴政中，布尔什维克的暴政是最具破坏性、最颓废的。说它不比德国军国主义更坏简直是胡扯。在布尔什维克主义的领导下，俄国人民的痛苦远远超过沙皇统治下他们忍受的痛苦。还有一件事要记住——不管德国人犯了什么罪，在我们的指控中从来没饶过他们，无论如何他们坚持维护他们的同盟。德国人为同盟军领错了路，利用了他们，但是德国人没有唾弃、没有背叛他们。在强盗之中，可引以为荣，它胜过刽子手的耻辱。

列宁和托洛茨基一上台执政就把高尚的俄罗斯民族拖出了光辉的道路，并丢下我们及我们的同盟，使我们遭到曾在去年三四月份攻打我们的德国增援部队的狂风暴雨般打击。被杀死的每一个英国和法国士兵，确实死于列宁和托洛茨基之手，非是死于正义战争，而是由于叛逆地对于一个同盟国的抛弃，这在世界历史上没有先例。战场上还有俄国军队，在高尔察克[①]元帅和

---

① 高尔察克（1874-1920）：苏维埃国内战争时的反革命头子，原为黑海舰队司令（1916-1917），七月革命后在鄂木斯克建立反革命政权，率白军发动叛乱，败于红军，被处决（1919）。

邓尼金司令的领导下，他们忠于同盟国的事业，从不动摇，英勇战斗，一往无前，反对罪恶和兽行的肮脏结合，这一结合就是苏维埃政权。我们正在帮助这些人（在分配给我的范围之内，尽我们的最大力量）。我们供给他们武器、弹药，给他们指导，派给他们技术专家，自愿提供服务，无偿地派我们的部队去帮助俄国。假如俄国被拯救了，一定是俄国人的勇气使然。我们的全身心都与这些忠于同盟事业的人站在一起，在他们光辉的斗争中去恢复俄国大一统的光荣，在现代、民主的基础上重建可信赖的、心地善良的俄国人的自由、繁荣和幸福。

在这个国家和其他一些国家有一个被误导、颓化变质的民族，他们高瞻远瞩得太过分，以至他们在其所谓敌对的俄国宗派之间看不出任何差异。他们非让你相信"半斤八两差不多"。他们认为国际联盟在布尔什维克和文明之间是公正的。我们还被迫去区分正确与错误、忠诚与背叛、健康与疾病、前进与无政府状态。有一部分世界，在其中我们一定要搞清楚区别本身能够化为行动。在俄国北部，那些布尔什维克分子正在继续打击英国部队，这支部队是我们在大战期间派去打德国鬼子以摆脱西部的压力的，现在那儿的冰冻隔断了自己同胞的供给。我们实际上在与布尔什维克政府的代表在交战，在与他们的部队交战，不管这个国家什么地方对俄国事务有什么看法，在这一点上必须一致，那就是政府派到那里的战士必须妥善地得到供给，使他们脱离险境（欢呼）。我们无论如何不能抛弃这批小伙子，让他们落在冰封的海滩上任我们残酷的敌人摆布。首相授予我全权，我将采取一切措施，我军总参谋部认为有必要使我们的战士安全地从他们的危险境地获得解脱。

第二本白皮书由政府签发，关系到德国的内部情况。阿尔杜瓦俱乐部上次给了我很大乐趣，我记住要向你说战争所要达到的唯有胜利，或者必胜，或者失败。而胜利要实现的唯有和平（欢呼）。我赞成与德国议和。战争结束之后，敌人被打败了，不得不求饶，我赞成与他们缔结和平。正像1914年8月，向德国应战是我们的责任，而现在我们的责任是与德国议和。

与德国议和不等于与德国交朋友（欢呼）。提到和平，我不是说原谅，

所有这一切都发生了，这代人决不会原谅他们——而和平从最低的意义上讲是具有共同利益的一件事，战败的一方吃自己战败的苦头，大伤元气——这是一个必须面对的事实，还要继续关注下去（欢呼）。但还有生的希望，一个朝着未来的转机，也意味着某种赎罪。我想我们不能再继续这场争论，无限地使用一切仇恨的武器。我认为文明世界的机制强大得还不足以承受得住那样的紧张形势。完全毁灭状态的俄国人握在我们的股掌之中，大部分的欧洲处于饥饿状态，破产、无政府状态以及威胁胜利者和被征服者的革命，这一存在于德国民主之中、秩序井然又稳定的力量不能加入布尔什维克的阵营，我从军事源头得到的一切信息表明德国趋于土崩瓦解。所有我的军事顾问毫无例外地告诫我们应当即刻采取保卫胜利的最重要的步骤，那就是喂饱德国，向他们提供所需要的食品、原材料，首先恢复他们的经济生活。

然而德国的形势是严峻的，沙伊德曼、埃伯特和诺斯克的社会主义政府在动荡不定之中，假如这个政府垮了台，没人能知道谁将取而代之。假如德国跌入布尔什维克的无政府状态，她无疑会被活剥掉，不仅得不到赔偿费，连我们自己也要受贫穷，那么我们的贸易的复兴将由于世界的越来越混乱和毁坏而陷于瘫痪。我提醒你们不要盲目地听信虚假的劝告。首相处在巴别尔塔一样高的困难和混乱之中，他在巴黎始终不渝推行的政策简单而明了：那就是使德国缴械投降，再去喂饱它，同它和平共处。这对德国是一种赎救的办法。通过与布尔什维克主义斗争，防御它，德国会向着与文明世界的联合迈出第一步。我肯定你从那些把我们的部队引到胜利的智慧的士兵那里得到的忠告将会武装德国人的大脑，使他们肩负起清理她的帝国主义政府所造成的混乱和毁灭，同时站在莱茵河上与强大的英国以及同盟军一道反对肮脏的伎俩，赞同我们的正义和合理的要求。

世界上非常大的危险依然在威胁着我们。人种的两大分支，斯拉夫和日尔曼二者当前都陷入了困境，我们强大的敌人，我们强大的朋友正陷入毁灭和绝望的深渊。二者竟然不谋而合完全出乎意料之外。德国在和倒向布尔什维克派的倾向进行斗争。

　　俄国的布尔什维克革命其性质正在改变。在俄国那种社会秩序的无政府状态已经实现。俄国人的政治、经济、社会和道德生活暂时遭到彻底破坏，饥饿、恐怖成为日常秩序。只有军事机制从毁灭中走出，得到发展，虽然仍旧虚弱，却日益稳步强盛起来，颇带侵略性和掠夺性正是继罗伯斯庇尔[①]垮台后拿破仑出现之前法国的雅各宾派所呈现的状态。布尔什维克的军队正向着猎取食物和掠夺财物进军，由于战争的破坏和资源的枯竭，他们立在自己的路上表现出些许的虚弱。

　　假如德国由于内部的虚弱，或是由于实际的侵略而屈服于布尔什维克这一流行性的瘟疫，德国无疑会被撕得粉碎。但是，我们到何处去？到哪儿去得到我们向往的和平？到哪儿去恢复我们的繁荣？没有它就会引起国内的不满。哪儿还会有国际联盟？很多希望都是建立在这一基础之上。假如这一国际联盟不复存在了，还将会有两个联盟出现，而不是一个。将会有战败国的联盟和战胜国的联盟，战败国的联盟会很容易地再武装起来，与此同时，战胜国的联盟将会刀枪入库，马放南山。会再次出现可怕的抗衡，这就是第一次世界大战爆发的序幕的重演（欢呼）。

　　我们决不允许我们的注意力由于我们的希望和爱心而偏离对于真理的追求。目前的这一切对公众舆论的形成有很大的影响。我告诉你们，要保持一个强大的军队，使它忠诚、勤恳、满足并适应于它必须做的工作；使它与德国人民和平相处；采取一切可采取的措施抵制布尔什维克在世界各国进行布尔什维克的赤化。

――――――――――

[①]　罗伯斯庇尔（1758-1794）：法国雅各宾派领袖，领导雅各宾派政府公安委员会（1793-1794），平定反革命叛乱，镇压愤激派和阿贝尔派，热月政变（1794.7）时，被捕处死。

预算广播讲话
"大家携手前进"

伦敦　英国广播公司　1928 .4.25

　　丘吉尔公开鼓吹对共产主义俄国的憎恨，表明了他回到保守党，他1925年加入该党。1922-1924年之间，他不任职，也不在议会，他又被选为埃平的立宪主义者候选人。当他被任命为斯坦雷·鲍德温的第二保守党的财政大臣时，他和其他很多人一样感到惊奇。

　　丘吉尔当上财政大臣成为历史上有争议的问题。但对于他提出的五个预算的英明却是无可否认的，就像他介绍海军的预算演说那样。当他是海军第一大臣时，长篇大论清晰地表现了演说精妙的技巧、复杂的主题。比如他1928年的演说用了三个半小时，包纳了对致力于加速改革不景气的工业和萧条的农业的周密建议。

　　紧接着，丘吉尔发布了他最早的广播讲话。人们认为它是一个无争议的声明。但尽管丘吉尔对于开场白作了审慎的润饰，BBC的总经理约翰·雷斯爵士仍认为他党派偏见太重。毕特利斯·韦布①把它说成"生动、词藻华丽

————————

① 韦布（1858-1943）：英国费边社会主义者，社会活动家S．J．Webb之妻，曾与其夫参与创办伦敦经济学院（1895），《新政治家》杂志（1913），著有《英国合作社运动》，并与其夫合写多种著作。

的个人情况描绘"。

我有我自己的一套，我知道如何通过这一奇妙的发明去与实际事件接触。被邀请今天晚上作演讲，我很高兴地接受了。我不打算说带有党派偏见的事，也不想使我的讲话带有党派政治的特色。我的确没有必要这样做，因为这次预算是严格针对国家的立项，不论什么党的成员，甚至包括那些不在党的人都有自己的切身利益。

根据我的地位，以我获得的关于收入税的全部信息，也许我能比其他人更清楚地辨识哪类交易兴旺，哪类企业不景气。我得出这样的结论，我们特别要扶植基础工业和重工业。我国的基础工业和重工业有钢铁、煤、棉花和造船业，所有这些工业都处于萎靡不振状态。大批的劳动力失业，大批的公司不赢利，这些的确都是实际的损失，所以我才打算扶植他们。实际上，政府同意首当其冲地切实减轻他们的税务负担，为此我宣布了一项基本建议，生产工具和工厂、财产、建筑物、土地、机器，这些用于实际创造性的生产工具不应当征税。我们要收就收利税，而不是工具税。从伊丽莎白皇后延续到现在的税制远远脱离现实生活需要。各区的税务都建立在各区政策的基础之上。税务的征收更加着重强调不成功的事业，而不是着重强调成功的事业。现在所有这一切都错了，根本没有意义。为了生存，我们依靠出口贸易，千百万人从这些基础产业中开出他们的工资。铁路货运又是一种负担。那些依靠使用大宗沉重货物的行业，其产业税的负担更加沉重。

我们靠农业生产为生，所有工业以煤为燃料，矿井用的木材，还有铁矿、钢材，一切属于铁路的税收减免都会有利于以上物质税收的减轻。现在观察一下减税物质的积累实况，看一看他们是怎样积压的。首先，拿危险圈作例，煤税、焦炭税、铁矿税，加上生铁税，还有其他收税产品，都用来造钢材，又要收税。另外，所有这些商品都要通过铁路运输，这也要收税。在这些情况之下，使得很多地区重赋累累，除了这个令人厌恶、有害的税收负担之外，也许能帮助愉快、健康的产业工人。在很多情况下，这样做反倒十

分有利。请看这幅图的另一面。

煤、焦炭和石灰免收税，利用这些有利条件把它们运到钢铁厂使得钢铁厂减免税收。除了钢铁厂之外，说一说建筑桥梁、铁路所需要的物质：从这些钢铁厂里可以得到造便宜船只的相同的材料，不是靠扣工资，而是靠减轻负担来拣便宜。税收，或者是靠收税的货运不管怎样减免，都不足以解决这个问题，还要额外地补充，那些额外的东西产生于心理冲动。我们在企业中追求善意与合作。这为雇主在企业中雇工以及清除不称职的现象提供了机会。这也是个时间问题，减免本身存在着不足，但是使用得当，充分发挥了有利条件，这样的减免也就意味着开辟一个新纪元。要把握时机，机不可失，时不再来。

这就是我们在争取的问题，这也是我们寻求使用的补救措施。那么我们打算如何得到这笔钱付给当地政府？你们不能把税款从当地政府那儿拿走却什么也不付还。喏，我还有一个很长很长的故事，我不多说，只能简明扼要地说一说：19世纪大英帝国的财富就是煤，在此基础上我们建立了我们大的工业体系，靠着它成千上万的英国人进入这个世界，靠着它，我们的强大建立起来。没有煤，我们简直无法生活。

20世纪我们进入了石油时代。19世纪我们比起我们的竞争对手遥遥领先，到了20世纪英帝国几乎没有一点石油。当前得到石油对我们来说绝对必要，为了得到它，我们不得不从外国进口。过去我们大量向外出售煤，去年我们花了许多钱进口石油，一如我们外售的煤的价值。过去我们这里是燃料的源头，现在正在枯竭。我们需要它，我们必须获得它。难道我们自己能造出它来吗？科学家告诉我们，他们已经能把英国的煤变成石油。德国人正在他们国家这样做了。我赞成一步一步地来，岂不知我们用了很长时间建立英国宪法并且建立了英帝国。这是一条漫长的道路。

我们的祖先不怕时间漫长。现在我确信，汽车社区的人，他们根本不幸运，也不爱国，公民们根本没有远见却对于外国进口的液体燃料具有辽阔深远的眼光。我希望他们能注视征收四便士一加仑的进口燃料税，他们似乎不是在小事上聪明，斤斤计较实际的花费，他们似乎是大英帝国未来的管理国家的继承人。

我想让你们知道我们在前进，我们正在向城镇和乡村的英国产业援助努力进取，我们能和每一个先令、每一个人、每一支枪连在一起。我必须解释，像这样的大政方针只能逐步实行。假如我们减免了四分之三的产业税，并减免了所有的农业税，我们不得不还地方政府的账。不然的话，他们怎么能进行下去？但是在还他们账的过程中，我们打算加强现代化，有一个较好的地方政府的体制，我为此花了几个月的辛劳。审视过这一主题的任何一个有才干的人都会想到所有这些困难，并权衡利弊。

在预算中开始执行的政策昨天在两个平衡的大问题上得到贯彻落实。首先是减免产业税，其次是地方政府体制的现代化问题。第一部分是我们现在正在做的事，第二部分将要占去议会的整整一个冬天。别让我们把他们混在一块了，一段时间迈一步，那么每一步都要走得踏实。让我们一齐前进，让我们不怕遇到麻烦和进行冒险。在这一新世纪中，英国不会完蛋，她将坚持下去，在这新的围绕我们上升的浩瀚环宇之内占有一席之地。但是英国要幸存，只要她的人民更加智慧，她的政策远见卓识，她的经济体系达到更加优化的程度，她的社会标准更加合理，她的人民更加团结一致，更有觉悟地进行自我克制。可以确信，以我们的热情加上责任心，在这一关键时刻没有人会失败。

印度人的威胁
"一位具有煽动性的中庙律师"

埃平　温切斯特公寓 1931.2.23

　　1929年6月大选，保守党被击败后，丘吉尔随即加入了反对党的商业委员会（影子内阁）。同年10月份，印度总督发表声明，"再次强调统治阶层目标"，并建议在伦敦召开一个圆桌会议讨论宪法改革。紧接着，他通过亲自会见甘地，谋求安抚印度民主主义的意见。

　　作为反对党的领袖鲍德温，热情洋溢地支持这一政策。但丘吉尔正在忙于写《我的早年生活》，他一心想从世纪之交在印度当兵的日子中解脱出来，代表英国政府狂热地反对任何妥协让步。他预见到英国和印度两国面前注定的命运和灾难，并于1931年1月从保守党事务委员会辞职，又开始反对1935年"印度政府法案"所导致的后果。

　　他不得不向他自己的选区协会证实个人的行为，并通过演讲去实现这一目的。那是他围绕那一主题所作的最激烈的一次演讲，选民们对他请求的援助作出积极的反应。出于各种各样的原因，人们决不会原谅，也决不会忘记对甘地在印度的谩骂似的描述。

　　我要求把你们找来，是为了把得到印度独立的消息的原因，以及我从保守党的商业委员会退出的原因在你们面前说一说。商业委员会对于上院和下院的议员来说是一个十分敏感的名字，鲍德温先生通常就党的总方针以及党在议会中的行为问题找他们咨询。我对属于该党的一切特权评价很高，该党也提供了继续保持与我的主要伙伴以及保守党内阁中我的朋友之间的密切、真挚的接触机会。因此我对于不得不从这一有趣和协调的工作中退出感到遗憾，请你们相信，没有一定的原因我不会这样做的。假如理想的话，我还要建议保留保守党财政委员会主席的职务，并对预算和社会主义政府的其他财政措施进行批评。我几乎不必要说我竭力帮助我的领导反对下院议员，我将竭力尽早地把他们赶出去，设法在大选中使他们得到应有的失败和惩罚。用一切方法，在我的职权以内为团结的保守党赢得决定性的胜利。然而我发现当我还是这个小圈子之内的成员时，我不能对印度深信不疑。当然人们在圆桌会议上亲切地讨论政治问题时，他们被所作出的决定左右，虽然在办公室外比在内阁中有更多的自由，然而，最不理想的是，分歧会在相关的人中出现。

现在不妨看一看有哪些分歧。我同意我们保守党的代表们参加圆桌会议，正如我想的，他们会防止社会主义政府在我们中间制造危险的、愚蠢的分裂。代表们说他们是这样做了，我赞成他们公正的要求，我们不受他们的支配去为印度制定新宪法纲要。这个纲要从圆桌会议中出现了，我对圆桌会议上意见的迸发大为吃惊，也为从这个国家和印度得来的印象惊诧不已。惊诧的是，三个党根据原则达成一致的协议，在负责全印度议会的议长们的领导下，制定了一个联邦宪法。更使我吃惊的是，这一大的分裂作为权宜之计呈现出来便马上让位于印度的所谓"全体统治阶层"，它不仅控制法律、秩序和财政，另外还控制军队，掌握退出英帝国的权利。我认为对通过几代人的努力才攀上这样的地位抱有希望是愚蠢的。无论如何我认为最重要的是搞清楚在我们一生中，或者在任何我们认为有利的时机内能不能达到这样一个目标。其次我对我不得已表白我完全赞成印度总督所推行的政策感到莫大的后悔，我要马上告诉你们的是：这已经产生了灾难性、有威胁的后果，更大

的恶果还在后边呢!

当鲍德温先生表示完全不赞成我上月底在下院作的演讲时,当他说假如他再当权并得以实行圆桌会议所提出的纲领的话,那肯定是保守党尽自己责任的时候。这些困难困扰了一位领导人。演说过后,每个人都很清楚我们之间关于印度的分歧不会只是程度或程序的问题,这些分歧是深刻、现实的问题,覆盖了印度政策的一切方面,影响了我们对印度履行义务中的全部心情和精神面貌。在哈廷顿大臣,其后是德文郡的公爵于1886年对格来斯顿先生讲述的关于爱尔兰所用的字眼中,我只能说就"印度"而言,鲍德温和我"并非同指一件事",在这些条件之中,我没有选择的余地,只有以最好的态度把我自己同我尊敬的一位领导分隔开来。假如我这样说,你肯定会赞成的。

在大庭广众之下,关于印度的问题我必须这样对你说,我的关注点是认真地审视这一问题。我尽量利用英国的民意反对一个行动步骤,据我判断,它将把最坏的事带给印度人民,带给大英帝国,带给英帝国的整个国家。接下来我不应当在政府中任职,我不能确信政府对印度的政策。我无法作保守党的一名忠实的议员而不担负对行为和事务的责任,他们会给帝国伟大的凝聚力带来致命的伤害。我请你们对我的这一态度给予认可,并希望你们能支持我,给我勇气,使我在行动中将这个问题与我的信念一致起来。

当前印度的问题分为两部分。对于印度来说存在一个新宪法的问题,还有那个国家日常行政事务的问题以及妥善维护英国权威的问题。如你们不反对的话,我就这些问题再说几句话。在处理东方民族的事务中,不能不分青红皂白苛求本利,不能不经批准,只要有利就把建议伪装起来,不可忽视、隐瞒,把复杂不愉快的事实隐藏起来。相反,正确的做法是清楚、坚定地向他们表白英国的地位,不要怕说"这不适合我们","那样做于你们不利","这是行不通的","我们不能同意你的那种做法"。所有这些决议的否定都要直言不讳,这样,不会过分地激发虚假的希望,也不会导致失望、引起责骂。我们应当尽力做得比说得更好,做到真正的让步。另外社会主义政府一直想用同种花言巧语、骗人的话去笼络印度民族主义政客，有时将这些废话搬进议会、英国和政治论坛。我不想看到保守党成为捍卫英帝国的主要工具，让英帝国尾随他们，拖得很远。我也不想看到印度的政治家们被误导到我们预料的地步。

你会注意到：前几天对于鲍德温先生的权威问题所作的声明指出，我们不承担任何义务，除非关注一些建议。我高兴听到那些声明。关注就某件事真心实意提出的建议毕竟是每个人的义务。但是这迥然不同于国家留下的持久印象，迥然不同于传达给印度政治家的印象。我们领导关于完成由圆桌会议筹备的工程以及这一演讲的全部主旨通过海底电报都传发给了返航船上的印度代表。听说他们获悉电文后都非常高兴，自然他们猜想保守党和社会自由党保持一致，并以政府为中心，准备履行联邦宪法。在这一力量的基础上他们针对印度议会起草了一个宣言。自那时起，我一直努力说服顽固的极端分子参加在印度召开的协商会。同我们一样，他们也应该知道保守党一反常态，无形中误入歧途。但是拉姆齐·麦克唐纳首相先生也明显地误会了。因为回答上星期在下院我向他提出的问题时，他说在印度问题上政府认为他们"接受了他们从下院发出的进军令"，意思说，所有的党都获得批准。假如保守党的公开的态度是这样的话，那么我认为这些误解应当在这里也在印度，以最高的权威刻不容缓地得到纠正。

议会采纳恰当的宪法条款是要继续考虑所有党的代表们签署的"西蒙报告"。无疑报告中有很多地方议会不得不非常小心地去审查，某些部分不再适用。尽管它形成了妥帖的宪法基础，在这个基础上讨论印度政府的改革一事应当由各党采取联合行动继续下去。圆桌会议也许对印度国务已经产生了新的、有趣的启示，国务问题当然应当引起充分的注意。由三个英国政党联合处理印度问题的依据是"西蒙报告"，一旦这个报告被弃置一旁，就像社会主义政府所惯用的、几近轻蔑的处理办法，保守党就应当最充分地发挥其判断的自由。这更多地体现在宪法方面。

现在我说一说印度政府问题。按我的意思，我们应当以公开、正式的方

式宣布我们同印度绝交，因为它在社会主义政府和总督共同承担责任的情况下，正变得虚弱、陷入错误和极大的不幸。令人吃惊和恶心的是看着甘地先生，一个具有煽动性的中庙律师，现今正摆着一副东方闻名托钵僧的架式，半光着脚丫一步步踏在通往总督府的台阶上，与此同时，他还在组织操纵民间不满的反抗运动，要与帝国王国的代表进行平等谈判。此情此景只能加剧印度的不安情绪和白人的危险处境，只能鼓动一切敌视英国威严的势力。这种不平常的谈判会带来什么好处？在以前几周甘地先生说过：他要求的是独立的本质，虽然他补充说英国可以保持影子内阁成员。他宣布联合抵抗外国布匹必须进行下去，直到禁止或者可以由国民议会的关税率扼制它。假如接受了（外国布匹）就要招致兰开夏郡的最后毁灭。他也紧逼着拒绝接受印度贷款，主张控制军队和外事活动。众所周知，这些是他的目的。他们为坦诚地交换意见打下了一个奇怪的基础——据说在这一恶毒、颠覆性的狂热分子与印度总督之间保持着一种甜甜蜜蜜的关系。

所有这一切都是社会主义者的如意算盘，他们打算在印度再召开一次圆桌会议，希望说服极端分子也来参加。在这一新的集会上，圆桌会议深远、半成熟的建议将被当作一个出发点，以此打击那些至今还躲躲闪闪地隐藏在幕后的卫士们。我认为保守党应当立即进行强有力的反攻，在全国唤起民意，反对最愚蠢、最危险的行径。无论如何我要竭尽全力，假如你们全力支持我，我就会更加坚强。印度并非一般的党派政治问题，而是我们不时遇到的最大的一个问题。当这类问题发生，不分男女，大凡在全国各地，在各自的岗位上忠实捍卫英帝国生存的人都会有相同的震撼感觉。他们于1914年8月4日在大罢工中亲身体验到了，现在他们又体验到了。

我们在印度的责任在过去的150年中扩大了。我们有责任对3.5亿无辜的原始人提供谋求和平生存与进步的最好机会。他们同西方世界的观念、习俗隔着无限的鸿沟。我们现在通过英国有固定薪水的官员们关照他们，官员们没有个人打算，他们不从他们履行的义务中谋取私利，他们廉洁、没有种族偏见，没有道德和阶级的偏见，他们受到中央政府的领导，中央政府又由拥有2 900万选民基础的英国议会控制。现在它接受建议把这些英国的责任转交给相应少数几乎全部是文盲的全体选民们。印度议会和其他组织在这样的煽动之下既不代表数量和力量，也不代表印度人民的道德，他们仅仅代表那些已经获得西方文明的虚饰的印度人。他们阅读过所有那些民主方面的书籍，欧洲人正要扔掉的书籍。他们中有很多值得尊重的聪明人，尽可能更多地让他们与印度政府的机制连在一起是我们一贯的、必须遵照执行的政策。把人民群众的福利托付给印度的政客们必定大错特错了。并非是"印度为印度人"，只能说是印度为了某些印度人，只能说是印度为了极少数的印度人。无疑，就我们履行的义务而言，任何这种废除都意味着印度人民在世界事务范围之内还将受剥削、压迫，遭到毁灭，就像中国的无产者那样陷入痛苦的深渊。当前印度政府对英国议会负责，这一议会是世界上最古老、最有智慧、最民主的议会。把责任赋予印度政客们这一过分矫揉造作、谨小慎微的寡头政客执行者，实为倒退之举，是猥亵的、懦弱的行为，是自抱自弃，是厚颜无耻。将会给印度和大英帝国带来严重的物质损害；也会给大英帝国带来道德上的羞辱，它将使大英帝国这一人类历史上英勇、宽厚的军队的荣誉面临永久的挑战。

在印度忠诚地履行我们的义务不仅是一个事业，也是一种象征。眼下，国难当头，它是我们命运的试金石。假如在印度不能担负起我们的义务，将表明我们自身肯定不够资格保持大英帝国疆域，它依然以这一小半岛为中心。同样毫无创造性、无能、虚弱地妥协、卧观其失的精神状态，将使我们的贸易和商业瘫痪，既阻碍了财政的重整旗鼓，也阻碍了经济的振兴。我们眼下要求去做的是直立。正视世界，无惧也无怜地尽我们的义务。决定性的机会即将来临，胜利将再一次奖赏保守党。让胜利成为真正意义上的胜利，让胜利向全世界宣告帝国的心脏是真诚的、正义的、强悍的。

英国的空防
"我们不堪一击"

下院　　1934.2.7

　　丘吉尔反对印度政府的一出戏，命中注定要倒霉，终于降下了帷幕，这与他反对德国再次武装并将发动领土扩张的战争相辅相成。他因为要写马尔伯勒传记，出访奥地利，之后于1932年11月在下院首次作关于德国野心的主要演讲，不到一年，他首次告诫人们警惕：德国正在积极进行第二次武装。

　　正是在这次演讲中，他联系英国军事上无准备，特别是就空中势力的主题大放厥词。政府关于裁军的白皮书一月底发表，重复了麦克唐纳和鲍德温继续限制欧洲武力的许诺。但是丘吉尔雄辩的反驳对敦促法国裁军施加了更大的压力，与此同时德国的军备则有增无减。

　　在一段戏剧般（十分准确的）措辞中他警告说："我们从来没有像现在这样虚弱。"鲍德温作答时引用了丘吉尔"雄辩的"和"生动的"语言把他的演说描绘成"非常风趣，性情娴雅、健康、促人奋进"。赫伯特·塞缪尔爵士却毫不恭维地对下院说：丘吉尔的原则强烈地意味着：欢呼"无政府万岁，让我们一齐嗒嗒嗒地走向毁灭"。

　　记得在上届保守党议会执政的日子里，我有幸在上院议长的领导下工作，他打算今晚回答十年内会不会打大仗的问题。我们认为，按常规不会有大战，当然这样的常规对于要制定作战计划的空军、海军首领来说仅仅是一个十分草率的引导，在每年年初都要有预见性的考虑。我认为不管在什么条件之下，这样做都是对的。对于崇高的希望来说，日复一日、年复一年把常规当成指导原则无疑是正确的。而今天没有人再把它当成指导原则了。任何内阁不管性情多么温和，多么热爱和平，都不能把他们海军的军事组织再像那样建立在猜想的基础之上。三四年内，一种新形势产生了，它的出现靠的是摩擦裁军委员会的恶疮，把它变成毒瘤。也采用了突击德国纳粹的办法，大力进行隐蔽的备战（今年还在进行）。每个内阁成员都知道形势变得多么严峻。只是在昨天我们才再一次向其他国家表白我们的责任是非常重大的责任。昨天我们讨论的白皮书包括了这么一个严肃的句子：

国王陛下的政府……有权设想：假如这些供给和物质保障都正式到位，他们不会受到哪怕是小小的侵犯。还设想依靠及时联合各国政府，支持世界和平，达成反对捣乱、破坏的协议，这样他们的任何破坏之举都会遭到最现实、最有效的还击。

在这样的文献里所用的都是严肃的字眼，继续按一个方向推行我们的外交而不在另一半球做准备是最愚蠢的。今年在伯明翰，上院议长挺身而出，对关于欧洲形势的问题庄严地发出警告，他指出：我们应如何严格坚持已经签订的协约。我们必须联系这一实际特点考虑海上和空中的军事防御。

我们在尽力责成欧洲大陆的国家如法国、德国、荷兰、意大利提高军队的素质。是不是也要求几年内要有高质量的海军？当人民这样要求政府时，政府说："喔，不可以，那样做不合适。我们不同意那样做。"有人要求我们将来什么时候恢复对殖民地的托管，政府就会说："当然不行，无论如何我们不谈那个问题。"我们用什么来支持我们的意思？在我们认真发出代表我们的意志和权利的意见背后，指的是什么样的战备？显示了什么力量？比

如，在下述情况下欧洲将会发生什么样的反应？倘若把法国军队减少到与德国保持均衡的地步，足以使德国对这样一个变化产生过敏反应。再假如当时德国人继续发难：你连与海上最大舰队并驾齐驱的资格都没有，你怎么能保持6500万人口大国的地位？

你会说，"不，我们不同意。军队——他们属于别人。海军——这个问题引起英国的兴趣，那么我们一定会说：'不'。"但是我们有什么资格说"不"？

战争突然发生。我生活在一个如我们现在这样向前看的时代，然而总是对将来会发生的情况怀有焦虑和不安。突然真的发生了什么——既大又急，强悍无比，不可战胜。这里我提醒下院注意1914年发生的那件事。德法之间绝对无争执。

7月的一天下午，德国大使驱车来到法国，对法国总理说："我们不得不动员起来反对俄国，并对俄宣战。法国的形势如何？"法国总理作了回答，得到内阁的同意，加重说法国将和她自己的利益相一致。大使说："你联合了俄国，没有吗？"

"正是这样做的。"法国总理答道。几分钟之内在东方已经加剧的战争区域，由于西方两个大国的投入，战争区域成倍地扩大。有时甚至已宣布中立的国家也不例外。在这种情况下，正如我们所知道的，德国政府生怕法国依靠俄国同盟不履行他们的义务，生怕他们在德国决定制造的冲突之外拉出撤退的架势，故而授权大使要求把图勒和凡尔登的要塞交给德国军队作为预防万一的保障，德国估计法国已经宣布中立，在最后关口不会改变他们的主意。

由此可知，在我们这个时代大事是如何发生的。我还要说我在德国目前的政府中看不出任何能使他们在处理重大形势的步骤中比德国政府更加明智的地方，而德国政府必须对法国采取的措施负责。看不出来，先生，在诸位有限的一生中，假如我们不在一个适合、安全的状态下，我们也许在某种场合接受大使的来访，也许不得不利用几小时的时间回答他提出的问题。假如答复得不那么令人满意，在以下几个小时内，伦敦发生炸弹轰击，引起爆炸，烟火砖石蜂拥而来，预报空防中所有的不足。我们现在陷入了从来没有过的虚弱，战前我常常听到自由党内阁的批评，满腹牢骚冲着那些当权者而发，出乎我们的意料之外，这样终究会惹出麻烦。

过去的教训一个都没接受，形势空前危险。我们还有海军，无须多虑空中的威胁。海军才是英国的"真正保障"。既然海军及时作好了准备，战舰都停泊军港，我们可以对外国政府说："那么你们怎么打算，如何发挥海军的作用？我们不作声明。我们要抓紧时间，确定好方针政策。我们不想伤害任何人。可是除非我们认为时机已到，我们不能由于形势紧迫就匆忙行动。"现在我们还不能那样说，这一该死的空战中的创造和发展已经把我们领上了革命道路。我们不再是25年前岛国的那个样子，我更清楚地认识到这一点。这并非我们喜欢不喜欢的问题，这是关于安全和独立的问题。这一问题过去从来没遇到过。

对我来说有三个决定要我们立刻、毫不迟疑地去作出。第一个是关于军队的问题。我们应当开始重新组建民办工厂，使它们能够迅速地转向为战争服务。整个欧洲都是这样做的，达到了惊人的程度。这一方法比战前普鲁士帝国存在时期的任何方法都更加无与伦比地行之有效。在这些国家中每个工厂都转而生产一些残忍、凄凉的杀人工具。我们做了什么？不能浪费一小时。那些东西不可能片刻之间造出来。应该一步一步来，该花的巨款，今后继续花——假如我们的所做所为明智的话。

下面说一说海军的问题。对于海军无论如何我们应当有设想的自由，我们应当废除《伦敦条约》，对此我们不应有任何反对的理由。它限制我们，使我们不能生产自己想要的船，制止美国建造其需要的大战舰。它迫使我们花费得之不易的钱财——很少从这个目的出发，太不英明了。它迫使我们坐大轮船，它们大量地用于护送运粮船到这些半岛来，然后把沉人海底，当它们的有效生命达到10-15年时。我们必须尽早恢复我们的自由，基于这样的事实，即诸党中另有一个党决心恢复履行（与日本签订的）条约的自由，我

们会得到帮助的。

还有空军问题。根据欧洲现状和我们在欧洲的地位，我想不出有什么理由推迟建立至少与我们目前能达到的强大的空军的原则。我认为完全有理由这样做。这样会使我们回到我们壮大起来的那个位置上来。我们一直在海军的庇护下生活。拥有像法国或是德国一样强大的空军，无论哪方面都应当由议会作决定，由国民政府宣布这一决定。

还有一点我要说，这是三军并列的问题。我非常奇怪，目前三军中任何一方是否还有经济地位。然而无论如何，我想假如从主流看，这问题肯定会向好的方向发展，因为事物瞬息万变。根据现代条件的需要，一切空间都应当强调，应当有比现存条件（情况）更有效的协调。我要求在这次议会上，利用一些时间讨论一下三军并列在一起的问题。这将是一次很重要的讨论——像前几年经常这样做的一次讨论，当前比以往更有必要这样做。

陛下政府的责任的确更重大，有这样重大的责任感，对他们来说履行起来并没有困难。听说他们还要等公众意见，反正要负起责任来，必须能够保证好人做任何事都带有和平旨意。他们必须造出一种实况。但是像那样的任何事情都不能制止他们对国王和政府履行他们保卫国家安全的责任。议会指挥立法机构中的两派大多数人，只要是他们要求的事不会遭到拒绝，他们有责任提出建议并获得支持。不要让他们有这样的顾虑，即他们提出建议表示自己有信心和决心保卫国家的安全，却反而遭到同胞们的反对。对于国家给那些正在履行自己职责的人以爱国的支持为什么会有如此不好的反响？我觉察不出当前政府在国防，特别是空防方面正在履行他们的职责。对我来说似乎当我们过多地纠缠于欧洲形势，当我们坚持竭力相对地削弱欧洲大陆上的朋友时，我们也受到致命的打击，并使我们消除了对安全和独立的旧观念，而我们这个半岛就是在这种观念上建立起来的。

再战失利
"艰难岁月" ①

下院　1936.11.12

　　1936年秋，丘吉尔认为现在德国空军比英法合在一起的力量还要强大。11月初，他敦促首相用两天的时间对防御问题进行充分的辩论。辩论期间丘吉尔发表了演说，这是他的事业中最伟大的一次演说，尽管时间很短，但在下院引起了轰动的效应。

　　丘吉尔的演说，材料相当详实，其演说异常有力，其争辩显示了他才华横溢。哈罗德·乔治·尼科尔森②回忆说："他的风格是思考多，速度比平常慢，但所阐述的论点像是用重锤敲击，震撼人心。"这个句子是这样说的："所以他们在奇特的互相矛盾之中继续着，既定未定。"当然这一定会列为丘吉尔最优美的句子之一。连经常在这个期间与他为敌的《时报》都把他的这次演讲说成是"论断英明"。

　　鲍德温的蹩脚回答——众所周知的"吓人的直率"演说只能使下院议员

---

① 直译为"蝗虫岁月"，源出《圣经-约王耳书》。

② 哈罗德·乔治·尼科尔森（1886-1968）：英国外交官，著名作家，长期在英国外交部任职（1909-1929），著有关于1930-1964年英国社会和政治生活的《日记和书信》，及政论、游记和神秘小说等120余部。

从丘吉尔的评论中感觉到那种令人不安的情绪。首相的声誉毁坏殆尽，但是次月的辞职危机戏剧般地恢复了他的威信，与此同时再次加剧了人们对丘吉尔判断准确性的怀疑。

　　与几个朋友一道把一个修正案发表在报纸上，它同两年前我所屈就的那个修正案一样，两个修正案我用了同样的措辞，因为我想提醒下院注意两年前发生的事毕竟是好事。我们于1934年11月出台的修正案是这个国家议院和保守党长期不懈努力的结果，意在提醒陛下政府：德国通过大规模、全面进行重新武装正在给欧洲和这一国家带来战争危险。我在此刻所作的演说遭到很多非难，由于我领导了保守党的报界，被指责为危言耸听者。记得劳合-乔治先生向随后成为上院议长的首相祝贺，十分成功有效地劝告我消除恐惧。

　　假如两年前我能通过广播向下院公布事件的真相，我不知道人们会说些什么。设想当时我们了解到：德国两年中在战备上共花去16亿英镑；世界上没有一个国家像德国那样把工业用在战争方面；还听到德国要打破一切条约，创造出一个强大的空军和以全世界的义务兵为基础的一支军队。1936年这段时间，要有39个以上的中队成为最佳装备的部队，包括几乎强大无比的装甲中队。此外，背后还有武装的受过训练的百万大军，在已完备的基础上再加以优化，迅速地再额外组建80个中队。设想我们已经知道德军至今两年的服役期已结束（包括一年的劳动锻炼），强大的部队占领了莱茵河畔，凭着高超的军事技能它得到了进一步加强，根据经我们同意的签约，德国正在建设一支庞大的潜水舰队。

　　假如我们也能预见到外国形势的日渐败落，我们与意大利的分歧、意德之间的关系、比利时关于中立的声明——假如最坏的解释是真实的话，这样上述情况就会极大地影响到这个国家的安全——导致中部欧洲弱小势力的混乱。要是这一切都传播开来，那么没有人相信这一噩梦情节的真实性。才刚刚过去两年，它就暴露于光天化日之下，两年以后的今天，我们在哪里？探索起来真有些恍惚难察。

　　然而，我不接受这种惊慌失措、几近绝望的心态。有另外值得研究的一面，它无须贬低或废除可以使我们的军备生气勃勃的紧急措施。英国的海军在欧洲现在是，将来还是一支最强大的、无与伦比的军队。不消说，几个月之内，法国的军队在成熟的程度上会超过德国军队，起码在数量上可以与之等量齐观。英法空军的联合不管在哪一方面，同法国的空军相比都大相径庭。没有人能预言，在我看来西方的民主势力只要拧成一股绳，在以后的好几个月内可以安然无恙。没有人能够准确地判断这一相应的平静会持续一两个月，还是二三个月，但有一点大可不必怀疑，那就是1937年德国军队的数量要超过法国，比目前的战斗力要强。似乎可以肯定，德国空军在继续改进已经超过我们的远目标瞄准，特别是远程轰炸机方面更有所加强。1937年将表明：我们只有加倍地努力才能与大大增长的敌对因素保持势均力敌。

　　法国、德国正在做的再度武装的努力本身是不足的。西方民主政体必须不惜巨大的牺牲把所有集体安全因素以及反侵略的联合防卫力量集中起来——这些力量有可能在国际联盟①的基础上聚集起来。因此我希望我们再次赢得优势兵力，有机会不是重蹈我们全胜时期愚蠢的覆辙，而是去邀请德国与我们一道为着我们共同的事业减轻欧洲的痛苦，开辟通往和平与裁军的新道路。

　　现在，让我更直接地谈一谈这次辩论的问题。让我们审视一下我们自己的位置，没有人会拒绝表示对于"共同防御"的同情。尊敬的朋友所说的话、所传达的事实表明：他比其他议员更加认识到我们面临的危险。前天晚上他说"蝗虫吞没的年代"，尽管我们对吞没了这些宝贵岁月的蝗虫不作过细的研究，不妨看一看蝗虫吞没的是哪些年月。出于这个目的，我们必须审视一下过去。从1932年，当然也可以说从1933年初开始，当时希特勒先生上

———————
① 国际联盟：第一次世界大战结束后，根据《凡尔赛和约》于1920年建立的国际组织，旨在促进国际和平与维护世界和平，总部设在日内瓦，于1946年解散（某些职能由现在的联合国取代）。

台执政，德国开始紧张地再度武装，全国大多数人都知道这件事。形势有所改变，三年前在伯明翰保守党会议上，我国精力充沛、忠实的公仆劳合大臣作了如下的决定：

这次大会希望记录下关于对帝国防御供给不足所产生的严重焦虑。那是三年前的事，我从当时的《时报》记载的报告中看到我所说的这段话：

在过去的四五年里世界变得更加黑暗……我们已经着手一步步地裁军，一方面确实想对其他国家起个带头作用，一方面想减轻当时沉重的财政压力。可是现在必须改变一下。我们绝不能再沿这一方向走下去，因为别的国家一个个都强盛起来了，可我们却在一步步地削弱自己。

这个决定全体通过了，只是有一名通讯员通知财政大臣说，一切必要的税收必须乐意承担，无论如何那儿没有蝗虫。

我十分高兴地看到首相（鲍德温先生）恢复了他的精力，也非常高兴地了解到了他通过休息恢复了健康，并且听说焕发了青春。我与他的政治关系中有大起大落现象，也许大落占有支配地位，这一直是我的厄运，不过无论如何我们一直保持着协调的个人关系。就我个人而言，这种关系是很有价值的。他肯定不会希望在他的公开的行为中，在不应当引起批评的问题上出现任何萎缩现象。我尊敬的朋友多年来执掌大权，所以不可避免对于所做的和未做的一切都负有主要责任。就空军而言，甚至在他任首相之前，他以直接的个人姿态肩负了这一责任。我必须回忆三年前即1934年3月8日在那次辩论中他所用的字眼。在回答我向他的呼吁中，他说：

我们国家的任何一个政府在我们国家的空军实力和空军权力方面将采取措施，使得在海岸上明显的射程之内与其他国家相比不再处于劣势。

那么先生，我接受这一庄严的许诺，但我的某些朋友像爱德华·格利克爵士和盖斯特舰长想得到国防大臣在别处讲过的"更进一步、更好的细节"。饭后，他们提出一个有争议的问题。后来成为上院议长的首相，这次来下院不像平时那样温文尔雅，竟然责骂议员怀疑政府今天下午在各个方面作出的许诺。我认为他没有更主动地承担责任，也没有更多地承担个人责任。首相的任务完成得并不是那样成功，并且他豪爽地承认一年后在英德空中势力相对强大的主要问题上被误导了。

无疑，总的说来陛下的政府在接受德国再度武装这一不愉快的事实上反应非常迟缓，他们还死抱着单方面裁军的政策不放。据说那是诸多试验之一，不得不"先试一试"，就像对意大利进行的试验那样的非军事制裁的试验。两个试验都进行过了，议员们习惯以那些非常清楚的试验报告炫耀自己。人们认为试验最后证明囿于试验的政策完全是错的，极端愚蠢，决不应当再用。沉迷于匆匆搞试验的同样是这些人，现在又沉迷于宣布并否定他们所基于的这些谬论。他们按我们的消费标准，无论如何让我们表示我们的谢意，他们终于获得了知识。

1935年7月，大选之前，下院有一次开展大的运动拥护一位大臣的任命，下院将由他统一三军的战斗行动。同时事务司都在忙于制订各个部再度进行武装的大型计划，计划以白皮书的形式摆在我们面前，我们都在依计划行动。每个人会想，新大臣即新的国防大臣现在是最需要的时候，而他实际上直到将近九个月之后的1936年3月才被任命。至于采取现在这一必要的措施之前九个月是如何浪费的，原因至今没有人向我们解释。首相在前天晚上针对由于新大臣的任命涌现的极大的优越性进行了详细论述，不用说，此论述十分得当，借以表达他做的工作何等卓有成效，并借以指责九个月前对他任命的失败。因为当时无可估量的利息靠长时间的节约自然增长上来。

3月份，所有的拖延过去之后，首相终于作出任命。责任很难到位，没有人胜任这些工作，甚至有的人选在公开场合说话怯场。我反复指出那些明显东拼西凑的错误——实际上，下院的每个人在军需大臣的国防职能问题上都获得了共识。妥善的组织（我再重复一下）有四部——海、陆、空以及军

需部，还要有一个国防大臣驾驭这四个部，进行总监督，一致步调，以及从某种复杂的战略观念考虑，对于需要的军械制造要给予优先权。下院了解到向政府提出的许多要求有争议，要求组建一个军需部，这些悬而未决的问题都得到了有力加强。从另一个角度报道了"军火制造皇家专门调查委员会"新议会的第一项工作和国防大臣的第一件事，即成立军需部。军需部应当一步步承担起设计、制造空军、陆军所需要的一切物质，除了战舰、重炮、鱼雷以及一两件辅助器具外，还要设计、制造海军需要的一切东西。从总的全面的观点看问题，对英国所有其他工业都应当进行调查研究，就执行计划而言，一切现有的资源都应当利用。

国防大臣通常反对设立军需部。大臣所用的论据是有分量的，也是经过深思熟虑的——它将扰乱和拖延现有计划的实施；它将更有害而无益；它将破坏社会生活和国家的工业；破坏出口贸易；在急需的情况下损害了财政；它将把这个国家变成一个广阔的军火兵营。假如这些论点都是正确的，无疑它们都是给人印象很深的论点。一个人会认为这些论点会给任何接受它的人以信念，但是我尊敬的朋友继而有些惊奇地说，"决定并非最后的决定"，对此，一周内会再复审一遍。一年前你不该知道，在以上六个月内也没有人告诉你。那么一周内对这件你现在还不知道的事情会知道什么？在以下几周内又会发生什么？它会不会使所有令你倾倒的伟大的论点无效，是否足以突然使你有能力把对外贸易搞成瘫痪，毁坏财政，把这个国家变成了大片军火兵营？

海军第一大臣前天晚上在他的演说中走得更远。他说："我们一直在关注这一职位。"他使我们确信，一切都处于完全流动的状态之中。我敢肯定这是真的，任何人都会明白这个位置是什么。政府简直下不了决心，或者他们不能让首相下定决心，这样他们继续陷于奇怪的自相矛盾之中，被决定的等待着不确定；下了决心的却仍然犹疑不定；坚硬的却漂逝；固态的变液体；全能的却最脆弱。所以我们准备花更多宝贵的年月，这对英国的伟大来说也许很重要——让蝗虫吞噬。他们会对我说："军需大臣不需要。"这不是真的。"按计划一切都在前进",我们知道这意味着什么。

我再说一说本土军。今年3月我误解了作战部备忘录中关于本土军的一个句子,句子说,本土军的装备不能被接受,直到正规军装备齐全。这一切究竟发生了什么?很显然邪恶还没有铲除。我完全同意前天温特顿大臣关于陆军和本土军所说的一切。我想这些加入本土军的年轻人,他们是怎样站出来的,几乎万夫不当,承担起到世界各地去打仗的义务,而从不立足本位去服役;可以想象,尽管有阻碍,他们还是挺身而出;14万人之众,虽然他们的力量还不够大,甚至认为政府没尽力妥善地武装他们,我不能不对他们的爱国精神感到惊讶、叹服。这是一个奇迹,也是一种荣耀,我们应当做的无非是为他们提供有效的安全装备,武装他们。

前天我的一位朋友在伦敦附近看到一群人正在做队形变换练习,看到他们拉姿势时的那个屈从劲儿,促发了他的好奇心。他不明白那是一种奇怪的动作操练形式,还是一种新的宗教仪式——当前在某些国家就有新的流行的宗教——或者是一群风湿病患者到门口晾晾潮湿什么的。就近一看他才知道他们是伦敦本土军的探照装置,只是在操练。但有人说军需部不必要。

在正规军的演习中很多重要的新武器都用旗帜和圆盘代替了。记得我们的陆军很小,整个只有几百万人,这看起来不可思议,非常灵活的英国工业充其量还不能为他们提供阔绰些的条件。意大利的工业规模非常小,其福利、信誉只是这个国家的一小部分,一个独裁者竟然吹嘘说他拥有足够800万战士所用的刺刀和装备。实际只占他所说的一半,精神作用倒是无可反驳的。陆军缺少每一种能适应现代战争的最新形式的武器,有反坦克炮吗?有短途无线电机吗?有用来对付低空飞行的装甲飞机的陆地防空炮吗?这个国家既然有庞大的汽车和摩托车群,却不能有强大的常规和本土机械师,我们想知道这是怎么一回事?可以肯定,年轻人的极大兴趣和口味一旦步入了机械的轨道,马儿开始回溯过去它骁勇的年月时,建设一支强大、高度机械化的部队应该说是可能的。

看一看坦克兵团,坦克是英国的发明创造。这已改善了现代战争条件的

观念，是由外界强加给作战部的一种英国观点。可以说，今天他们已经努力地把一种新观点强加给作战部了。就我所了解的，在战争中我们几乎垄断了一切，不谈领导，在坦克战中此后几年里我们占据了最前沿的位置。人们都盯住英国，现在一切都过去了。在"蝗虫吞噬的年代里"对于用新的武器装备坦克兵团，我们什么都没做。曾是世界上武器最先进的兵团的中号坦克现在看来不像样子，虽然在数量上我们从来没有同其他国家竞争过，但是在质量上，德、俄、意、美这些国家的武器都超过了英国。军队的枪炮厂，除临时生产者外，都处于初级阶段。在有效的军火生产线，甚至包括我们安排的小规模生产投产之前，长期生产必须坚持下去。我们还听说不需要军需部，我不知道有什么力量可以阻止我们这样进行下去，将来会有可怕的估计，那些完全承担责任的人既不能妥善处理，也不能预见将要发生的可能性。

我来说一说最重要的空军问题。星期二夜晚，我们从海军大臣（塞缪尔·霍尔爵士）那儿得到了信心，不管声明建立在什么基础之上都不会无限拖延我们空军计划的实施。从他们的话里我们可以听得出来：我们拖延了。问题是大臣赋予"Vastly"这个词什么意思？关于空中扩张的进展，他还这样表述道："并非不能令人满意。"没有人知道他的标准是什么，他的标准是时刻变化的。在9月11日关于国防联盟的演说中有一个标准，在"霍尔-赖伐尔协定"中明显地又有一个标准。

8月份，我们中的一部分人委派首相为代表，表达我们对国防的焦急，并作出我们喜欢的而不是被迫在公众面前作的诸多声明。我个人就空军的状况作了一个声明，我用了好几周时间准备，很遗憾只用了一小时就读完了。我尊敬的朋友首相以其习惯性、具有榜样般的耐心聆听着。我想我向他说过他是一个好听众，也许他会说：当我是他的同事时，他常常听我的演讲养成了习惯。无论怎么说他是耐心听的，这总算他的功德吧。过去的三个月以来，我根据时事和后来掌握的知识对那些事实又作了核实，假如不是外国人亲耳听到所说的一切，或假如我们秘密开会，我肯定会在这里重复一下我的声明，尽管其中一半是对的。下院也会想，突发事件总是存在的，我也不无遗憾地说，对事物失误的一定怀疑是不能排除在外的。我不打算触及任何细枝末节，我把它变成了一个常规，在下院我尽可能不说我没有把握的、或外国总参已经了解的问题。但是有一项非常重要的声明，国防大臣星期二在他的演讲中所作的声明指出：

建设起一个中队并形成新的训练单位以及形成中队的框架，这一程序对于空军所属的每个人都是熟悉的。何况如今在国内当前的情况下，中队的数目达到80个，其中包括16个辅助中队。不包括航空母舰，当然也不包括国外的中队。

从这一数字，以及从开始用的保留数字上看，下院以及外国可以很精确地推导出我们空军扩张的进程情况，因此我能自由地评论它。

议会曾得到许诺，到1937年3月31日新中队要达到71个，国防军中队总数达到124个。这个最小的数是与我们的安全相一致的。到上一个财政年度，我们的兵力达到53个中队，包括辅助中队。因此自这个财政年开始以来的32个星期内我们又增加了28个中队，也就是说，合计一周建成0.8个多中队。为了保持议会许诺的进展速度，为了保持所提出的最小数目的计划，我们不得不在剩下的20周内增加43个中队，或者每周建立两个多中队。从现在起到3月底，组建新中队所依照的比率应当是现在速度的三倍。我不赞成分析我们现有的80个中队的结构，然而首相在他的演说中用一个建设性的表达法——"建构中队"，至少适于他们的那一份——但是尽管80个中队的每一个都具有12架飞机相应的兵力，每架都配备有战斗装备以及那位尊敬的朋友喋喋不休的备军，我们应当有960架前线国防战斗机。

德国相当的兵力有多少？我不愿意估计，不想说德国还没达到一定的数量，可我会负责地说，此时此刻德国的兵力毫无疑问要多于一个定数。毫无疑问，他们第一线飞机不少于130或140个中队，包括辅助中队。必须记住德国制造了远程轰炸机，并且这方面原来的想法要比任何这些数字大得多。

政府庄重地向我们许诺空军国防部队继续保持与德国的对峙。当前作最好的打算，根据国防部长提供的数字，我们只有德国空军兵力的三分之二，不过我对德国现有的兵力不十分了解。海军大臣（塞缪尔·霍尔）说了下述的话：

总的讲来我们报道的其他空军的兵力是准确的。另外，我们自己的估计业已证明也是准确的。

我有权说我们所处的地位是令人满意的。

我简直不理解"地位"（position）的意思，也许首相会解释一下。我想提醒下院注意，我没发出启示录去影响这个国家。我在空防方面没陈述过新的实际情况，即空防数字不是首相提供的，也不是来自于已发表的官方估计。

我们应该做什么？我知道有一个方法可以把这件事传播得更远。下院应当要求进行议会咨询。应当任命六到八个独立的议员。他们责任心强，有经验，事事谨慎，与这件事有某种联系，代表所有的党。召集他们开会，要他们找出一系列问题的确切答案，然后向下院作简洁的报告，或者提出保险措施，或者提出修正错误的建议。我想这就是任何称职的议会在这些情况下所要做的事。在过去的一段时间内正在树立我们国家威望的议会绝不要再犹豫了。假如他们不相信国家安全正在有效地得到加强，肯定会感觉到担负不起对其选民承担的义务。

法国议会通过他的委员会广泛地了解到国防状况，我还不知道他们意外地泄露了内部机密。我们的机密竟然也意外地泄漏了，却找不出原因。是因为有那么多法国议会议员以这种或那种方法与国防进步发生了联系，以至于六年前法国政府被诱使提供6000万英镑建设马其诺防线①，我们的政府劝

---

① 马其诺防线：二战前，法国在东部国境上所筑以陆军部长Andre Maginot（1877-1932）的名字命名的防御阵地体系。1940年德国军队从比利时绕过此防线攻人法境，使之失去作用。

说他们：战争结束了，法国在裁军方面不能落在英国后面。甚至现在我还希望下院议员不受党的纪律的约束，坚持弄清楚在影响我们自由、生命的问题上，我们应站在什么立场上。我一直这样想：虽然首相肩负重担，肯定会与政府一起欢迎这一建议。

由于过去的疏忽，面对最平常的警告，自U-潜艇大战被粉碎以来，我们现在已进入英国历史上最大的危险时期。也许是最艰苦的时期，因为以前我们至少具有保卫自己、挫败战争的战术。现在我们缺少这种保障。这个拖延的时代，尽一半义务的时代，减轻他人痛苦、令人困惑、采取紧急措施的时代，这一时代就要结束了。恰当地说，我们正进入一个重要的时期。我们已经进入了这样一个时期，在英国我们花了一年半的时间做大量的准备工作，正如首相明确指出的：不会有什么结果，只有在实战中才能产生有效的结果。此间，德国在其浩大的军备中可能会达到至高点，并且迫于金融和经济危机不得不思考将要出现的急转直下或者也许另有摆脱困难的出路。正是这一可悲的危机，连带着似乎以最令人不安的形式表现出来的欧洲危险。我们不能越过这一时期，我们现在正陷入其中。假如我们能把它排开，即便只有几个月的时间，德国军队将要开始变得比法国军队强大得多，假如在德军开始膨胀之前我们就缩短了时间，在英国空军没来得及扩充自己之前，我们可以成为在牢固的基础之上建立世界和平的建筑师。

一段长时间的议会经历之后我承认在这些辩论中，有两件事使我震惊。第一件是几里之内使我们迅速地遭遇危险，并一直改变着我们的地位以及整个的世界观。第二件是我对下院有效地排除危险遭到失败而感到震惊。我一定要说我决不期待，我根本不相信我们竟这样陷入困境，日复一日，年复一年，甚至政府自己承认犯错误。这样做反倒不能集中议员们的意见，不能集中力量使我们努力采取紧急措施。我认为除非下院决心亲自找到事实根据，不然就会犯史无前例的渎职罪。

慕尼黑
"一次不调和、彻底的失败"

下院   1938.10.5

1938年9月30日，内维尔·张伯伦从慕尼黑返回，带来他信以为真的希特勒的"我们时代和平"许诺。由于这一短篇的幕间插曲，使他成了国家最负盛名的人，获得议会的多数票决不成问题。但是下院10月3-6日在依法设立财产税问题的辩论中，某些非常有力的演说都是反对对捷克斯洛伐克的背叛的，特别是已从海军第一大臣的职务辞职的达富·库珀的演说，另外还有阿切博尔德·辛克莱、克莱门特·艾特里、安托尼·伊顿和理查德·劳的演说。

与往常一样，丘吉尔用了49分钟进行辩论。在另一次极端精彩的演说中他提出了所有指责中最强烈的一次指责。《每日邮报》认为，他的警告到现在越来越为事件所证实，"他有资格发言"。在最后的投票选举中，30名保守党内阁议员弃权——最有说服力的要算是在张伯伦自己的支持者内部反对张伯伦。

然而此刻在保守党中反对丘吉尔的情绪十分高涨。《时报》宣称他"用预言去对付一个挤满议员的下院，使那些悲观主义者变成了乐观主义者"，甚至连比弗布鲁克①的《当日快递》也否定这次演说，说这是由一个脑筋浸泡在马尔伯勒征服者中的人作的"一次危言耸听的演说"。

　　假如今天下午我开始不去（也确实不能不去）赞扬首相解决了这次危机，这当然不是缺乏个人礼仪，我俩许多年来一直很友好，而我深深懂得我个人在同样的危机中亲身感受到的艰辛和窘迫，这也是他必须承受的。但是可以肯定：确切地说出我们对公共事务的感受会更好，当然还不是值得任何人花费时间去追求政治名望的时候。上届海军第一大臣两年前在个性的坚毅方面为我们树立了光辉榜样，他所表现的刚毅的个性非是任何猛烈的思潮所能完全动摇得了的。我尊敬的朋友西南赫尔的议员（劳先生）星期一在下院作的勉为其难的演说使我们想起了首相本人经历这些事情的行为，对于人们的欢呼、起哄以及批评与喝彩，他表现出健康的漠不关心。

　　假如是这样，这种素质和崇高的心智应该使得下列情形成为可能，即极其严肃地表达诚恳的意见，在不影响私人关系的前提下，在下院进行相互交流；使得充分表达一切观点成为可能。曾经以别人为榜样来加强自己，我还会进一步效仿他们。因此我将先说一说绝非鲜为人知、最不受欢迎的事情作开场白。我要先说大家容易忽视或淡忘的事情，尽管如此，这些事必须声明，我们已忍受了完全彻底的失败，而法国所忍受的甚至比我们还要多。我们尊敬的朋友、首相已经尽自己一切努力在这个国家进行动员，在这个国家经历了所有的痛苦和紧张，他为捷克斯洛伐克在这些有争议的问题上得到的最大的收获是：德国的独裁者不从桌子上抓食物吃而是叫别人把食物一一向他捧上来才满足。

　　财政大臣（约翰·西蒙爵士）说，这是希特勒第一次被迫收敛——我认为无论如何那只是说说而已，我们不必浪费时间去讨论究竟到贝希特斯加登、高芝堡还是到慕尼黑。假如下院允许我改变这个暗喻，这个位置差异

① 比弗布鲁克：英国报业巨头，两次世界大战间均为英国内阁成员，是保守党决策人之一。

便可非常简单地概括成：用武力威胁一下搞到一英镑，再威胁一下搞到两英镑，最后独裁者想搞到一英镑十七先令六便士，其余为作为祈祷未来的好运之用。

现在我说一说刚才从下院住宅听到的关于保持和平的问题。在为争取和平而战方面没有人比首相更坚定、顽强。大家都知道这一点，从来没有像首相这样坚强、不屈不挠地维护和平的决心。这是真实的，然而我不明白，假如他们始终准备牺牲捷克斯洛伐克的话，大英帝国或是法国为什么在这关键时刻会与德国交战。我认为夏季任何时间通过一般外交渠道就会很容易地对首相带回来的那些条件达成共识的。我相信捷克人不想从两方力量那儿得到帮助，他们能创造出比在所有这些烦忧之后得到的更好的条件；他们几乎不可能得到更坏的条件。

不可能绝对有把握地说：假如一方决心完全放弃，就不会有战争。你读到慕尼黑条件；当你看到捷克斯洛伐克随时发生的事情；当你确信，我不会说议会赞成，只会说议会默认；当财政大臣演说时，以强有力、以理服人的姿态指出这毕竟是不可避免的，也的确是正义的。每个站在下院一边的人包括许多保守党党员在内，他们都是有警惕性、都是小心翼翼、具有国防意识的卫士，每个人都明白任何影响我们的事情都不足以构成危险——当我们看到这一切时，似乎一定要问，究竟有什么麻烦？有什么值得大惊小怪的呢？

英、法政府都下了决心。认识到这决不是英国一方可以决定的问题，是非常重要的，我非常欣赏采取这样的态度：在下院任何有反责的倾向都受到制止。必须认识到，这一决心不是专门来自政府里的任何个人，而是要求必须共同分担责任。决心一旦下定，方向也明确了——你会说这是明智的或是愚蠢的，谨慎的或是目光短浅的——一旦决定不保护捷克斯洛伐克，假如夏季用简单的方法把那问题处理了，也就实在没有理由把所有的这一可怕危险的工具都变成现实的存在了。我认为这一点值得考虑。

让我们投票通过这一决议——即本院（下院）赞成陛下政府的政策，基于这一政策，危机之际制止了战争，同时增强了他们努力去确保持久和平。

这一决议在报纸上发布。这无疑是一个附之以十分确切的条件的决议，正像修正案由反对党提出动议一样。我本人对其所采取的步骤不可以表示同意，正如财政大臣用如此大的努力去支持那个案例一样。假如是我的话，我会从不同的角度去设想那一案例。我始终坚持这一看法：保持和平依靠的是制止侵略者威慑力量的积累，伴之以对和平诚挚的努力。希特勒先生的胜利，像许许多多有名的战役主宰了世界的命运一样，是靠捕捉微小的战机赢得的。3月份夺取了奥地利之后，在辩论中我们碰到了这个问题。我冒险请求政府步子迈得比首相更大一点，并提供了许诺：在与法国及其他国家的关系中确保捷克斯洛伐克的安全，同时苏台德——德国问题正在听凭国际联盟委员会或其他公正团体的审查，我仍然相信假如按照那一方向走下去，事情不会陷入这一灾难的境地。我非常赞成我尊敬的朋友斯帕克布鲁克议员（爱莫里先生），当时在那个场合下他说："做一件事或另一件事。要么说你根本对它们不感兴趣，要么利用最好时机，采取步骤，保卫国家安全。"

　　法国和大英帝国假如保持与俄国的密切接触（当然没这样做）在夏季那些日子里一定能够影响许多欧洲的弱小国家，当时英法是有这个威望的。我相信他们也会决定波兰的态度。当德国独裁者并非要孤注一掷地进行新的冒险时，我相信在这段时间内形成的这一结合肯定会加强德国的所有力量，它们反对这一背道而驰。这是一个新的设想。他们是各种不同的力量集合——具有军事特点的力量的结合。所有温和派和恐战派的群众以及这一集合体的诸种因素对政府依然构成种种影响。这样的行动肯定会强化强烈的和平愿望，无辜的德国群众与英法伙伴共同分享这一愿望。就我们所能想到的，当时我们感觉到一种情感和几乎不能允许的快乐的发泄。共鸣之下，首相在慕尼黑也为之喝彩。

　　所有这些力量与其他大大小小合力的威慑加在一起，或者作为一名坚定的护法官，或者是医治痛苦的良药，必然自成体系，行之有效。在屈服与挺身迎战之间还有第三种选择，它不仅是和平的希望，而且是正义的希望。为了成功，有这样的一个政策，要求英国立即提前宣布与其他国家一道保护捷

克斯洛伐克，反对无缘无故的侵略。陛下政府拒不提供保障，如果提供了，当时就能挽救形势。一直到最后他们才采取了保护措施，但是为时已晚。当前，为了将来，他们在无力回天的时候，却采取了补救措施。

一切都过去了，沉默，悲哀，放弃，破裂，捷克斯洛伐克陷入黑暗，她在各方面忍受着痛苦，在与西方民主势力的接触中，在与国际联盟的接触中，她一直是他们忠顺的奴仆。特别在与法国的接触中，在法国政策的误导和驱使下，所忍受的痛苦更大，时间更长。陛下政府在英法协议中为捷克斯洛伐克提供最好的时机所采取的措施，即某些地区百分之五十的人被驱逐使他们不能投票，已转变成对捷克斯洛伐克的伤害了。因为在广大的区域内，也将有公民投票，其他有选举权的人也来对付这些无辜的受害者。靠被驱逐的百分之五十的人获得了投票基地的那些城市选举是在与德国无关的问题上进行的。我看到亨雷恩先生时，他向我保证说那不是他的民族的愿望。这些是积极的声明，只是一个国内规范的问题，一个只在捷克斯洛伐克国家内有其立足之地的问题。没有人有权说这一选举是在萨尔选区以及百分之五十人口被驱逐的选区进行的——这两种选举从最小的程度上说等于是自我决定的一种裁决法，这是一个骗局，一出滑稽戏。

我们国家就像在其他自由、民主国家一样，我们完全有权强化自我决定的原则，但是出于那些极权主义国家之口，这个原则就变味了，他们甚至连可以容忍的最小成分，到他们权限范围内的每一小部分和每个教义都加以否定。但是无论你怎样表达，这块特别的土地，这群被移交的人类决不表达纳入纳粹条律的欲望。直到现在我也不相信那一原则，假如征求他们的意见，他们会将这一意见演绎出来。

捷克斯洛伐克现在的形势如何？他们不仅政治上受伤残，经济上、金融上完全混乱了，他们的银行、铁路的布局也严重破裂，他们的工业萧条，人口运动十分残酷。苏台德的矿工们都是捷克人，他们的家祖辈住在那里有几个世纪了。他们现在不得不逃到一个没有矿和失业的地方，这个悲剧发生了。对于笼罩在捷克斯洛伐克之上的虐待和不幸，英国人的内心一直有着悔恨和懊恼的感觉。那里的灾难没完结，在执行计划中随时会有障碍。随时会下达命令让戈培尔①先生散布谎言和诽谤，随时都会有事件发生。那么，既然堡垒防线攻破了，用什么挫败征服者的意志？显然当前除了大家知道的已做过的事情——政府及时提供的财政援助之外，我们还没有力量为他们提供少许的帮助。

我冒昧地认为将来捷克斯洛伐克不能作为一个独立的统一体存在下去了。你会发现在一年甚至几个月的时间内，捷克斯洛伐克将会被吞并并进入纳粹的政体内。也许他们无可奈何地加入进去，或者蓄谋报复。无论如何故事到这儿讲完了。但是我们不能只根据上月所发生的事就认为捷克斯洛伐克土崩瓦解了。这是我们在过去的五年中已经做过，却是未尽事业的最痛苦的结局——五年徒劳无益地花费心血；五年来渴望探究彻底不抵抗路线；五年没人阻止的英军撤退；五年对我国空防的疏忽。这些都是我在这儿揭示的特点，这些特点就是英国、法国高薪聘用的没有远见的职员的标志。在那五年中，我们的安全地位从如此锐不可当、如此所向披靡，以至我们从不为此担心过的高度逐渐地削弱了。当时我们认为只有精神病院的疯子才使用"战争"这个词，可我们恰恰从这里削弱了。我们从安全和权力的位置上削弱了——兴利除弊的权力，对打败的敌人宽容的权力，与德国议和的权力，给予她伸冤的权力，制止他们武装的权力（假如我们有眼光），在强大、怜悯、正义之间采取行动的权力——五年里我们由固若金汤削弱到眼下这步田地。

我们想到1933年初希特勒刚执政，摆在欧洲人面前持久和平的美好希望，想到被抛弃的纳粹势力引人注目的壮大，我想到广泛结盟以及人们忽视的和挥霍的无限资源，我不相信整个历史进程中存在着平衡。就我们国家而言，责任归于那些能有效地驾驭政治事件的人，他们既不阻止德国再次武装，也不再度及时武装我们自己。他们谴责意大利牺牲了埃塞俄比亚。他们

---

① 戈培尔（1897-1945）：纳粹德国战犯，1933年希特勒上台后任宣传部长与国民教育部长，一贯造谣、鼓吹侵略战争和种族主义，苏军攻入柏林后自杀。

既利用又不信任国际联盟的庞大机构，并且他们忽视联合结盟的问题，不然会纠正以前的错误，结果他们把我们置于痛苦时刻：没有相应的国防，没有有效的国际安全保障。

假期里，我想这是从反面学习埃塞尔雷德王①没有准备的统治方法的好机会。下院会记住那是一个极大不幸的时代，从阿尔弗雷德②国王的后裔得来的强大基业，一落千丈，变成一团混乱。那是丹麦金③时代，外国压迫时代。那难听的《盎格鲁——撒克逊编年史》书中的字眼，1000年前写的似乎对我很适合，至少适合得像莎士比亚语录。我们似乎受到反对党议员席上最后一个演说者的盛情款待。这里就有《盎格鲁——撒克逊编年史》中的引语，我认为使用的字眼非常适合我们对待德国人，适合我们之间的关系："因为邪恶的目的，因为在适当的时机既没受到赞扬，也没遭到反抗，所有这些灾难才会降临在我们头上。但当他们做出最坏的事，反而获得和平。"这是过去的智慧，因为一切智慧都不是新的智慧。

我已经唐突地表达了这些看法，证实了我自己没能支持今晚提出的动议，但我认识到捷克斯洛伐克的大事以及英法在那儿的义务都已成为历史。新发展接踵而来，然而在这里不是去决定是否采取这些步骤。已经采取了措施，措施是由那些有权力的人提出的，他们在君主制下承担最高的职责。无论怎么想，我们必须把这些步骤看做是义无反顾的事情，过去的就让它过去吧。假如一个人认为他已经尽力借有利时机正确明智地进谏了忠言，那么他只会得到安慰。因此我像今天一样面向未来，面对当前的形势。这里，我还是要把丑话说在前头。

我们面临着已经降临到英法两国头上的头等严重的灾难，我们且不要

---

① 埃塞尔雷德二世（968？–1016）：英格兰国王（978–1016），980年丹麦人入侵时，纳贡求和，后又屠杀丹麦移民，招致丹麦人再度进犯，被丹麦国王废黜，逃往诺曼底。

② 阿尔弗雷德大王（849–899）：英格兰西南部韦塞克斯王国国王（871–899），在位期间，率军击败丹麦人侵者。

③ 丹麦金：古时英格兰为向丹麦进贡或筹措抗丹军费而征收的一种年度税，后作为土地税沿袭征收。

视而不见，当前必须承认：中东部欧洲国家都将尽可能地与无往而不胜的纳粹政权缔结和约。法国为了安全依靠中部欧洲的同盟国，这些同盟国的一统天下已经陷于灭顶之灾，我看不到有什么可靠的方法能够重建这一体系。沿路而下，由多瑙河流域到黑海沿岸，最远到达土耳其，这一带的道路都开通了。实际上，依我看，所有这些中欧国家，所有多瑙河地区的国家都将被包容进这一庞大的权力政治体系——不仅仅是军事政治权力，还包括经济政治权力——从柏林发散开去。我认为这可以迅速、顺利地得到实现，而且无须诉诸武力。假如你想调查英法两国对外政策的混乱，看一看《时报》每天刊登的消息就能知道正在发生的事。今天早晨我读了关于南斯拉夫的情况，我了解到这个国家的某些细节。

南斯拉夫危机的后果可以立即追溯到1935年选举，接着在亚历山大王被谋杀后不久，斯多雅第诺维奇博士政府反对派塞尔维亚和克罗地亚正在指挥下一届选举行动，提出"打回法国、打回英国和小协约国去，恢复民主"的口号。上两周的事件，非常成功地维护了斯多雅第诺维奇博士的政策……（他的政策就是与德国保持密切关系）那么反对派一夜之间一败涂地。新一届选举时间未定，他也可能马上举行，这样能够导致博士政府的彻底胜利。

有个国家三个月前同其他国家一道搜集发生事件的信息。

那么华沙发生了什么事？英法大使拜会了外交部长贝克上校，或者专门拜访，意在谋求在特斯乘问题上反对捷克斯洛伐克所采取的一些严厉措施。他们吃了闭门羹。法国大使没有听众，英国大使被一个政治指导员用最粗鲁的语言轻而易举地打发掉了。整个事件被波兰报界描述成为两个大国在政治上的不检点，现在我们才明白贝克上校的攻击是成功的。我依然记忆犹新，英法用武力把波兰从一个半世纪的束缚中解救出来，一晃不到二十年的时间过去了。我认为在那个国家的历史上确实是一个遗憾的插曲，我们很多人对其自由和权力表示长时间热切的同情。

那些说明都是典型的，日复一日，一个星期一个星期地过去了，你会看到这完全异化的区域。很多国家惧于纳粹的军事扩张，都找到了亲德政治家、议长、政府，而波兰、罗马尼亚、保加利亚和南斯拉夫这些国家却常常有很多群众运动。他们指靠西方民主，憎恶强加于他们的专制主义政体的肆虐统治观念，并希望有一个立场。一切都依照委员会的判断。我们在谈论那些远远不够完美的国家。但是我想知道今年和下一年法国和英国形势如何？我们全权保护的西线形势如何？当前德国部队数量超过了法国，不过还不太成熟，不太完备。明年它会更强大、更加完备、成熟。消除了对东方的一切担心，保证了将会大量流失的资源的稳定，假如不完全消除海上封锁的威胁，纳粹德国的统治者将会随时自由选择所要盯着的那个目标；假如纳粹独裁者一味盯住西方，这是可能的，法国、德国将深深悔恨古代波希米亚精锐部队的丧失，据上周估计需要三十多个德国师才能把它消灭。

我们能对当前军事形势发生的巨大变化以及我们所面临的危险熟视无睹吗？我想我们正打算四年之内为英国部队再增加四个营的兵力。不少于两个营已经到位了，目前至少要把三个师的兵力增援到法国前线上。此外，奥地利被吞并的时候还有两个俘虏师。无疑，有很多人着实相信他们仅仅分享了捷克斯洛伐克的利益，而我生怕我们做了过多的让步，也许已经致命地危及我们的安全，甚至威胁了大英帝国和法国的独立。这不仅仅是放弃德国殖民地的问题，我肯定让我们这样去做的，也不仅仅是在欧洲失去影响的问题。比这些都要深远，你要考虑纳粹运动的特点及其统治的含义。首相想要看到这个国家和德国之间将要建立的秘密关系。在两国人民之间建立亲密友好的关系根本不成问题，我们的心是倾向他们的，可是人民没有力量。但你们决不能与当前的德国政府友好、亲善，你们必须建立正确的外交关系。然而在英国的民主和纳粹政权之间不可能友好，那是唾弃基督教教义的政权，它信奉野蛮的异教教义，他们自吹自擂的霸道精神，从迫害之中得到邪恶的快乐和力量。如我们所见，他们兽性发作，横施淫威，决不可能成为英国民主所信赖的朋友。

我不能容忍的是国家意识落入了纳粹德国的权力之中，进入它的轨道，受它的影响，而我们的存在却要依靠它的善良愿望或听凭他们的发落。我尽力敦促坚守每一寸防御工事，首先，及时创建一支空军，使它超越海疆射程之内的任何东西；第二，集中国内一切力量，无论如何要扼制这一力量的继续推进。使他们的一切努力无济于事，每一局势在似是而非、花言巧语之中遭到破坏，并被抛弃。

我们并不想被领进欧洲统治的德国纳粹体制并成为其中的一颗卫星。几年之内，或许几个月之内，无疑我们要面对诸多不得不遵守的要求。这些要求可以使你拱手让出自由、领土。我预见并预告，屈服的政策会压制议会的发言和辩论的自由，限制群众论坛以及在报纸上讨论问题。现在我常听说我们不允许英国一般政客部分直接地，更强大的是间接地批评纳粹专制政体。每一个公众舆论喉舌被毒化，变得麻木不仁，最后不得不默认。我们被牵引，沿着我们旅途中的驿站继续走下去。

希望首相已经听过我尊敬勇敢的朋友威斯敏斯特教堂成员（锡德尼·赫伯特）昨晚所作的演讲。我知道，没有人比首相更经常地出席，没有人像首相那样更耐心地听演讲，不可思议的是他出席了那么多的辩论，很遗憾昨天晚上他恰恰就不在。然而可以肯定，假如他听了我尊敬、勇敢的朋友的讲话，他一定会感到非常气恼：这样的谣言竟然不胫而走。我不相信这位首相或任何一位拥有大量劳动人民的首相居然会有如此历史性、本质的下流之举。我过高地抬举了他。当然假如我误断了他站在右翼的立场，导致了《慕尼黑协议》的无效，出现了英国——纳粹友谊的破裂，带来了我们防御上的崩溃等等，每个人可以根据自己的定罪群起而攻之。这里面只有一个预言家能预测出最后的结果，但无论是什么样的结果，几乎没有什么更能注定我们这样一个大国会有继续幸存的机会，而不是注定我们国家当时在这一死气沉沉的外交政策问题上可能造成的隔江而治的局面。不管有哪些议长，只有一致的努力才能确保我们的安全。我一直在推敲采取什么样的方法保护我们不受纳粹部队的进犯，确保我们可贵生命的存在，唯一可行的方法是什么？对

我们来说唯一可行的方法就是靠应有的空中优势，恢复过去我们一直保持的空防安全，如此再次使我们的半岛成为我们自己的半岛。在整个这一严肃的观点中闪耀着以下无可辩驳的事实，即必须立即进行再次武装的努力，就是还没有被人发现的那类武装。这个国家的所有资源、一切联合的力量都应当致力于完成这项任务。我非常高兴看到鲍德温先生昨天在上院说，明天他要动员工业界，可是我认为如果他两年半以前，每个人都要求设立军需部的时候说这种话就好了。我冒昧地向坐在后面政府席的大人、我尊敬的朋友说我感谢他们耐心地听我演说，他们应对所有这一切负有某些责任，因为他们慷慨解囊援助捷克斯洛伐克的事业。假如他们反对这种捧场的呼声，把捐税付给这一小部分正努力及时使再武装运作起来的议员们，我们就不会落到现在的地步。尊敬的反对党大人，尊敬的自由党的议员们，你们还不够资格扔这些石头。记得两年来不得不面对政府的愤懑，不得不面对他们的反对，鲍德温大臣已发出信号，也许是迟钝的，我们不妨去服从它。现在至于空中发生了什么毕竟不是什么秘密，在动员我们反飞机防御方面，正如我尊敬、勇敢的朋友威斯敏斯特海军中队长所指出的，这些事上百上千的人都目睹过了。他们可以对议长们在这个问题上坚持向我们作的声明的特点形成他们自己的见解。谁现在还打肿脸充胖子说还能保持与德国的空中均势？谁现在还装腔作势说我们的反飞机防御武装完备，人力操纵充足？我们知道德国总参对这些问题信息灵通，但是下院至今还没有足够的重视要求确保自己对这些问题承担责任。内务大臣（塞缪尔·霍尔爵士）前天晚上说他欢迎调查研究。已经做过的很多事反映了管理方面的极大信誉，但是重大的问题是我们所要了解的。在这三年中我一再打听秘密的会期，其间通过讨论可以达成协议，或打听由下院小型特别委员会所作的一项调查，或者打听别的举措。既然秋天我们又会面了，我要求政府应当让下院对那一问题有信心，因为我们有权知道我们的立场是什么，应该采取哪些措施来巩固我们的地位。我不对我们忠诚勇敢的人民发牢骚，不管付出什么代价他们总是尽职尽责。在上周形势紧张的情况下，他们绝没有退缩——当他们知道痛苦的折磨不再责成他们去忍受的时候，他们会自然而然地发出由衷的高兴，对此我没有怨言，但他们必须了解真相。他们应当了解在我们的防御上尚有大量疏忽和不足；他们应当了解我们一直忍受着战争以外的失败，其后果将会在我们的道路上随我们到很远很远；他们应当了解在我们的历史上，我们已经走过了一段可怕的里程；当欧洲的沉寂被打破，并陷入了混乱的时候，他们应当了解有人暂时散布出恐怖的话反对西方民主："在天平上称一称你们的分量就会知道你们还不够格。"这仅仅是算账的开始。这仅仅是第一次啜茗，从一杯苦茶中才首尝了一次，此后年年都要推荐给我们，除非我们的精神健康和尚武活力恢复到最佳状态，于是我们东山再起，像过去一样坚持我们自由立场。

第三章　发挥英语的作用

（1940）

新政府
"血汗、泪水和辛劳"

下院   1940.5.13

　　1939年9月，战争爆发了，丘吉尔再次升任海军第一大臣，担任了和1914年完全相同的职务。但是1940年5月，在挪威军事演习的失败（带有讽刺意味的是，丘吉尔本人对此负有很大责任）引起下院紧张的辩论，其间裁减了大部分政府官员，张伯伦被迫辞职，其职务由丘吉尔代替，并在几天内组建了丘吉尔的新政府。

　　圣灵降临周①的星期一，下院开会，丘吉尔作了简短的发言，实质上要求下院认可。大家对这次发言反应不一。进入内阁，张伯伦比丘吉尔流的泪还多，前些日子，工党大部分内阁成员都支持丘吉尔。哈罗德-尼科尔森称赞丘吉尔的讲话"简短的声明，言简意赅"。杰弗里·道森②傲慢地称它为"非常精彩而短小的好战讲话"。

---

① 圣灵降临周：基督教的圣灵降临节为复活节后的第七个星期日，原文whit，据传源自古时洗礼场身着白袍。圣灵降临周即以圣灵降临节开始的第一周，尤指前三日。
② 杰弗里·道森（1874-1944）：英国新闻人士，曾两次出任《泰晤士报》主编（1912-1919;1923-1941），与政界要人A. N. Chamberlain等交往甚密，支持绥靖政策，为慕尼黑政策决策人之一。

　　《时报》很快指出：该讲话仿效了加利波第①和克里孟梭②。然而丘吉尔在题为"世界危机"的演讲中仍然用了十分相似的话说："他们的泪水、他们的汗水、他们的热血像甘霖一样滋润了无限的平原。"

　　上个星期五晚上我接受了陛下的委任状去组建一个全新政府，这是国家和国会明确的希望和嘱托，应当通过广播传出去，应当代表所有的党派，支持上届政府的党派，还有反对派以及该派中的自由党。我已经完成了这项任务的最重要的部分，作战部由五名成员组成，显示了国家的团结。三个党的领袖同意参与作战部或者高级行政部门的工作。三军作战部都得到了充实。在极端紧急和事态严峻的情况下，这事应当在一天内完成，其他一些关键位置昨天已经充实完毕。今晚我再提交一份任命名单给陛下，我希望到明天能把主要负责人都任命到位。其他负责人的任命通常需要更多的时间，但是我相信议会召开下次会议的时候，我的一部分任务可以完成，政府一切部门的编制都能完成。

　　从公共利益出发，我建议今天召开下院议员会议。议长先生同意根据下院决定授予他的权力采取必要的步骤。今天的程序进行完以后，建议5月21日星期二休会，当然要为下次会议提前召开做些必要的筹备工作。本周内通知议员尽早地抓住时机。现在我请下院按照以我的名义形成的决议记录采取步骤，并宣布新政府的大胆设想。

　　组建这样规模和结构复杂的政府本身是一个严肃的任务，但必须记住我们仅仅处在最大战斗之一的初级阶段。我们在挪威、荷兰的许多地方采取了行动，我们必须在地中海作好准备，空战正在继续，国内的很多准备工作必须做好。在这次危机中，假如今天我向下院作汇报，我希望能得到谅解。我

---

①　加利波第（1807-1882）：意大利民族运动领袖，曾加入意大利党，参加反对奥地利的独立战争（1848），领导罗马共和国的保卫战（1849），组织红衫军（1860）解放西西里和那不勒斯。
②　克里孟梭（1841-1929）：法国政治家、新闻记者、第三共和国总理（1906-1909；1917-1920），有"老虎"之称，参加并操纵巴黎和会，力主削弱德国，反对苏俄。

希望我所有的朋友，过去和现在的同事，大凡对政治上的重构有感触的人，对失礼但必须要做的事给予谅解。如我对那些加入政府的人所说的，我也一样会对下院这样说："我所能奉献的，只有血和汗、苦和泪。"

我们要经历一次最严峻的考验。我们要经历一连好几个月的战斗和苦难。你们问，我们的方针是什么？我就说：是以上帝赐予我们的全部精力，竭尽全力在海、陆、空作战；要打击在黑暗中从来没被战胜过的邪恶的暴政，人类可悲的罪过。这就是我们的方针。你们问，我们的目标是什么？我可以用一个词来回答：胜利——付出一切代价得到的胜利，漠视一切恐惧的胜利；胜利，不管道路有多长，有多艰难，因为没有胜利就得不到生存。要认识到，没有胜利，就没有大英帝国的幸存；就没有大英帝国所主张的一切的幸存；就没有人类企求朝着既定的目标前进的强烈愿望和冲动。我要以活力和希望去肩负我的任务。我确信我们的事业不会遭到失败。此刻，我有资格要求一切援助，那么我要呼吁的是："来吧，让我们团结起来，一道前进。"

逼近的磨难
"要当勇士"

伦敦　英国广播公司　1940.5.19

　　5月10日一早，德国人就侵犯了荷兰和比利时，用四天时间突破了法国在色当的防线。5月15日荷兰投降，丘吉尔飞往巴黎同法国领导磋商。很快事态明朗化了，法国的抵抗不会持续多久，英国大陆部队的处境面临危险。5月18日一次内阁会议上，张伯伦促首相向全国广播："国难当头，个人利益不允许妨碍为胜利所采取的必要措施。"

　　次日只经过三个小时的构思，丘吉尔便实况播送了他第一次作为首相的讲话。他对法国的继续抵抗抱有希望，提醒他的听众，德国进犯英国，已是指日可数的事，并明确表示决心："呼吁我们的人民竭尽自己的最后一点努力。"

　　很清楚，这次广播讲话启发了民众的想象力。安东尼·艾登①告诉丘吉尔，张伯伦"从来没做得像你这样好、这样伟大"。《晚标》报认为他的

————————

①　艾登（1897–1977）：英国首相（1955–1957），保守党领袖（1942–1951），因英法入侵埃及失败，于1957年1月辞职，后被封为终身贵族，改称Earl of Avon。

讲话是"不可毁灭的决心"。甚至哈利法克斯①大臣也肯定了它"非凡的价值"。丘吉尔的有关战争的言论从此认真地开始了。

这是我第一次作为首相，在这庄严的时刻，为了国家的生存，为了帝国的生存，为了我们联盟的生存，首先为了事业的生存，在这儿向你们说话。频频的战事在法国和佛兰德②地区进行着。德国人利用铺天盖地的投弹和装甲坦克压境，已经突破了马其诺北部的法国防线，强大的装甲车纵队正在把这块辽阔的国土变成废墟，前一两天之内如入无人之境，正在向纵深推进，所到之处一片恐慌混乱，后面是大队卡车运的步兵，再往后是大部队，滚滚向前。

我们一定不能受到不期而遇的装甲车从背后袭击的威胁。假如他们从我们后方来，而法国部队分布在各点上，从他们的后方积极战斗，那么都处于极其危险的形势。假如法国军队和我们自己的部队，按我想象的那样得到妥善的部署，假如法国的反攻有回天之力，反攻战术长期以来是他们的拿手好戏，假如英国的军队表现出坚韧不拔和实战的能力，过去不乏先例——那么一种突然的战局改变说不定会跃然展现。

然而掩盖此时严峻的形势是愚蠢的，可要是丧失信心，缺乏勇气，或是设想训练有素、装备精良、多达三四万重兵的军队，如果在几周、几个月之内因受到无论多么可怕的机械化车辆的袭击一下子就被灭掉，那更是愚不可及的。我们可以信心十足地展望一下法国前线的固若金汤，更有众志成城使得法英战士的素质堪与他们的魔鬼相匹敌。而我本人对于法国部队及其领袖的信心也是不可动摇的。只有一小部分精锐部队投入了激烈的战斗，法国只有很少的一部分受到了侵扰。有充分的证据可以证明：实际上整个专业化、

----

① 哈利法克斯（1881–1959）：英国保守党人，历任印度总督（1925–1931）、上院领袖（1935–1938）等要职，在外交大臣（1938–1940）任内，对纳粹德国实行绥靖政策，后任驻美大使（1941–1946）。

② 佛兰德：欧洲中世纪伯爵领地，包括比利时的东佛兰德省和西佛兰德省。

机械化的敌军已经卷入了战斗。在这种情况下法国也没遭受重大损失。不管是官员还是士兵，不管是大队还是中队，与敌人狭路相逢时，都能对总体形势作出有价值的估计。部队一定要消除在巩固的后方或从自然障碍的背后进行抵抗的想法，必须认识到，主导地位只能靠猛烈无情的进攻才能够得到。这一精神一定不能仅仅使高级指挥部富有生气，还必须鼓舞每一个战士的斗志。

对于空军——常有激烈的争执，至今被认为占压倒的优势——我们三四个对敌人一个。就英德空军间的相互对比而言，现在的形势比大战刚开始时大大地有利于我们。说到摧毁德国的轰炸机，我们一方面要为自己打仗，还要为法国打仗。就我们与德国空军决战到底的能力而言，从目前仍不断发生的激烈对垒中，我的信心加强了。同时，我们的重型轰炸机夜晚打击德国机械化部队的主力，并且已经使纳粹企图称霸世界所依靠的石油加工业遭到严重破坏。

我们必须预料到西线一旦稳定下来，大量万恶的侵略装备在毁灭了荷兰并奴役蹂躏了荷兰之后，便会转而对付我们。当我说我们正严阵以待去正视它，去忍受它，以至去反对它时，我确信我是为这一切而说话——竟然达到没制订的战争法律所允许的一切程度。我们的半岛上有许多男男女女，当这一磨难降临到他们头上时，他们反而会感到宽慰，甚至于自豪，因为他们在分担着前线那些青年小伙子的危险，分担着海、陆、空军战士们的危险。上帝保佑他们——保佑他们免受终将到来的袭击。这难道还不是每个人应尽的最大力量的关键时刻吗？假如要打赢这场战争，我们必须为战士们提供愈来愈多的枪支弹药。我们必须迅速地制造出更多的飞机、坦克，更多的枪支弹药，军需品绝对要保证供给——它们增加了我们打击强大武装之敌的力量，它们补充了战争中不可避免的消耗。消耗的东西很快得到补充，应有尽有，无形中消除了他们的后顾之忧。

我们的任务不仅是打胜仗，还要取得最后战争的胜利。法国的仗打完之后，撤退，我们半岛上还会有仗打——这就是英国要面对的，这就是英国的

所有用意，就是说要打仗。在这个最紧急的时刻，我们将毫不犹豫地采取措施，甚至最严肃地要求我们人民要竭尽自己的最后努力。我们宣誓要捍卫我们的生存和荣誉，捍卫我们的权利和自由。财产、利益、劳动时间与我们誓死捍卫的事业相比算不了什么。我们从法兰西共和国的领袖们，特别从该国不屈不挠的P. 雷诺①总理那儿得到了最神圣的诺言：无论发生了什么，他们都将战斗到底。假如我们战斗到底，前景只会是光辉灿烂的。

接见了国王陛下的委员会，我摸清楚了各党参政的男男女女以及他们每种观点，以及所有这些放在一起所组成的政府。过去我们之间有歧异，进行过争论，而现有一种凝聚力使我们团结起来——去打仗，直到取得胜利。无论付出多大的代价，忍受多大的痛苦，决不向奴役和耻辱低头。这是法国和英国漫长的历史上最令人敬畏的一个时期，无疑也是最崇高的。肩并肩，除了统治阶层中他们的亲友，除了在他们庇护下广阔的帝国，无须其他帮助——英法两国人民并肩前进，不仅要拯救欧洲，而且使人类从最肮脏、最摧残灵魂的暴政下解脱出来，这一暴政一度给历史的篇章抹了黑，玷污了历史篇章。在他们背后——在我们背后——在英法联军和舰队的背后一群被摧毁、受胁迫的国家集结起来：包括捷克人、波兰人、挪威人、丹麦人、荷兰人和比利时人在内——野蛮的长夜将降落在他们头上，毫无希望去打破它，除非我们征服它，我们必须这样做，我们将要实现这一目标。

今天是圣主复活节。几个世纪前有些话被写下来作为对正义和真理的忠实奴仆的号召和鞭策，"武装你自己，当男士，随时准备好战争；宁可在战斗中死去，也不坐观民族受凌辱，以至改变了颜色。成事在天，谋事在人。"

---

① P. 雷诺（1878–1966）：法国总理（1940.3–1940.6），曾先后任财政、殖民和司法部长（1930–1932），第二次世界大战时任总理，抵抗德国人侵，法国投降后，被德国监禁，战后释放，当选为国民议会议员（1946–1962）。

"年轻的政治家" 1904年。

"词，词，词"

温斯顿·丘吉尔演说的流利，一直是大量议会评论的主题。星期二晚上，他一
小时作了四篇演讲。
漫画刊登于《曼彻斯特快讯》，1904年8月4日。

FIRST INSTRUMENTALIST : " What do you want here ? I haven't finished my turn yet !"
SECOND INSTRUMENTALIST : " You get out ! Your turn's over. This is where I come in."

"政治抗议"

登坛高谈阔论，1909年12月竞选议员。
漫画刊登在《曼彻斯特编年史晚报》，柯曾大臣访奥尔德姆。

1911年海军的任务。丘吉尔和费希尔大臣来到英国百人战舰上。

"共同前进" 1929年预算日。

"艰难岁月"
丘吉尔在书房。查特韦尔，1936年。

"艰难岁月"

丘吉尔向海员讲话。漫画刑登于Hms Hardy and Edipse在骑兵卫队检阅仪式
上，伦敦，1940年4月19日。

敦刻尔克之后检阅沿海防卫。1940年7月31日。

英国战役。丘吉尔和拉姆奇海军上将，1940年8月28日。

"我们丧失信心了吗？"
视察被轰炸现场。1940年9月10日。

1941年战时向世界广播演说。

丘吉尔与乔治六世王以及伊丽莎白女王在白金汉宫。1940年9月。

"我们走在乱石地面"
被轰炸后的下院。1941年5月10日。

圣典

在美国的奥古斯塔船上，普莱圣西亚海滩，纽芬兰，1941年8月9日，丘吉尔
和罗斯福第一次在战争期间会晤。

"最伟大的自由冠军"

温斯特·丘吉尔和他的女儿萨拉参加罗斯福的纪念仪式。伦敦，1945年4月。

"前进大不列颠"
丘吉尔对全国的广播讲话，1945年5月8日，德国部队投降前一天。

丘吉尔与皇族在白金汉宫的阳台上，1945年5月9日。

白厅欢呼的人群，1945年5月14日。

战争的最后检阅。伊顿、丘吉尔、艾德礼和莫里森，1945年8月15日。

"铁幕"
在威斯敏斯特学院的演说。富顿，密苏里，1946年3月5日。

悼念乔治六世王。由枢密院会议返回，1952年2月4日。

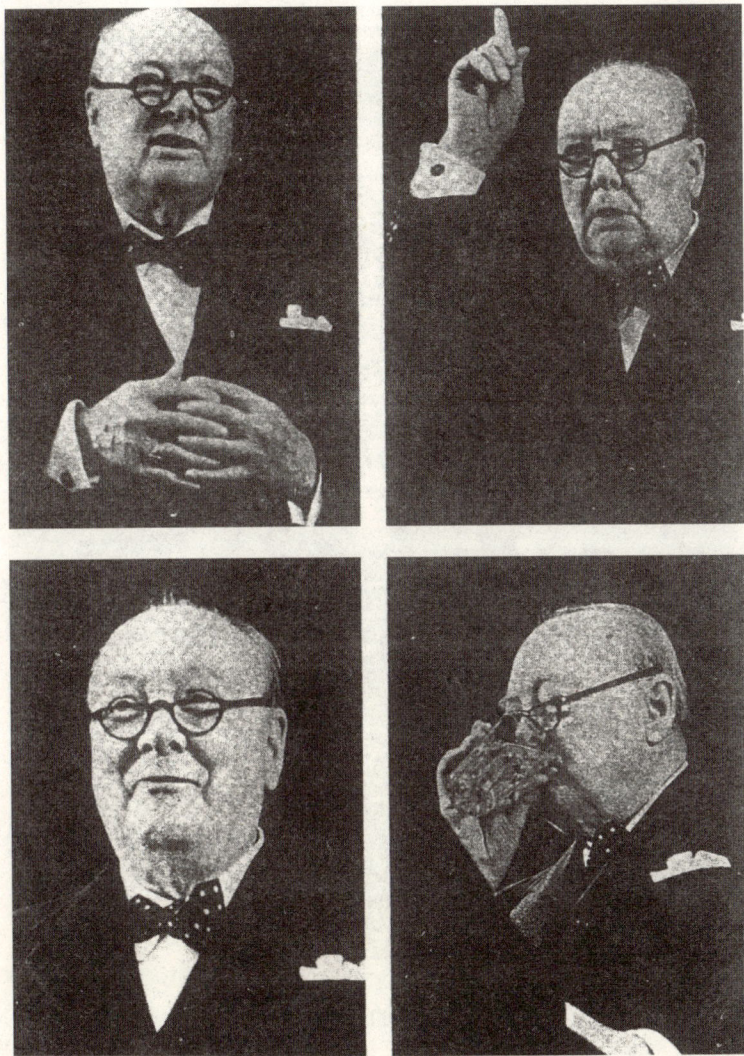

丘吉尔在保守党会议上的讲话。1953年10月。

"最高的荣誉"

八十寿诞答反对党领袖克莱门特·艾德礼的讲话，出示格雷厄姆·萨瑟兰的画
像。1954年11月30日。

敦刻尔克
"后退打不了胜仗"

下院　1940.6.4

英国远征军在德国人打击敦刻尔克桥头堡之前撤退了，德国的命运未卜。撤退是在5月26日开始的，海上一片寂静。上千艘小民船冒险驶往海峡，英国皇家空军英勇作战去否定敌人的空中霸权。6月4日，33万多同盟军到达英格兰，其中包括2.6万法国将士，大大超过了希望的数字。

当天丘吉尔向下院报告，讲话只有半个多小时。他企盼调和一下在这样一种出乎意料的解救后国民放松的情绪和愉快心理，丘吉尔警告说，将来英国也许不得不独立作战，并在讲话结束的时候向美国发出很多请求中的第一次请求。

大众普遍认为这次讲话是一次异常成功的表演。哈罗德·尼科尔森在报告中说"温斯顿作了我所听到的最好的一次演说。下院听过之后深受感动"。工党议员乔赛亚·韦奇伍德认为这次讲话"应当放上千响枪声，千年不遇的一次演说"。甚至亨利·切恩，一名顽固的知足常乐者，张伯伦狂热的支持者也获得了很深的感受。他说："他善于雄辩，高谈阔论，说起英语气派宏大；好几个工党党员大声喝彩。"丘吉尔的演说很成功。

　　自从法国在色当和默兹河防线于5月第二个周末被攻破起，只有快速退到亚眠和南方才能挽救英法联军，当时他们应比利时国王的请求已经开进了比利时，但是这一战略战术没有被立即认识到。法国高级统帅希望能填平鸿沟，把北方部队置于他们的指挥之下，再者，这种撤退几乎招致二十多个装备精良的比利时中队的覆灭，以及整个比利时国土的沦丧。因此，当德军的挺进及其扩展范围被察觉，当一位新任法国总司令魏刚①取代了盖迈林总司令指挥全军时，比利时的英法联军尽力继续控制比利时的右翼，同时将右手伸给新建立的法国军队，该部队已越过索姆河，并用强大的力量把它紧紧握在手中。

　　然而德军的爆发之势如一把大镰刀围绕北方军的右后方横扫。八九个装甲中队，每中队有400辆不同种类的装甲车，但都经过周密的装配，以补充、划分成小的自控单位，他们切断我们同法国主力军的联系。它彻底割断了我们自己的联系，割断了我们的军火供给。这批军火运到亚眠，经过阿比维尔、奈洛沿海岸到布洛涅和加来，几乎快要到敦刻尔克了。紧随在装甲部队攻击之后，是卡车装运的几个中队的德国兵，之后是迤逦而来的一批疲惫不堪的德国兵和德国人民，他们随时听凭调遣去践踏别的自由、安逸的国家，这些连他们自己都感到陌生的国家。

　　上面说了这把披盔戴甲的横扫镰就要到敦刻尔克了——只是快要，但是还没到。布洛涅和加来是疯狂作战的战场，守卫者只防御了一小会儿，接到命令就从这个国家撤走了。步枪队，第六十步枪队以及维多利亚皇后步枪队，加上一个英国坦克营，还有1000名法国士兵，一共4000之众，为保卫加来战斗到底。德国人只给英国旅长一小时的时间准备投降。他拒不投降，经过四天激烈的街垒战之后，加来呈现一片寂静，象征了这次值得纪念的反击战的结束。只有30名受伤的幸存者被海军救护，而我们尚不知他们的命运如

①　魏刚（1867-1965）：法国将军，曾参加第二次世界大战。历任参谋长（1918）、参谋总长（1930）、法国总司令（1940）等职，法国投降后，任维希政府国防部长（1940），后被德国当局囚禁（1942-1945），战后被宣布无罪释放（1948）。

何。然而他们不是白白牺牲，至少有两个装甲中队与英国的远征军对垒。他们为轻型中队又添加了光辉的一页，所争取的时间，使得死亡线水路被淹没，为法国军队夺取。

这样敦刻尔克港被打开，北方军不可能到亚眠与法国主力部队保持通讯联络，那么只有一种选择了。似乎真的无望了。比利时、英、法联军几乎被包围，他们唯一的退路就是那一个港口和临近的海滩，严重腹背受敌，相比之下空军也相差太远了。

一个星期过去了，今天我要求下院把今天下午作为发表声明的机会，我生怕宣布我们漫长的历史上最大的一次灾难将是我的厄运。我想某些优秀的法官会同意我的看法——也许能解救二三万战士上岸。情况当然如此，亚眠——阿布维尔山峡北部，整个法国第一部队，整个英国远征军，在这一旷野或别处都会被驱散，由于缺粮，缺弹药，都不得不投降，这就是严重的趋势。一周前我要求下院作好准备。根据并围绕英国部队的全部的根本、核心和智力，我们过去和现在都计划在战争的最后几年里建设大英帝国的军队，这个计划在战场上似乎趋于破灭，或者将把我们变为可卑的饥饿的阶下囚。

那就是一周前的情景。但是另外一次也是最后一次打击又落在我们头上。比利时国王要求我们援助他，要不是这位统治者及其政府把自己与盟军割裂开来，盟军早就会把他们从灭亡中拯救出来，要不是他们从被证明是致命的中立中寻找避难所，英法联军也许在战争一开始不仅拯救了比利时，也救了波兰。但是最后时刻，比利时已经遭受侵略，当时利澳波德国王①（三世）要求我们援助他，就是那最后时刻我们还是来了。他和他英勇强悍的军队，几乎有50万人之众保护了我们的左翼，为我们向海上撤退开辟出唯一的一条路。突然，他没有预先协商，没引起敌人的注意，也没有接受议长们的忠告，只根据他个人的方案，派他的全权大臣到德国统帅部投降，暴露了我们左翼部队和我们的撤退计划。

----

① 利奥波德三世（1901–？）：比利时国王（1934–1951），1940年德国入侵后，向德军投降，被法国人软禁，战后复位引起抗议和骚动，1950年被迫让位于儿子。

一周之前我要下院推迟作判断，因为证据不足，我认为目前不存在我们不应该对这一可悲的插曲发表我们自己意见的任何理由。比利时的背叛迫使英国一接到通知就马上把左翼部队开进海中30里远。不然一切都会被切断，一切将要背上利澳波德国王宣判他的国家所创建优秀部队的叛国罪名。因此，叛国暴露了我们的部队，就像有人看地图部署军事演习一样，会发现形成法国第一军团，其中三个里有两个与英国失去联系，他们比我们离海岸更远，大批同盟国部队想靠岸看来是不可能的。

敌人全方位地发动了强大、激烈的攻击，他们的主力部队，为数更多的空军部队都投入了战斗，或者集结在敦刻尔克和海滩上，从东西方向把兵压在一个狭窄的出口上，敌人开始向海滩上发炮轰击，只是靠近海滩处船只才能来回开动。他们在海峡和海中放置磁性炸弹，反复派飞机进行波浪似的攻击，有时100架飞机一齐出动，气势磅礴，把炸弹集中投在一个孤零零的码头上以及部队寻找藏身之地的沙丘上。他们使用了U-潜艇，其中有一艘被击沉，他们的摩托汽艇当时发挥了大量的我们现在才开始发挥的交通运输作用。激烈的战斗持续了四五天，所有的装甲中队，其中还包括大量的步兵、炮兵，由于英法联军的战斗，把他们变成了渐渐缩小无用的附属品。

同时皇家海军在无数海上商人的主动帮助下，绷紧了每根神经，把英法联军送上轮船。200艘轻舰，650艘其他船只也都投入了运送工作。他们不得不克服海岸不利条件，在恶劣的气候下，天上有飞机无休止地密集轰炸，海上有愈来愈猛烈的大炮轰击，正如我所说，整个海域都淹没在炸弹和鱼雷的火力之中。在这种情况下我们的战士连续几天几夜不休息，在危险的海浪中川流不息地用小船把落难的战士运回到他们自己的大船上。他们运回来的战士的数目只能用他们的忠诚和勇气来计算。医疗船只救了好几千英法伤兵，由于这种船的明显标志成为纳粹轰炸的特别目标。但船上的男女医护人员毫不犹豫地履行他们的职责。

与此同时，皇家空军已经参战，在他们的射程之内，发挥了不愧为主要大城市气派的战斗力，打击了德国轰炸机和德国部队。斗争是长期的、激烈的。突然间形势明朗化了，子弹的爆裂声和轰轰隆隆的炮声，片刻，仅仅是片刻就过去了。抢救奇迹的出现是靠勇敢、坚持，靠纪律严明，靠成功的服务，靠智慧、技能，靠不可征服的一片丹心。敌人又向撤退的英法联军反扑过来，它的部署太草率，并不是当机立断地快速撤离，皇家空军对准德国空军的主力，最起码使他们损失了四分之一的兵力。海军出动了近乎1000只各式各样的战舰，载着超出33.5万英法将士从死亡和耻辱的境地脱险，分别返回自己的家乡去接受新的任务。我们必须十分谨慎，不能把这次抢救当作胜利的标志。战争并不是靠撤退赢得胜利，但是抢救本身蕴藏着胜利，这是应当注意的，是靠空军取得的胜利。我们有很多战士从前线回来没有看到空军的作用，他们只看到了空防战线以外的轰炸机。他们低估了空军的战绩。我听到很多这类说法，这就是下面你们要说的我之所以站出来说这件事的原因。

　　这是一次对英国和德国空军力量的大检验。你们能想象得出：是德国空军使得英法联军从海滩上撤退成为不可能更客观些，还是英法联军击沉几乎上千艘德国核潜艇更客观些呢？会不会有一个客观性去检验对于战争的全部目的来说比敦刻尔克大撤退具有更重大的军事意义？他们尽了自己的努力，结果被赶了回去，他们被挫败，没完成自己的任务。我们把部队撤走了，他们不得不承受四倍于英法的军事损失。十分庞大的德国空军的阵容——我们知道，他们是一个非常勇敢的民族——从只有皇家四分之一数的打击中扭转了许多战机，并能从各个不同方向散开来。12架飞机被两架飞机追踪。一架飞机被击落，葬身鱼腹，是被一架仅剩一梭子弹的英国飞机击落的。所有我们的类型——巨风式、火暴式、新挑战式——所有我们的驾驶员被授予高过当前他们所面对的称号。

　　当我想弄清在捍卫我们这个半岛的领空、抗击来自海外的进犯方面，我们的有利条件有多少时，我必须说我在这些事实中发现了一个可靠的根据，一个现实、保险的思想可依托的根据。我对这些年轻的空军战士表示称赞。伟大的法国军队暂时大范围地遭到几千辆装甲车的猛攻，而受到扰乱。也许

不能这么说，文明事业本身要由几千名空军战士的忠诚和技能去捍卫。我想全世界，在整个战争历史上从来没有给年轻人这样的机遇。圆桌骑士、远征军都成为历史，遥远且淡忘了。这些青年人，每天黎明挺身而出保卫他们的家乡以及我们向往的一切，把具有巨大摧毁力量的工具握在手中，对他们有这样的说法：

> 每天黎明携出一个高尚的时机，
> 每次良机又携出一位高尚的骑士。

值得我们欣慰，像所有勇士的做法，他们用了许多办法，在许多场合下做好了准备，继续准备为自己的故乡献身。

我回到部队。在长期一系列激烈的战斗中，时而在这一线，时而在那一线，还同时在三线上作战，二三个师，有时对更多一些的敌人打仗，在很多人都熟悉的老战场上打激烈的仗。在这些战斗中，我们死伤及下落不明的战士超过30000人。我借机表达下院对所有服丧的烈属们表示同情。贸易大臣安德鲁·邓肯今天不在这里，他的儿子牺牲了，下院有很多人感到阵阵剧痛。但是我要说一说关于下落不明的问题。我们有许多伤病员安全返回自己的家，据报道有很多失散的战士以各种各样的途径终于回到家里。战争造成了混乱，不可避免有许多人离开了岗位，因为在这个岗位上昔日的荣耀不再要求他们参战。

如果不失去这30000多战士，我们可以让敌人遭受更大的损失。我们的物质损失也是巨大的，在1918年3月21日的战斗中，我们也许失去了三分之一的战士，失去了相应的枪支，近乎上千人，上千支枪，包括所有北方军的运输工具和所有装甲车辆。这一损失耽搁了我们军事力量的扩张，其速度不是我们想象的那样快。最好的条件配备给了英国远征军，虽然他们没有相当数量的坦克和一些理想的设备物质，但他们仍不失为相当精良武装的军队。他们具有我们的工业必须提供的所有成果中最优秀的成果，这些都失去了。

拖延还在继续，究竟要拖多长时间，这要看我们在这个半岛上做了多大的努力。我们现在正在做着从来看不见的这种努力。人们处处都在夜以继日、废寝忘食地工作着。从劳动和资本中剔除了他们的个人兴趣、权力和习俗，把它们当作普通的储备。军火的生产源源不断，正在大跨步前进。我们完全应当在几个月内克服突如其来、严重的损失，确保总纲领的继续贯彻执行。

尽管如此，值得庆幸的是我们的部队，大批将士虎口脱险，岂不知他们的亲人担惊受怕，在困苦中度过了难熬的一周。我们必须看清楚，在法国和比利时发生的事情是一个巨大的军事灾难。法国军队削弱了，比利时军队全军覆没，比利时对大部分巩固的阵线怀有很大信心，这部分也已失去，很多重要的矿区、工厂被敌人占领，全部的海峡港口都失落在敌人手中，悲剧结局接踵而来，我们和法国都会再次受到袭击。据说希特勒先生在计划进犯大不列颠，这早在预料之中。当拿破仑与他的大部队和平底船在布洛涅驻扎一年之久的时候，有人告诉他："英格兰有悲苦的丧事要办了。"英国远征军返回来了，当然要大办。

反侵略国防的整个问题无疑受到我国现有的、无与伦比的、更加强大的军事力量的强烈影响。但是这不会持续下去，我们不会满足于战争的防御，我们要对我们的同盟尽义务。我们必须在英勇的远征军总司令郜尔特的指挥之下，重新构造和再建英国远征军。一切都在训练之中，但是在此期间我们必须把我们在这个半岛上的防御纳入高度组织化的状态之中，它要求我们以最小的数量提供有效的安全保障，这样潜在的最大防御努力可以付诸实现。我们正在着眼于这一努力。假如下院想要在秘密会议上进入这一主题，那将是非常方便的事。不是政府必须在浩瀚的详情中揭示军事秘密，而是我们喜欢自由讨论，无须对敌人隔日就会清楚的事实强加限制自由。政府将靠掌握全国各地情况的议员在下院部门自由发表意见从中获益，我知道对这一问题要作请示，而这一请示必须获得国王陛下政府的欣然同意。

我们发现采取措施增强紧迫感是必要的，不仅反对入侵者和别国可疑人物，还要反对英国臣僚，一旦战争蔓延到联合王国，他们会成为一种危险或

防害。我了解有许许多多的人受我们发出的命令的支配，成为纳粹德国怒不可遏的敌人。我为他们感到遗憾，但是在当前严峻的时刻，我们不能按我们的好恶作出判断。假如降落伞决定降落，他们投入了激战，这些不幸的人们将一反常态，为着他们自己，也为着我们。然而有另一个阶级，我丝毫不同情他们，议会给了我们力量，必须用铁的手腕去平息第五纵队的活动，我们将利用这些力量，在下院的监督下，毫不犹豫地纠正其错误，直到我们满意为止。还不光满足，我们已经有效地消除了我们中间的这种恶意。

再次随便谈谈反侵略问题。我观察到从古到今从来不存在值得我们吹嘘的一段时间，其间，不会有一个反侵略绝对胜利的保障，更不会有反对严重袭击的胜利保障，我们的人民分享不到这种保障的。在拿破仑时期，同样的风会带着他的运输工具跨过英吉利海峡，驱散封锁的舰队。那时总是有机会的，就是那次机会激化和愚弄了许多大陆暴君的想象力。流传着许多故事，将来肯定会把这些历史写进小说里。而当我们看到我们敌人的恶毒的创造力和别出心裁的侵略时，我们自然也会准备采取各种小说里的策略，进行各种各样野蛮、阴险的演习。我认为没有如此奇怪的想法，就不会搜肠刮肚地去苦思、揣量，同时我希望能够沉稳地看问题。我们一定不要忘记，坚实巩固的海上权力，以及那些空中力量，最好能够就地实践。

我本人有信心，假如大家都尽到自己的责任，假如大家一丝不苟，假如作了现在这样最好的安排，假如有必要作多年打算，假如需要独自努力，我们将再一次证明我们能够保卫我们的岛国，安然度过战争的风云，摆脱战争的威胁。无论如何那是我们打算去做的。这就是陛下政府的决心，就是议会和国家的意志。大英帝国、法兰西共和国在他们的事业中，根据他们的共同需要紧密团结在一起至死保卫他们的国土，各自尽其最大的努力像亲密的战友互相帮助。尽管大片欧洲土地和许多古老著名的国家已经或将要落入盖世太保的控制之下，落入所有纳粹统治的可憎的机械困锁之中，我们也不能自甘衰落，自甘失败。我们将坚持到底，我们要在法国打仗，在大海、大洋中打仗，我们将以与日俱增的力量在空中信心百倍地进行战斗，为了保卫我们的岛国，我们将与敌人战斗在海滩，战斗在登陆地面上，战斗在旷野里，战斗在海港边，战斗在山上，无论花什么样的代价，我们决不投降。我一点也不相信这片国土会被征服，会忍受饥饿。由英国舰队武装和捍卫，屹立在海岸边的帝国会战斗到时来运转，战斗到新世界的出现，会挺身而出，全力以赴，去拯救乃至解放旧世界。

独个儿
"他们的最佳时刻"

下院　1940.6.18

尽管丘吉尔作了这一切努力，正在分崩离析的法国抵抗不会持续多久。6月10日法国政府离开了巴黎；丘吉尔两次短暂的访问毫无成果；6月16日贝当①元帅成立了一个新政府；次日法国乞求和平。当首相在他的演说中作出正确判断时，法国的战事结束了，而英国的战事将要开始。

这次重要演说部分地报道了近期的骚乱，部分地消除国内外对政府立意战斗到底这一决心的疑虑。作为议会的行为，它被普遍认为不如他就敦刻尔克的演说高尚，但是这次演说被广泛、严肃地视为气势浩大。

四小时之后，这一演说被电台广播，成千上万的人收听并铭记了他的话。丘吉尔希望下院能把这次演说传播开来，这样会节省他宝贵的时间和精力。但是对他的倡议有反对意见，所以他不再继续对自己的看法津津乐道。这次演说不是一次突出、雄辩的例证，但是在所有丘吉尔战时的演说中，这一次给人以最深刻的记忆。后来他说"言语不是幸存的保证"。但是法国失

---

① 享利·菲利浦·贝当（1856-1951）：法国元帅，第一次世界大战时曾指挥凡尔登战役，二战任维希亲纳粹政府元首（1940-1944），战后因通敌罪被法国法庭判处死刑后改判无期徒刑（1945）。

败之后，就不再有其他有效的保证了。

几天前，我说了关于军事大灾难的事，当时的情况是：北方军得知色当和缪斯的法国战线全线崩溃时，法国高级司令部没有成功地把北方军从比利时撤出。这次拖延使法国损折了十五六个师的兵力，在关键时刻整个英国远征军失去了战斗力。我国军队和12万法国部队被英国海军从敦刻尔克救出，只失去了一些车辆和现代化的装备而已。这次损失难免要花几个星期的时间才能得到补偿，开始一周在法国一战便失利了。我们想，法国部队在这次条件极其不利的战斗中进行了英勇卓绝的抵抗，使敌人遭受了重大损失，也使得敌人精疲力竭。满可以这样设想：这25个训练有素、装备精良的师大可扭转战局，然而魏刚元帅却失去了一切，仅有三个英国师及其装备与法国同志为伴。他吃了大苦头，但是打仗打得还可以。我们将尽快地派出我们的战士去装备运输他们的大部队。

我陈述这些事实并非去责备他们，我的判断完全无效，甚至有害。我们不能这样做。我陈述这些为了解释这一原因：在这次大战的战线上我们应当投入12-14个师的英国兵力，可为什么我们只投入三个师。要不，我们有可能遇到的大难便可避免了。现在这个问题先放一下，由历史学家们有时间提取素材编织他们的故事。我们不能不想我们的未来，而不是想过去。这在一个小范围内也适合我们的国情。有许多人要在下院对政府行为和对议会行为进行调查，因为在导致大灾的那几年中他们也都牵涉进这件事了。他们要起诉那些对捍卫国防不负责任的人。这也是一个愚蠢、有害的程序。受牵连的人太多了，每个人审视一下自己的良心，和自己的讲话，我经常对自己这样做。我对此很有把握，假如我们对过去和现在进行争论，会发现我们失去了未来。所以我不赞成在当前政府议员之间划界线加以区别。政府是在紧要关头建立起来的，意在团结一切具有不同意见的党派。这几乎得到了两院全体议员的支持。议员们打算站在同一边，接受下院权威的领导，共同治国，打仗。每个负责人每天尽职尽责会受到大家的尊敬，这是绝对必要的。他们的

下属必须懂得领导们绝非胆小怕事之辈，领导人今天活着，明天会死去，但是他们的指示必须及时地不折不扣地执行。没有这一集中的权力，我们就不能面对未来。我认为在公开强调的条件之下延长今天下午的辩论是不利的。很多在短时间内可以搞清楚的事实却搞不清楚。我们打算星期四召开一次秘密会议，我想这是一次各抒己见的好机会，议员们希望发表意见，让下院去讨论一些重大问题，第二天早晨不能让危险的敌人了解到每件事。

灾难性的军事打击在上两周内发生了，对此我毫不惊奇。两周前我已经尽量向下院表明最坏的可能将成为现实，我也十分明确地指出：法国所发生的一切不会动摇英国和帝国继续抗战的决心，"必要的话一国打，打上几年"。前几天，我们成功地救出我们分布在法国交通线上的大多数部队，战争一开始，我们向法国派去的7/8的部队即大约40万人中的35万人都安全地返回祖国。其余的还在与法军并肩作战，并且在当地的反击战中取得了很大的胜利。我们运回大量的储备物，各式各样的枪支、弹药，都是在前九个月内积压在法国的军需品。

因此今天在这个半岛上我们拥有一个庞大的军队。这支军队由训练最好、最精锐的部队组成，包括几十万在与德国交战中衡量出来的没有败绩的部队。当前在这个半岛上我们拥有120多万的军队。后方我们还有50万民防军，虽然一部分都是用步枪和其他武器武装起来的后备军，收编成为防卫部队，每人发一支枪。我们期待在不久的将来会提供大批的武器，为了作这一手准备，我们打算立即征招新兵，进一步着手大量的训练。那些没应招的可以聘用在军火生产的各个部门——从而派生出无数分支——做普通工作，为国家提供优质服务等待募招的机会。此外我们还有自治部队。加拿大人曾在法国登陆，但现在也安全撤退了，虽然垂头丧气，倒也秩序井然地带着大炮以及其他装备，自治军中的高级部队现在都加入了保卫祖国的行列。

我对这些部队作的说明生怕会引起这样的疑问：他们为什么不参加法国的大战？我必须说清楚，除了在国内组织训练的这些师，尚有12个师进行了装备以适应出国打仗的标准。这12个师完全符合法国人企盼的数量，大战的最后一个月（第九个月）在法国有效地发挥了作用。其余国内的部队起保家卫国的作用，其数量每周都有稳步增长。所以对大英帝国的进犯此刻需要大规模地跨过敌国的海疆搬运部队，他们还必须继续维护好大量的军火供给，准备打仗，仗是肯定要打的。

谈谈海军问题。我们毕竟有一支海军，有人似乎忘记了这一点，必须提醒他们：过去的30年我涉及讨论海外侵略扩张的可能性，上次战争伊始，我代表海军部，负责把所有正规军派出国门。这是所采取的一个非常严肃的步骤，因为我们的本土军才刚刚完成征兵的任务，新兵还没有经过训练，因此这个半岛真的推不出作战部队。海军部当时相信他们有能力制止一切大规模的侵略战争，尽管法国有一个气势磅礴的舰队（按10：16的比例），尽管他们每天、任意一天都能进行一般的交战，而现在他们只有几艘重舰值得一提——沙恩霍斯特舰和格涅塞诺舰。据说意大利海军要出战，企图夺取这一带水域的海上霸权。假如他们刻意这样做，我只有说我们乐意献给墨索里尼先生一个自由、安全通过直布罗陀海峡的路径，意在让他发挥其理想的作用。英国舰队有一个寻常的好奇心，想看一看意大利是否能发挥上次战争的水平，还是根本没有那个水平。

因此，依我看，就大规模的海上侵略而言，在我们的新军训练好之前，远征军还继续在国外征战时，我们今天比上次战争前几个月内的许多阶段更具有迎战的能力。现在海军决心不佯装有能力去阻止5000-10000的兵力于某个漆黑的夜晚或大雾的早晨突然跨海登陆时从沿海诸点的猛烈袭击。特别在现代条件下，海上大国的效验依靠强大的侵略势力去体现。必须强大起来，我们的军事力量必须有用武之地。只有强大，海军才能发展、顶住，像过去一样咬住不放。我们必须记住，就算五个师的兵力，其装备无论多轻，都需要200-250只战舰，尽管配备空中侦探和摄影装置，如果没有强大的海军力量去护航，也不容易集合这样的一个机群，将其排列布阵，指挥它跨海；这一机群没有到达海岸之前极有可能受到阻击，机上所有的人会葬身大海，从最坏处着眼，在它们未着陆之前连同它们的装备一起被炸得粉碎。我们还有

一个硕大体系的布雷区，近来得到了充分的加强。只有通过它才能了解到其中的一些通道。假如敌人想扫荡布雷区中的通道，海军的任务就是去破坏他们的行动，并借助其他力量保护布雷区的通道。根据海上的极大优势，这样做应当没有什么困难。

这些都是规范的、经过测试、被证明了的论点。是许多年来我们在战争与和平方面所依靠的论点，但问题在于有没有新的方法，借这些坚实的保障可以通过智慧去实现。奇怪的是海军部已经注意到这一点，它的主要职责是在任何大规模的海军远征到达之前摧毁它，或者在它到达时歼灭它。对此，说得过于详细未必是好事。可以对其他民族提出他们没想到的见解，而他们不可能提出自己的见解与我们交换。所有我要说的就是对这个问题保持不懈的警惕和反思，因为敌人是狡猾的、奸诈的，他们包藏祸心，诡计多端。下院可以放心，军官们的灵感正在迸发，想象力正从许许多多军官那里得到发挥，这些军官们在战场上训练有素，是彻底的新潮派，有能力识别、对抗各种奇特的可能发生的情况。必须警惕地、不懈地去探索、研究这一问题。因为敌人是奸诈的，并无所不用其极。

有人问为什么英国海军无法阻止德国大部队跨过斯卡格拉克海峡进入挪威？但是在英吉利海峡和北海的条件决不像在斯卡格拉克海峡那样优越。在斯卡格拉克海峡，我们不能向我们海面上的船只提供空中援助，最后像我们以前那样，停泊在敌人空军主力附近，我们只能被迫使用我们的潜水艇。用海上船只加强封锁和骚扰，本来是可能的，我们却没能这样做。我们的潜水艇损失惨重却没能阻止对挪威的侵略。另外，在英吉利海峡和北海，我们的高级海军水上部队在潜水舰的援助下，在低空飞机有效配合下进行演习。

这样做自然使我们面临空中进犯的大问题，以及迫在眉睫的英德空军间战斗的大问题。我们的陆军有迅速消灭敌人的能力，在我们陆军战斗范围之内，在我们的空军没有被明显地制服之前，敌人从空中进犯是不可能发生的，这一点似乎很清楚。与此同时，可能会出现伞兵部队和空降兵的袭击，假如他们不管在什么条件下继续进行争夺的话，我们应当从空中和地面热烈欢迎贵族们的到来，但是关键问题在于我们能否打碎希特勒的空中武器？十分可惜，我们现在还没有一支非常强大的空军，至少能在海滩的射程之内与最强大敌人的空军相匹敌。但是我们有一支非常强大的空军，就其自身的素质来说，在兵力和许多类型的机械方面已经大大地超过了至今我们在许多次与德军交火的激烈空战中所遇到的别国空军。在法国我们处于相当的劣势，当地面失去了很多放置在机场边缘的机械时，不得不忍受2:2、5:1这样的空中损失，这对我们来说已是家常便饭了。在敦刻尔克空战中，下面是无人涉足的陆地，毫无疑问，我们打败了德国空军，才控制了地方空军，每天承受三四个比一个的损失。任何人看到我们七八天之前发表的登陆摄影作品，照片上有集中在海滩上的大部队，几个小时内一下子形成一个理想的目标，都会明白，这次再登陆是不可能成功的，除非敌人当时当地放弃了恢复空中优势的一切希望。

捍卫者保卫这个半岛过程中的优势将会比他们围绕敦刻尔克战斗时还要大。我们希望提高在敦刻尔克体察出的三四个对一个的比例。此外所有那些被破坏的机械和机上的人员都安全地返回来了，在现代空战中，在这样的情况下居然能安全返航，岂不令人惊讶！——敌人的一次攻击使所有这些都坠毁了，而幸存者次日又继续战斗。与此同时，所有被摧毁的敌人的机械及其供给物品都要在战争中全部丧失。

法国大战期间，我们接连不断地为法国军队提供了强有力的支援，为他们派去战斗机和轰炸机。但是尽管有各种压力，我们决不允许整个宗主国空战的力量消耗殆尽。这一决定既是痛苦的，也是正确的，因为对于法国战争的前景，尽管我们已投入全部的空军力量，还不能够说起了决定性的作用。法国一战，由于不幸的战略公开，由于没有预见到的装甲纵队的非凡的袭击和德国军队在数量上极大的优势而遭到失败。我们的战斗机，经历了上次大战的磨难或许很容易精疲力竭了，尔后发现自己目前已陷入难以自拔的困境。正是在这样的情况下，我高兴地向下院说，我们的飞机目前的战斗力比德国任何时候相应地要更强大一些。最终相信我们自己具有比已往更加优

越的条件，有能力继续进行空战。我信心十足地展望我们战斗机驾驶员的功绩——这些优秀的战士，这些有卓越才能的青年——他们拯救了自己的国家，拯救了这一岛国，他们把自己所爱的一切从敌人的狂轰滥炸下解救出来，他们在这一切荣耀面前当之无愧。

当然存在着敌人狂轰滥炸的危急，这一灾难很快就会降临到我们的头上。德国的轰炸力量在数量上超过了我们，但是我们也有一支非常强大的轰炸力量，我们将利用这一力量不间断地向德国目标开火。我丝毫也不低估我们面临灾难的严重性，但是我相信我们的同胞将表明自己至少像世界上其他任何民族一样，能够经受住这一严峻形势的考验，继续前进。我们指望的就是这一点，不分男女都有机会表明他们自己最优秀的品质，为自己的事业做出最大的贡献。在这一时刻，为了我们所有的人，不论是什么身份，什么地位，什么职务和职责，记住下列名言会对我们有好处：

在那令人难忘的场合，
他绝不做任何卑贱的事。

此刻向下院，向这个国家指出牢固、现实的基础，我们把坚决战斗到底的决心建立在这一基础之上，有很多人说"胜负、沉浮无关紧要，宁死也不能屈服于暴政——就像这样的暴政"。我不割断与他们的联系，我向他们保证，我们这些"三军"职业的顾问们联合进劝：我们应当继续作战，最后的胜利一定属于我们。我们已经全面通知并咨询了所有的自治领。他们根据法律和文明在大洋彼岸建立了这些大社区。他们在选择自己的方向上有绝对的自由，但也绝对忠诚于古老的祖国。他们受到同样情感的鼓舞，把我们的一切作赌注都押在职责和荣耀上面。我们同他们充分地协商。我会见了他们的首脑：加拿大总理麦肯齐先生、澳大利亚孟席斯①先生、新西兰的弗雷泽

---

① 孟席斯（1894–1978）：澳大利亚总理（1939–1941；1949–1966），澳大利亚统一党领袖，自由党创建人（1944），执行高速发展工业及鼓励外国投资政策。

先生和南非的斯穆①将军——每个人都是大好人，具有博大的心胸，他们的眼睛看到的是欧洲事务的全景。我接待了所有这些名人，他们的背后是通过广泛的公民投票普选出来的政府，那里就是他们的位置，因为他们代表本国人民的意志。给我们发来贺信，用最感人的言辞表达了他们的祝贺，认可了我们继续战斗的决定，并宣布与我们共命运，坚持到最后。这就是我们要做的事。

我们现在问自己：自战争爆发以来，我们的形势是怎样恶化的？事实表明德国人征服了西欧大部分海岸地区，许多小国已经在他们的统治之下。这个形势增加了空中打击的可能性，并使我们的海军有先声夺人之势。我们的海军决不是愈变愈小，正相反，而是明显地有增无减，成为远距离封锁的力量。同样，意大利的参战加强了我们的远距离封锁，借此我们堵住了最坏的漏洞。我们不知道军事反击在法国是否已经结束？如真的结束了，当然德国人就能集中力量加速军事和工业的发展以对付我们。假如侵略使形势变得更加急迫，毫无疑问，既然我们已不用承担在法国保持大部队的任务，我们便有更大、更有实效的力量去对付它。

假如希特勒能强暴地控制所征服国家的工业，他将极大地增加数量已经很大的军械产品，话说回来，这种情况不会如此迅速地发生，我们现在有把握继续增加援助，从美国引进各种各样的军火，特别是从自治领增援飞机及其驾驶员，并跨海从那些敌人轰炸机无法企及的区域寻找援助。

我不明白在冬天到来之前这些因素中不管哪种是怎样打破平衡的？而冬天又在纳粹军团中制造了紧张空气，整个欧洲在它的铁蹄残酷践踏之下处于痛苦与饥饿之中。这一灾难将无情地、凶狠地折磨欧洲人。我们不能忘记从9月3日空战那时起，任何时候德国都可能派飞机，或用别的、他能想得到的一切手段袭击我们国家，而法国却丝毫阻止不了德国的进犯，因此，整

---

① 斯穆（1870–1950）：又译"史末资"，布尔人，南非外联邦总理（1919–1924；1930–1948），参加南非布尔战争（1899–1902），率游击队对英作战，致力于建立南非联邦，总理任内推行种族主义政策。

个这几个月中，我们都在危险中生活。然而同时也提高了我们的防御能力，我们学会了一开始想也不敢想的方法，即单架飞机，单个的英国驾驶员具有明确的优越性。在揭示这可怕的平衡失灵，以及面临幻灭危险的过程时，我明白了高度警惕和竭尽努力的主要原因，但是无论如何找不出慌乱和绝望的原因。

大战的前四年，同盟军所经历的无非是灾难和失望。这就是我们一直害怕的，害怕接二连三的打击，害怕损失，害怕危险，害怕一切闪失。但是四年一过，同盟军的士气却高于德国部队，尽管德军取得了一次又一次的侵略胜利，横冲直撞，所向披靡。尽管战争中我们反复问自己：如何取胜？没有人能提供明确的答案。最后出乎预料之外，突然间我们的敌人在我们的面前垮台了，我们沉浸在胜利的喜悦之中，于是我们愚蠢地把敌人忘得一干二净。

我还不知道法国将会发生什么，或者法国的抗战在本土或者在法国殖民地会不会持续下去，法国政府如果不按照条约上的义务继续战斗，那么我们也无法解救他们。下院将宣读具有历史意义的宣言，其中根据很多法国人的意愿和我们自己的心愿，在法国历史上最黑暗的时刻我们宣告结束大战中行使的普通公民权的联合。不管是法国、法国政府还是其所属部门发生什么情况，我们在这个岛上，在英帝国，决不丧失与法国人民友好的理智。假如现在呼唤我们去忍受他们正在忍受的苦难，我们将学习他们的勇气，假如用最后的胜利奖赏我们的辛劳，我们将难忘所得到的一切，所拥护的一切，我们会重新获得自由。我们并没失去我们所要求的任何东西，丝毫也没有减少。捷克人、波兰人、挪威人、荷兰人、比利时人已把他们的事业与我们自己的事业结合在一起。所有这一切都会恢复。

魏刚将军对法国战斗的称谓过时了。我期待着英国战役的开始，我们把基督教文明的幸存寄托在这次战争上，把我们英国的生活，所有我们的习俗和我们的帝国都寄托在这次战争上。敌人的整个愤怒和强权会很快倾注在我们的头上。希特勒明白：不是他把我们粉碎在这个岛上，就是我们把他打败。如果我们勇敢地去抗击，整个欧洲就会自由，世界就会前进，就会迈入广阔、阳光灿烂、崇高的境界。但是，如果我们失败了，那么全世界，包括美国在内，包括一切我们了解、关心的国家都将落进新的黑暗岁月的深渊。这一岁月会被倒行逆施的科学之光拉得更长，变得额外地罪恶昭彰。让我们紧密地团结起来，共同承担我们的义务，我们自己去肩负起这个义务。假如英帝国和他的联邦继续存在1000年，人们还会说："这是他们最繁荣昌盛的时刻。"

英国之战
"少数派"

下院　1940.8.20

　　过去一段时间法国成为战败国。德国人对英国的威胁成为1940年夏末和中秋政府首先关心的事情。英国的空战于八九月大部分时间里激烈地进行着。丘吉尔本人成为尤斯布里奇11号战斗司令部操作室的不速之客。在从司令部回来的路上，他悟出了这样一个句子："在人类冲突的战场上，从来没有如此多的人把如此多的荣耀归于如此少的人。"

　　这句话再次出现在对于黑暗辽阔战场全景的概括评述中，稍加润饰，他演说了一个小时。他说及英国海军的军备，对飞机驾驶员给予了伯利克利①式的颂扬。他展望1941-1942年的战争，描述了近来与美国做的驱逐舰基地交易，最后以密西西比河为话题作了庄重的结语。回来的路上，他开车来到唐宁街时唱了一支"老人河"。

　　哈罗德·尼科尔森品味演说涉及的"少数派"时，认为它是"适度、对称、巧妙的演讲"。三个星期以后，阿斯奎斯的女儿在写给丘吉尔的信中这样写道："在人类历史十分重要的时刻，你演讲得如此扼要，如此庄重，如

---

① 伯利克利（前495-前429）：古雅典政治家，民主派领导人（前460-前429），后成为雅典国家的实际统治者，其统治时期成为雅典文化和军事上全盛时期。

此真切，你打败了你的老对手'正统派'，把他们塞进了卷沿帽中。"他的确这样做了。

自战争开始以来，几乎一年的时间过去了，很自然，我们要在旅途中的里程碑旁停一下，审视一下辽阔黑暗的战场。拿二战第一年反德侵略的抗战与25年前德国人的先驱相比较，虽然这次战争实际上只是一战的继续，但就其特点而言则大相径庭。一战中几百万人用大量的钢铁块彼此残杀，战争的呼唤就是"兵，子弹"，大屠杀成为结局。然而这次战争中就没有这种现象，这次战争是战略的较量，是组织布阵的较量，是技术装备的较量，是科学、机械和士气的较量。一战的头12个月，英国的伤亡达到365000人。在这次大战中，我可以庆幸地说，英国的伤亡，包括阵亡、受伤、收监、失散，还有老百姓的伤亡，总共加在一起不超过92000人，其中尚有很大比例是活着的战俘。再扩大一些比例，有人说，全欧洲二战头一年有一个死亡或受伤的，那么1914–1915年一年中大约就有五个死亡或受伤的。

屠杀的仅仅是小数，而好战者的最后结局是更加严重的死亡。我们目睹那些拥有威力强大的武器的大国，一周之内冲破一切牵绊。我们看到法兰西共和国和声名显赫的法国军队溃不成军乃至完全屈服，但是伤亡却少于1914–1918年间的六分之一。一个完好的整体，看起来像法国人，却屈从于物质的威力，对于25年前那些具有坚强不屈意志的人来说，根本就没有什么值得可怕的那种物质威力。虽然至今牺牲的生命已经减少许多，在战争过程中，决定民族命运的决议比起自野蛮时代以来所作的任何决议都更加深刻。动议在探讨科学和战略的会议上提出来，有利条件用机械的手段得到了。由于机械手段的使用，2000多万人对继续抗战一筹莫展，无能为力。那一盘惊心动魄的棋正在下着，由将军到死棋似乎成为那些不幸的败北者无情的定数。

与1914年相比，还有另外一个更明显的差别。这次战争，所有的国家都介入了，不光是士兵，还有全部人民，包括男女老幼。到处都是前线，在城

市的街道上挖战壕，每个村庄都筑了防御工事，前线延伸进工厂里，工人又是荷枪实弹的战士，具有同样的骁勇。从25年前很多人所亲眼目睹的事实来看，这些变化是极大而明显的。似乎可以充分相信，像这种新的战争适合英国民族和英帝国的才智，也就是说，一旦我们加强了武装，万事俱备了，这类仗比起索姆和帕斯千代尔所进行的大规模触目惊心的屠杀来说，要对我们有利得多。假如整个民族参加打仗，忍受战争之苦，这样的情况应该说适应我们，因为我们在所有民族中是最紧密团结的一个，因为我们是代表了民族的意志参战的，并且时刻拭目以待。因为我们从自由和个体责任中摄取营养而自强自立，并非是极权主义单一的产物，而是宽容和多样性的产物。如果为了表现战争的艺术改变了所有这些品质，事实上正在被改变，我们可以向敌人展示很多他们连想都不敢想的东西。因为德国人把犹太人赶了出去，降低了他们的技术标准，我们的科学明显地超过了他们。我们的地理位置、我们主宰的海域以及我们与美国之间的友谊使我们能从全球获得资源，制造各种各样的战争武器，特别是最先进的武器，在一定的程度上，这种武器目前只有纳粹德国实践过了。

希特勒在欧洲爬行，我们的弹性攻势在缓缓地收缩。我们必须坚决、有条不紊地准备1941-1942年的反攻。二三年的时间在我们短暂、动荡不安的生活中不算长，二三年的时间在我们国家的历史上算不了什么。当我们在世界上做最美好的事情，并有幸作为整个欧洲自由的唯一冠军时；当我们在其中辛苦辗转进行斗争时，不必吝惜这段时间，决不要感到不耐烦。这并不是说未来岁月里的能量将会全部集中使用于保卫我们自身，保卫属于我们的一切。可以为水陆两栖部队提供很多机会，我们应当随时利用这些机会。有一种迅速结束这次战争的方法，那就是让敌人信服。不是通过语言，而是通过行动。我们既有意志，又有措施，不仅可以把仗无限期地打下去，而且会给敌人以沉重的、预料不到的打击。通向胜利的路不会如我们预料的那样长，我们无权计算这段时间，但是不论时间长短，不管道路艰难还是顺利，我们都要走到底。

我们要坚持斗争，加强战斗，不仅要阻止德国，还要阻止意大利、法国以及所有其他已落人德国魔掌的国家。我从报纸上得知希特勒先生也宣布要阻止英国。没有人会对此发牢骚，记得一战中德国皇帝也这样做过。假如我们答应为纳粹提供口粮养活他们，支持他们侵略，或者为被征服的民族提供口粮，而提供的口粮肯定会被纳粹征服者抢走，这样反而助纣为虐，加深整个欧洲的痛苦。那么只泛泛地发发牢骚会起什么作用呢？

有很多建议是在最高动机支配下提出来的，它们都赞成供给食品，消除这些难民的饥饿，以度过封锁期。我们不该拒绝这些要求。纳粹宣称他们在欧洲已经创造了一种新的、统一的经济，反复说他们已经囤积了丰富的粮食，足够被征服人口享用。6月27日德国广播电台说胡佛先生计划拯救法国、比利时和荷兰，德国部队已经采取了必要步骤。我们知道在挪威，当德国部队侵入时，尚有可供一年享用的粮食。波兰虽不是一个富裕国家，却为波兰人民生产出充裕的粮食。此外，希特勒先生侵略的其他国家都大量地储存粮食，占领之后，德国人自己很多情况下也是基本的粮食生产者。假如现在不需要粮食，（当然不会没有）粮食被运往德国，为他们国家的人民享用，并且最后几个月口粮与日俱增。一年里这个季节以及今后的几个月内，正是收获的时机，根本不会缺粮。唯一能在欧洲现在和即将来临的冬季制造饥荒的力量将是德国勒索他国的粮食，以及德国拒绝贡献它所拥有的供给。

还有另一方面，很多非常贵重的粮食是制造军需品的基本材料，油脂可以制造塑料炸药；红薯可以造酒精，作汽车燃料；现在大量用在飞机制造的塑料物质是用牛奶生产的。假如德国人用这些农产品去轰炸我们的妇女儿童，而不是去扶持这些生产粮食的农业人口，可以肯定，我们进口粮食，直接或间接地也派同样的用场，或者被用来重新担负起敌人不负责任地承担的责任，并让在他们的枷锁下呻吟的欧洲人民，尽一切办法促使砸碎枷锁的那一天到来。同时这一被奴役的地区一旦全部清除掉德国部队，从而获得纯粹的自由，我们将要安排迅速地把食品送到这一地区。我们将尽力鼓励全世界积蓄粮食，这样在欧洲人面前，可以说也包括德国人和奥地利人在内，肯

定会出现这样的局面：粉碎了纳粹的势力，他们会及时获得粮食、自由及和平。

自新政府在这个国家执政以来，一个季度多的时间过去了，灾难如倾盆大雨泼落我们头上。忠实的荷兰人被淹没了；他们可敬可爱的国王被驱赶流放；和平的鹿特丹市出现了像"三十年战争"那样残忍、可怕的大屠杀场面；比利时被侵略，土崩瓦解了；我们自己优秀的、利奥波德国王曾呼吁营救的远征军被隔断，几乎落入虎口，虽说奇迹般地脱了险，但全部装备都失落殆尽；我们的同盟法国人也逃了出来；意大利人与我们为敌；法国全部在敌人的控制之中，其所有的兵工厂，大量的军用物资转而为敌人所用，傀儡政府在维奇建立起来；然而在强权之下随时会成为我们的敌人；整个欧洲西海岸从北部湾到西班牙边境都落入敌人手中；在这个广大的前线，所有港口，所有飞机场都被当作侵略的跳板来反对我们。还有德国空军，目前在数量上大大地超过了我们，逼近我们的半岛，以至于先前那种极大的恐惧感烟消云散了，而敌人的轰炸机不仅几秒钟内可以从四面八方到达我们的海岸，而且可能会由他们的战斗机护航。先生们，假如5月初我们有了这样的前景，似乎就不可思议了。一个时期的恐惧和灾难过去之后，或者就在这个当口，我们应当站稳脚跟，主宰我们自己的命运，必胜的信念像熊熊烈火在我们胸中燃烧。很少有人相信我们会幸存下来，没有人相信我们今天不仅强大起来了，而且还要比以往更加强大。

请看，在天平的另一端发生了什么。英国和英帝国孤军作战，但是面对灾难却坚强无比，没有一个人畏缩动摇。不仅如此，连先前盼望和平的人现在只有打仗的念头。我们的人民从来没有像现在这样团结一致，坚定信心。死亡、毁灭比起渎职、战败的耻辱来算不了什么。我们不能预见未来会发生什么，也许我们面前会有更大的磨难，我们将正视所要发生的一切。我们相信自己，相信自己的事业，在这几个月的考验中事实是最好的说明。

同时，我们不仅增强了我们的信心，也巩固了我们的岛国。几个月前人们认为再次武装和重建我们的军队是不可能的事情，现在都实现了。7月份我们横渡大西洋。由于那边朋友的帮助，没动一枪一炮，一大批各式各样的军火像大炮、步枪、机枪、弹药筒和子弹全都安全登陆。我们自己的工业品从工厂里一拥而出，增援了部队。英国的整个部队都在国内，总计200多万，下决心战斗到底的将士今夜紧握钢枪。四分之三的战士进入了常规战斗状态。战时这个岛上从来没有像这样的军队。整个岛严阵以待，随时准备痛击一切进犯的侵略者。正像我6月中旬向下院解释的那样，我们国内的部队愈是强大，从遥远内陆进犯的侵略军愈是要庞大；侵略军的阵容愈庞大，海军便愈发容易侦察到这一大目标，并沿途拦截它、消灭它；登陆后，在海军、空军连续不断地合击之下，为侵略军供给粮食和其他军需品的困难就会更大。这些都是古老的信条了。在纳尔逊那个时代有句名言："我们第一线的防御就是敌人的炮眼。"现在空中侦察和摄影给古老的原则带来新的生机。

我们的海军比战争初期强大得多。大批战争爆发时起步的建设一涌而现。我们希望大洋彼岸的朋友及时增援，在1939年和平纵队与1941年战争纵队之间的鸿沟上架起桥梁，这样就克服了增援的困难。海洋是开放的，德国潜艇埋伏着磁性炸弹，现在正发挥着极大的威力。英国旗帜下面的商船吨位，在一年到头川流不息的德国潜艇大战之后，在八个月激烈的轰炸之后，比我们刚起步时大得多。此外，在我们的控制之下，至少有400万吨的货物从被征服的国家运到这里避难，或在帝国疆域避难。我们在帝国港口储备的各种粮食比和平时期还要充足得多。

我为什么要说这些呢？我并不是大言不惭地炫耀自己，我一点也不想表现出自鸣得意的神情。我们面临的危险还是很大的，我们有相应有利的条件和丰富的资源。我们这样估计，因为人民有权知道我们的信心是建立在坚实的基础之上的。假如我们必须独立作战，假如战争还要继续多年，我们有充分的理由相信自己有能力继续战斗下去。我这样说也因为事实上英帝国是无往而不胜的，而纳粹实际上正在受到打击，这将再次点燃全欧洲千百万乃至无数被蹂躏、绝望的男男女女胸中希望的火花，并且从火花中立刻迸发出熊

熊的火焰。

最后几周，在这个半岛上进行着大规模的空战，近来已达到高潮。迅猛得来不及为其规模或持续时间确定一个限度。我们当然期待敌人付出比他至今付出的更多的努力。敌人设在法国和弱小国家的机场继续在扩大，空军中队和打击我们的军需品正在增加。很明显，希特勒先生在没有承受最严重伤亡的条件下，不会承认他利用空战打击大英帝国的失败。假如，在他作了大肆的吹嘘，制造了鲜血凝结的威胁，对击落我们飞机的数量进行过分夸张却隐瞒他自己的损失之后；假如，在惊慌失措的英国人的神话被粉碎在他的巢穴之内，并对使他们陷入困境的议会进行一番诅咒之后；假如，在所有这一切之后，他的整个空中攻击过一会儿驯服地渐渐平息了，这位以诚实著称的暴君可能会声名狼藉。因此可以肯定：只要他还有力量，只要在对苏俄空军方面、在任何他专心致志的事情上允许他那样做，他一定会孤注一掷。

另一方面，条件和斗争的经过至今对我们是有利的。两个月前我告诉下院：在法国，我们的战斗机没有能力使德军遭到二三个对一个的损失的打击，在敦刻尔克简直如人无人之境的战斗中出现了三四个对一个的伤亡比例。我们期待下一次对这一半岛的打击中，应当争取更大的比例。这是肯定会实现的。一定还记得，所有被我们击落在这个半岛上的，或落在周围海中的敌人的飞机，其驾驶员要么伤亡，要么被俘获。我们的飞机和驾驶员得救了，并重新投入战斗，所占的比例还很大。

庞大、最好的海上救援系统，在飞机制造部的指导下使得被破坏的机械战线得到迅速的恢复。同时由于比弗布·鲁克大臣天才的组织和发动，英国的飞机和发动机的产量和修配技术有了明显、令人惊讶的提高，魔幻般地使我们对各种飞机都有足够的储备，使保质保量的生产不断高涨。敌人在数量上肯定大大超过我们，我们的军需品却大大超过了他们，而美国的生产初露锋芒，这是事实。正如我每天返回所看到的那样，目前我们的轰炸机和战斗机的力量，在这些战斗之后尚能保持优势，这一向是他所不能企及的。可以相信：在空战方面我们能够奉陪到底。战争持续的时间愈长，我们进展的速度就愈快，开始时保持势均力敌，而后显出空中优势，在很大程度上它决定了战争的胜负。

我们的国家，英帝国乃至全世界，除了那个罪恶之源，都感激英国的空军。在战斗中，在致命的危险中他们英勇顽强，不屈不挠，靠智勇和忠诚扭转了世界大战的局面。在人类历史上，从来没有如此多的人把如此多的荣耀归于如此少的人的现象。人心归向空中驾驶员，他们的光荣业绩天天历历在目。但我们时刻不要忘记：日复一日，年复一年，我们的轰炸机中队进入德国，在黑暗中发挥最大驾驶技能，通常在最密集的火力之下，瞄准射击目标，常常在最强烈的火力干扰下也能明察秋毫，给予纳粹部队整个技术和战争机制以粉碎性的打击。战争的重点不是放在皇家空军上面，而是重点地放在日日进行轰炸的轰炸机上面。这种轰炸机在进攻中发挥重要作用，其高涨的热情在很多情况下不能不有所克制。

要靠通过多种来源才到达我们这里的报道，当然也靠摄影，才能证实我们轰炸德国军事目标的结果。我毫不犹豫地说，轰炸德国的军事工业，德国的通讯联络设施、空军基地，还有遭到我们袭击的仓库。我们采取的步骤以不断扩大的规模在进行着，直到战争结束，也许在明年达到至今连做梦都没想到的范围。这假如称不上所有胜利道路中的最短的一次，至少为最有把握的一次。尽管纳粹军团胜利地立足于黑海上，或者确实立足于里海上，即使希特勒站在印度的大门口，假如同时德国国内战争力量的全部经济、科学机构被彻底粉碎，它也决不会施舍给印度任何利益。

自我们在敦刻尔克救了我们的军队以来，一周一周过去了，对这个半岛的大规模的侵略已经变得更加困难。我们对于海上力量的大面积侦察使我们能够秋毫无犯、镇定自若地把注意力，把我们的军事实力逐步转向地中海，并对付另一个敌人。在法国最痛苦的时候，它从背后又插上一刀，而今却移步非洲去打击我们。法国的背叛已经在进一步地破坏我们在中东的势力。在保卫索马里的过程中，我们曾指望过强大的法军从吉布提打击意大利，我们也指望借用法国在地中海的海军和空军基地，特别指望借用非洲北部海岸。

我们对法国舰队曾经抱有希望，尽管宗主国法国暂时被统治，法国海军、法国军队的基地力量、法国空军、法国海外帝国不应当继续把斗争的矛头指向我们。在占压倒优势的海军的庇护下，占有十分重要的军事基地和雄厚的资金，法国本可以是这次大战中的强国之一，果真如此，法国将会安然无恙，法国可能会与英国并肩前进，去保卫法国人的祖国的独立、完整。按照我们自己的情况，假如我们处于法国的可怕的位置上，现在可以幸运地说那一灾难不可能发生，虽然所有战争的统帅有责任在这里决战到底。那么6月4日我在演讲中提到：到尽可能远的地方去，为加拿大的安全和我们自治领的安全提供保障。确定一下，他们有办法在大洋彼岸继续战斗，也是他们的责任。大部分被德国征服的其他国家暂时都勇敢、忠诚地幸存下来。捷克、波兰、挪威、荷兰、比利时都紧握枪杆，坚守阵地，被大英帝国和美国视为仅有的受尊敬的当权者和他们可敬国家的合法政府。

独有法国此刻被征服了。征服者不是一个伟大、高尚的国家，而是人们称作"维希"的人。我们对法国人寄予深切的同情，我们与法国的老交情没有中断。在戴高乐将军和他的那帮勇士身上，友谊是一个有战斗能力的实体。这些自由的法国人都被维希判处了死刑，但是他们的名字成为光荣称号被镌刻在农村、街道的纪念碑上；法国将在解放了的欧洲恢复充分自由和她古老的名誉，这个日子终将到来，真实得如明晨日出。然而我对未来的这一信念不会影响到我们在地中海、在非洲面临的那些紧迫的问题。战争爆发前的几个月就改变了。法国一背叛，我们在那儿的微弱力量就受到了意大利整个部队（将近两个师的兵力，原先在吉布提对付法国）的袭击，当时我们在那里只有几个营，少量的枪支，撤出我们的派遣队，保持道义上的完美，到其他地方采取行动未必不是上策。大规模的军事行动无疑被悬置在中东这块活动场所。我当然不想去讨论或预言他们发展的方向。我们兵多将广，有许多加强兵力的办法，有完善的东地中海海军司令部。我们立意为自己辩护，忠诚、坚决地履行地球上四分之一地区的一切义务。现在我认为下院不希望我说得更多。

很多人给我来信，要我借这个机会充分谈一谈我们的作战目的以及战后我们希望得到的那种和平。要求我这次谈得比早秋所作的、已收入长篇宣言中的声明还要充分。从那以后，我们与挪威、荷兰、比利时一起进行我们的共同事业。我们承认贝奈斯[①]博士的捷克政府。我们同戴高乐将军交谈过：我们的胜利将带着法国的恢复一起前进。我认为当打仗正激烈进行着的时候，战争也许处在初级阶段，此刻煞费苦心地去追逐未来的形态，是不明智的。这一形态应当赋予欧洲，或者必须采取新的安全措施解救人类免于第三次世界大战的灾难。我的理由并不新颖，早被人们频繁研究和探索过了，这些见解已经成为一切有教养的人、自由人的共识。但是在我们没能承担起重建的任务之前，我们不仅自己要有信心，还要让其他国家相信纳粹暴政即将被彻底粉碎（引导世界历史方向的权利的最高奖赏）。我们仍在山上饱受辛劳，我们还没到达山的顶峰，还不能贪恋良辰美景，前头的任务会陡然变得更加现实、更简单，然而更加严峻。我希望——的确要祈祷——假如上帝赐予我们的辛劳和磨难都过去之后，我们并非不配获得胜利。我们不得不为他人去赢得这一胜利，这就是我们的任务。

然而有一方向，顺着它朝前看，一切会更加明朗。我们不仅要为我们自己着想，还要考虑为事业、原则而战，我们需要长久的安全。几个月之前，我们断言美国和英帝国两者都有要求美国加强西半球的海防、空防的装备，以警惕纳粹的军事进攻。纳粹政权或许会对西欧大部分地区及其资源进行暂时、但可能是漫长的控制。因此在没有人要求、没有人诱导的情况下，我们已经自发地决定通知美国政府，我们欣然同意他们可以随便在大西洋彼岸、我们的势力范围内租借适合的场地，摆放这些防御工事，但要更加安全，防止始料不及的危险。为了共同目的，大英帝国和美国之间利害关系的原则在战前已经得到了发展。某些太平洋上小岛屿作为飞机加油站变得重要起来

---

① 贝奈斯（1884-1948）：捷克斯洛伐克共和国第二任总统（1935-1938），1938年希特勒入侵时，接受《慕尼黑协定》，后辞职流亡国外，捷克解放后，1946年再度当选总统（1948年下台）。

了。在所有这些思路中，我们发现自己与加拿大政府非常亲密融洽。

不久我们获悉美国对大西洋海岸的空防、海防也有焦虑感。罗斯福总统近来作了明确解释，他想和我们、和加拿大自治领和纽芬兰一起讨论美国海军、空军在纽芬兰和西印度群岛的设备发展问题，当然不牵扯任何主权转移问题——从来不会提出这个问题——或者未经同意采取行动，或者违背殖民地的愿望。但是对于我们来说，陛下政府完全同意把防御工事与美国99年租借地等同起来。我觉得我们的利益并不亚于他们，而殖民地自己的利益以及加拿大和纽芬兰的利益从而都照顾了，这些是重要步骤。毫无疑问，这一步骤意味着两个说英语的民主大国，英帝国和美国为了维护相互间的基本利益，在他们的某些事务上会不分彼此地互助合作。展望未来，我对采取这一步骤毫无后顾之忧。一旦抱有希望，我不会轻易罢手。没有人能阻止这样做，其势如密西西比河那样奔腾不息，也只有信马由缰，任洪流滚滚向前，不屈不挠，勇往直前，然而又那么宽厚仁慈，奔涌在那辽阔大地，直达美好的未来。

悼念内维尔·张伯伦
"英国名流"

下院　1940. 11. 12

　　1940年9月，内维尔·张伯伦在战时同盟军中作为上院议长，同时要管理国内战事，他忠心耿耿地为丘吉尔服务，最后死于癌症。他从政府中辞职，接着任保守党领袖。丘吉尔不顾夫人的反对，被迫接受保守党的领导，一直到12月份。他继续让张伯伦保持与战争的密切联系，一直到11月，张伯伦以身殉职。

　　1939年前，丘吉尔与张伯伦之间存在着激烈公开的对立，丘吉尔坚持认为张伯伦对战争爆发后英国国防的不力负有重大责任，然而他又仰慕张伯伦的勇气和真诚，由此感到自己缺乏一位能够控制国内战争事务的保守党的高级人物。

　　尽管如此，他赞美保守党的演讲不仅视野广阔、无偏见而且语言气势宏大，雄辩有力，因而能引人入胜。他的话中没有不恰当、不优雅的用词，也没有丝毫异化的意向。当国王的私人秘书听了他的演说之后，评论道："只有具有演说活力的首相，才能使人认识到听他的演说一定会像听伯克、查塔姆的演说一样精彩。"这位秘书说的是何等正确。

自上次我们会晤以来，著名的上院议长、政治家、公仆与世长辞了，他的去世是我们重大的损失。在令人难忘的三年中，他是皇家的第一大臣。

近来多次围绕他进行激烈、艰苦的辩论，一听说他病逝的消息这些辩论便终止下来，变得悄然无声了。人们对已离我们而去的他怀着尊敬的悼念，视他为一位卓越的人。没人被迫去改变他已形成的、已表达过的并已成为历史的一部分的观点。但我们将带着探索的观念选择自己的路，作出自己的判断。谁也不能给人类保证，也许幸福也许相反变得无法容忍。在一个阶段人们觉得是正确的事，在另一阶段中又觉得是错误的。若干年以后，时势一变，所有的标准都倒了过来，有了新的比例，有了新的价值标准。历史凭借闪动的灯火，沿着过去的路跌绊着向前走，试图重建它的背景，激起它的共鸣。用微弱的亮光辉映它先前的激情，这有什么意义呢？指引人们前进的唯有其良知。能留下永久记忆的盾牌只是他行为的耿直和真诚。去逾越人生漫长的路，离开这一盾牌是十分失策的，因为我们常常受到失望和失策的嘲笑，但是有了这一盾牌，不管命运如何摆布，我们总会在荣耀的行列中前进。

在这充满矛盾世界的一场浩劫中，曾使内维尔·张伯伦大失所望，甚至被坏人欺骗，然而让他失望的究竟是什么希望？他受挫的究竟是什么愿望？什么信仰被挫伤了？这些愿望肯定是出自人类心地最崇高最善良的本能——热爱和平、谋求和平、为和平而辛劳，为了和平甚至不顾极端危险，不顾自己的荣誉受到极大的玷污或诽谤。历史会就这些可怕、惊天动地的时代说些别的什么吗？我们可以肯定：内维尔·张伯伦是靠赤胆忠心行动，靠知识行动，发挥最大的能量和权威，强有力地把这个世界从我们卷入的、可怕的、毁灭性的战争中拯救出来，就所谓历史的裁决而言，仅此一点他就够终身享用的了。

但这对我们的国家，对我们整个英帝国以及我们高雅忠实的生活方式也会有帮助的，无论战争持续多久，不管压在我们道路上的阴云多么黑暗。后世说英语的人——因为那是我们所企求的公断人——不会怀疑我们是无罪的，我们在技术准备方面已花了很大的代价，我们流的血，我们的焦虑，以及吞噬了那么多国家和人民、现在还在继续寻找牺牲品的苦难，证明我们是无罪的。希特勒先生以疯狂的言语和姿势抗议说他只是追求和平。他的咆哮和宣泄在寂静的内维尔·张伯伦的墓前意味着什么？长期、艰苦、危险的战争还摆在我们面前。但是起码我们紧密团结、严阵以待地跨进了这一阶段。

我不是在建议欣赏内维尔·张伯伦的生平和个性，但是在他身上有某些品质为这一岛国所倾慕，当然这一国家也毫不例外地属于他。他思维清晰，具有驾驭事态的能力，这一点使他超越了我们这代人的一般水平。他很坚强，成功不大喜过望，失败不垂头丧气，从不惊慌失措。当希望、信仰和努力大逆其道，当战争袭来时，正如他自己所说的，当一切都前功尽弃时，没有人像他那样，更加坚定地发起主动进攻，直到生命的最后时刻。这素质使他成为其中的最后一个进入战争角色，在正义事业取得完全胜利之前，又是其中的最后一个弃之而去。

我有一段最奇特的经历：一天之内从他的一个最突出的对手和批评家成为他主要海军上尉中的一员；在另一天中，从他的下属一跃而为政府首脑，而他尚能忠诚、乐意地甘为政府中的一员。这种关系在我们的公共生活中是不寻常的。以前我告诉过他，下院5月初刚结束的这次辩论对于他的位置是一次挑战。他向我和他的几位朋友声明：只有国民政府才能面对突然打乱我们的暴风雨，假如他成为政府组阁的障碍，他就会立即辞职。此后他通常能公正无私地办事，特别在紧急时刻，这种品质应当成为大家的楷模。

经过几周最严峻的战斗之后，当他重新负起责任时，德军对伦敦及政府所在地的轰炸开始了。我目睹了在他忍受肉体痛苦折磨的情况下所表现的坚韧不拔。我可以证实，他的健康极端恶化，但他的意志仍然坚强，其非凡的智能没有损伤。

离开政府之后，他拒绝了一切荣誉。他会像他父亲一样地死去，这已是明显之事。我请求国王批准为他颁发内阁证书。直到病故的那几天他还以强烈的兴致和顽强的精神奉公尽责。他从容不迫地迎着死亡。假如他有一丝悲

哀的话，他就不可能看到我们的胜利；但是我认为如果他知道他的国家至少已经扭转了形势，他会安然瞑目的。

值此，我们的思维一定会转向那位优雅、漂亮的太太，她以她先生同样的气质勇敢地分担了他一生中的胜利和苦难。今天早晨我们聚在这里，毫无例外，所有党员都在场。我感到，举行仪式哀悼这位迪斯累里所称呼的"英国名士"，这是对我们自己的敬意，我们在向我们的国家致敬。

第四章　发动语言战争

（一九四一至一九四五）

求助于美国
"给我们工具"

伦敦　英国广播公司　1941.2.9

　　1940年9月，希特勒在英国政府不知道的情况下就把侵略英格兰的计划——"海豹战役"推迟了。但是法国的失败，德国对伦敦和主要省份中心的狂轰滥炸意味着英国的地位依然危险。假如战斗继续下去，那么，美国的援助就显得很关键了。在这种情况下，丘吉尔与美国总统富兰克林·罗斯福保持了经常密切的联系。1940年11月，在美国总统选举中，罗斯福赢得了空前的胜利，蝉联了三届美国总统。

　　丘吉尔1941年2月的广播讲话，正如约翰·考尔维尔记录的那样成功，但并不那么过于乐观，他的讲话很大程度上是给美国人听的。他对英国成功地反对墨索里尼感到高兴，但也明白地表达了急需美国的进一步援助的愿望——援助在由1941年3月代表大会通过的《租借法案》的余波中即将到来。

　　丘吉尔引用了朗费罗的几行诗句结束了他的广播讲话，这几行诗还是罗斯福在1941年元月写给他的信中引用的。这次讲话获得了非凡的成功。有位评论员这样评述道："丘吉尔的有特色的遣词造句使得他的广播讲话成为一件世界大事。"

自从我向我们国家和帝国发表广播演说以来，五个月已经过去了，战时说的很多话都成了座右铭："要行动，不要空谈。"不时地向周围看一看，想一想总归是好事。自然，在最后四五个月中我们这边的战事大有好转，比我们大多数人侥幸期望的要好得多。

看起来敌人胜利在望了，实际上我们已站稳脚跟去面对两个独裁者，目前我们证明了自己能够奋起独自反抗他们了。八九月份英国的飞机打败了德国空军，因而希特勒先生没敢轻举妄动侵略这个岛国。他是必定要这么干的，也做了大量的准备。发动这样强大的攻势，企图用轰炸来摧毁英国人的精神，先是轰炸伦敦，再轰炸其他大城市，从而削弱英国的民族精神，这样做只会点燃起比以往在任何现代社区所见到的更加普遍、更加熊熊燃烧的烈火。

英国全体人民为祖国而骄傲，愈来愈多的人想到这儿来，加入我们的行列。我们深深地感悟到大洋彼岸自治领对我们的爱，我们战争的首要目的就是不辜负并且留住这份爱。

整个黑暗的冬季里敌人的飞机向我们投下三四吨炸弹，我们也会把三四吨炸弹撂在他们头上以示回击。我们正在部署，立即以其人之道还治其人之身。但同时伦敦及其他大城市也不得不忍受他们的猛攻。他们使我想起了滑铁卢的英国方阵。他们不是士兵的方阵，不穿红色外罩，不过是普通的英国人、苏格兰人和威尔士人，男女老幼紧紧靠在一起。但是他们的精神是一致的，荣誉是一致的，最后他们的胜利将会比滑铁卢战役要伟大得多。

一切光荣归于各种各样的民防组织，不管是紧急动员的还是常规的，自愿的还是职业的，他们帮助人民渡过了任何文明社区不曾经受过的、可怕的磨难。比如警察就是这样，因为任何荣誉都给了别人，而社区的警察无论什么时候到处都有。有位女工给我写信感叹说："多么高尚的人啊！"

超过三分之二的冬天已过去了，眼下我们不会感染上严重的流行病了。的确，尽管住在临时建起来的住处，生病的情况不会多了。这对我们地方医疗卫生的权威人士，对我们忠心耿耿的医护人员，对卫生部都是大有好处

的。卫生部长麦克唐纳先生现在正打算去加拿大就任地方的要职。

有另一件事，当我问起时，竟使我吃惊。尽管新增这些新的战时防御和各种各样的经营活动；尽管有抢劫和制造混乱的机会，今年冬天犯罪现象不多，比和平时期蹲监狱的犯人还少。

我们打断了冬天的脊梁，白天渐长，皇家空军成长起来，已经成为日间航空的主人。敌人的进攻可能越来越猛烈，但会越来越短暂；我们会有更多的工作时间和各种服务；生活将更加稳定。因此，假如第一次胜利击溃了侵略者，那么第二次胜利对于国内人民来说就是要挫败恐怖的、灾难性的行动。

同时，冬天国外有一种奇妙的事情发生了。其中一个独裁者，机智、冷血、黑心肠的意大利人，想便宜地得到英帝国，于是利用从法国政府背后捅一刀的方法，结果自找麻烦。受权力诱惑和动物性的贪婪刺激，墨索里尼事先没有丝毫的挑衅袭击了希腊，却被忍受屈辱、英勇的希腊军队打退。你不介意的话我要说：希腊军队在你眼前恢复了古老的荣耀。当墨索里尼辗转不安时，在阿尔巴尼亚受到希腊的打击，他懊恼不已。瓦威尔将军和威尔逊将军根据条约义务，在埃及防御和苏伊士运河防御问题上受到指控。一段时间，他们执行的任务似乎很棘手，得到强有力兵援，还有大炮、设备，首先是坦克等方面的增援。这些是我们冒生命危险从半岛上派去的。大部队是分别从印度、澳大利亚和新西兰出发，然后到达那一地区的。在利比亚，一系列的胜利立即发生了，意大利在非洲的军事力量被彻底粉碎了，真是大快人心。我从剖析拜伦吟咏的诗行里得到启示：

那些挥舞军刀的神像，
青铜面具，粘土腿。

我很乐意围绕在利比亚第三件重要的事再说一说。整整两个月之前，有一天，我焦急地等待反意大利侵略的埃及大反攻消息。我们严格保守了秘密，充分地做了准备。但是要跨越70英里的荒漠去打击10-11个师的敌人，这些敌人，全部是现代化的装备，在这之前，他们已接受了三个月的强化训练。因此这是一次最大的军事冒险。

西迪·贝罗尼辉煌的决定性胜利以及几万战俘证明了我们的素质、我们的战斗力、我们的武器，这一切都超过了此刻正大肆吹嘘他们的阳刚之气和军事特长的敌人。显然所有在东利比亚的其他意大利军队正处在很大的危急之中，他们不可能轻易地沿海边的路撤退，不敢冒公开被俘虏的危险。我们的装甲中队和装甲旅摆开阵势，争先恐后挺进沙漠，使他们一步步陷入被动挨打的境地。

瓦威尔将军——不，不仅是他，所有我们的指挥员，以及他们所有敏捷、积极、热情的战士，有来自英国的、澳大利亚的、印度的，他们在英帝国军队中看到了机会。那时我冒昧地把瓦威尔将军的注意力吸引到圣·马修的《福音篇》第七章，大家都熟悉，也应当熟悉，其中有一句："你们祈求，就给你们。寻找，就寻见。叩门，就给你们开门。因为凡祈求的，就得着。寻找的，就寻见，叩门的，就给他开门。"尼罗河的军队祈求，得到了；寻找的找到了；敲门，门就向他们敞开了。近八周时间的这次战斗应作为军事艺术的典范进行研究，我们长驱直入400英里。在利比亚东部的意大利部队，号称15万大军，结果被灭的被灭，被俘的被俘，几乎相当于英格兰和威尔士那样多的人口全部被征服。不幸的阿拉伯部落30年来一直受印度残酷的统治，有时达到了卫理公会的极端。这些贝都因人的幸存者都至少目击了他们的统治者狼狈逃窜，还有作为战俘被遣散的人群，人山人海。

埃及和苏伊士运河都安全，还有港口、基地和班加西机场，在整个战争期间构成了地中海东部地区一个非常重要的战略点。

我想现在是说一说指挥官的时候了。指挥官们领导他们勇敢的部队，向国王奉献这一业绩。首先是中东地区总司令瓦威尔将军证实了自己是战争的主人，是圣贤，他艰苦、果敢、不知疲倦，但是反复声明与别人一道享受他的荣誉。

威尔逊将军，指挥了尼罗河地区部队，被誉为最优秀的战略家之一——几乎无人否定他的品质。奥康纳将军指挥第十三军团，克利夫将军指挥强大的澳大利亚军队以及训练、指挥各种各样雇佣的装甲中队，三位指挥官一起发动了复杂且惊人地敏捷的运动战，以还击敌人的军事行动。我刚刚看到瓦威尔将军发来的电报，他说班加西的胜利归功于奥康纳和克利夫卓越的领导和决策，加上威尔逊有力的支援。

我决不会忘了指出令人吃惊的英国坦克的功绩。该部队的谋略独具匠心，打破了所有的纪录，经受了一切考验，并向我们展示工人们的劳动是如何紧密而直接地与国外的胜利连接在一起的。

当然，如果不是在空军元帅朗莫尔的领导下，我们的驾驶员从更多的敌机的牵制中争脱出来，我们的计划就不会获得成功。那么同样，英国的地中海舰队在柯宁上将的领导下，如果不紧追不舍意大利的舰队并把它们赶进海港，灵活机动地利用海军的一切有利条件来加强每一次对敌人的攻击，这次战斗也不可能取得胜利。我们的指挥官是多么老谋深算啊！今天早晨黎明光景，我们可以看到所发生的一切。我们的西地中海舰队在萨默维尔海军上将的指挥下进入热亚那海湾，轰炸了纳粹德国的远征军海军基地，给予敌人以粉碎性的打击，不这样也许德国军队会很快从这儿起航，开赴阿尔及利亚和突尼斯去打击魏刚将军，意大利的人民应该能觉察到独裁者墨索里尼把他们拖入窘迫的困境。假如热亚那隆隆的炮声沿海岸在山里回荡，在苦难中的法国朋友就会听到这一声音，这声音带着感情向他们欢呼：朋友——积极的朋友们——正在迫近，不列颠在海上所向披靡。

利比亚的事态是我们话题的一部分：他们是意大利帝国衰落话题的一部分。这占用不了未来的吉本（《罗马帝国衰亡史》的作者）多长时间就可以写一部原著。1500英里开外向南，一支强大的英国和印度联军，把侵略军赶出苏丹之后，通过意大利的殖民地厄立特里亚省，正稳稳当当地大踏步前进，寻求完成对所有集结在阿比西尼亚的意大利军队的孤立。其他英国部队正从西部进入阿比西尼亚，与此同时将部队屯驻在肯尼亚——从前卫部队我们可以看到南非联盟的强大部队在斯穆将军的组织领导下沿全线北征。最后，埃塞俄比亚的爱国者，他们的独立成果虽五年前被盗窃，却已经武装东山再起，他们的国王近来在英格兰流放，现在为了他们的自由，也为他的宝座回到爱国者中间与他们并肩战斗。我们在这里看到错误行为的补偿和惩罚过程的开始。这件事使我们想到：虽然上帝的磨盘旋转得慢，但其粉碎量却不小。

当这些吉利的事正带着我们一步步从很多人认为的一个几乎无望的形势（五六月份是一个非常严峻的形势），到一个允许我们满怀信心地去承担我们的责任，虽然将来的责任很大——当它正在发生的时候，一股同情的大潮，善良愿望的大潮，提供有效援助的大潮，已经跨过大西洋开始流动去支持危如累卵的世界事业。高贵的美国人来到这儿观察事态，寻求帮助我们的最好捷径。霍普金斯在最后的三周里常常与我们做伴，在这儿我们有了新近选举产生的总统的特使的全权代表，我们欢迎来自伟大共和党的总统温代尔·威尔基①。可以确信，他们俩都会把自己在这儿的见闻真实地反映出来，其余的都留给总统去判断，留给美国国会和美国人民去判断。

既然当了首相，我做事一直小心翼翼，不倡导虚妄之念，不轻易揣测草率、浮躁之事。而我讲的故事是那种必然使我们真正感到欣慰，还能给人带来舒心和愉快的故事。可现在我必须说一说更严重、更黑暗、更危险的有关战争的大场面。所有的人都在问自己：那个坏家伙把它罪恶累累的政体投诸海湾，陷入法网，意欲何为？他又在施展什么新的花招？他又要蹂躏或颠覆哪个小国？他将对我们这个岛国和我们的要塞采取何种新的进攻方式？如果不会搞错，难道这一切在世界主权内站得住脚吗？

我们可以确信战争很快就进入更加残暴的阶段。希特勒的联盟墨索里尼在阿尔巴尼亚已经东山再起。然而纳粹吞并了匈牙利，把罗马尼亚逼到可怕的内部痉挛的地步，现在已经进犯了黑海。纳粹德国的大部队和空军正在

————————

① 威尔基（1892–1944）：美国共和党总统候选人（1940），曾任纽约市联邦与南方公司律师（1929–1933）、总经理（1933–1940），二次大战期间鼓吹战后国际合作，著有《天下一家》。

罗马尼亚建立起来，他的先头部队已经插进了保加利亚。我们必须设想，有了保加利亚政府的默许，飞机场正在被数千德国地勤人员占领，这样可以确保德国空军在保加利亚投入战斗，为德国部队的侵入或通过做了大量准备工作，也许这次向南挺进已经开始。

我们看到过去年5月在低地国家①所发生的事情：他们多么希望出现最有利的形势；他们如何死抱着中立的态度不放的；他们是多么不幸地被欺骗，被征服，被掠夺，被奴役，并一直忍饥挨饿。我们知道我们自己和法国人如何受苦受难，最后时刻比利时国王连夜紧急呼救，我们赶去解围。当然，假如所有巴尔干人民，在英国和土耳其的支持下挺身抗战，那么德国的陆军和空军就不可能有足够的力量征服巴尔干人民，并企图在欧洲东南集结，这应当是好几个月之前的事了。要是在那几个月内，很多事都会发生，很多事必然会发生，因为当时美国提供了有效的援助，我们的空中力量增强了，我们已是装备精良的国家，我们在东方的部队力量强大。但是任何事都不像这件事这样确定，假如东南欧洲国家听凭自己被一个一个地扯成碎片，他们将与丹麦、荷兰、比利时同命运，谁都说不准他们在获救之前将要经历多长时间。

许多困难中的之一是去说服某些欧洲中立国家：我们要胜利。令人惊诧的是他们竟如此愚拙，看不清这个形势。还记得在一战中，1915年7月我们开始意识到保加利亚是错误的，劳合-乔治先生、波拿·劳先生②、F.E.史密斯（爵士）先生和我邀请的保加利亚的议长一起进餐，向他解释假如他打算站在失利的一方，那么斐迪南将使自己成为何等愚蠢的国王。进劝无效，那可怜虫竟然不相信这一点，也不能让他的政府相信这一点。因此，保加利亚与农业人口的愿望相背离，置他们的一切利益于不顾，跟在恺撒后面摇尾乞怜，悲哀地被瓜分，战争胜利以后却受到惩罚。我相信保加利亚不会重蹈覆辙。大英帝国和美国对保加利亚农民和人民都是很关心的。假如重蹈覆辙，

①   低地国家：指荷兰、比利时、卢森堡的总称。

②   劳（1858–1923）：英保守党领袖（1911–1921；1922–1923）、百相（1922–1923），曾任战时联合政府的殖民地事务大臣、下院领袖、财政大臣，力主保护关税，坚决反对爱尔兰自治。

在30年中，保加利亚将第三次被迫走上本来不会走上的灾难的战争之路。

在地中海中部地区，意大利的卖国贼墨索里尼和法国的卖国贼赖伐尔[①]以不同方式使自己的国家成为希特勒和获得勋章的那批将士的逆来顺受的可怜虫，企盼着能够保持或得到纳粹盖世太保和普鲁士的武力增援，保持或得到凌驾于本国同胞头上的权力。我不知道这是怎么回事，但无论如何我们将尽力为保护地中海中部地区而战斗。

我敢说你们将会注意到两周前在马耳他进行的一场十分有意义的空战。德国人把"杰斯克沃德"号的全部鱼雷送到西西里岛，他们沉重地打击了新制造的"伊勒斯特利亚斯"号航空母舰。而后，当这艘受伤的航空母舰躲进马耳他海港时，他们把所有的火力都集中在这只舰上，想把它打个稀巴烂。但是他们遭到马耳他炮群的袭击，这是世界上反空袭的最强大的防御工事之一。他们还受到舰队空军和皇家空军的袭击，这样在二三天之内他们损失了150架俯冲轰炸机中的90多架，其中有50架在空中被击落，另40架是在地上炸毁的。虽然"伊勒斯特利亚斯"号处于伤残状态，却不失为空战和海战可获大奖之一的战舰。德国的杰斯克沃德承认了失败，从此不会再来。在马耳他海港，对"伊勒斯特利亚斯"进行了一切必要的修理之后，安全离开马耳他，以每小时23海里的速度开往亚历山大港。我叙述了这件事，根本不是因为我认为地中海中部地区的危险被排除了，而是为了向你们表明这地方像其他地方一样，我们的意图是要很好地说明我们自己。

归根结底，这次战争的命运将由海上、空中，首当其冲地还要由这个半岛上所发生的一切来决定。现在似乎可以肯定，政府和美国人民为我们提供胜利所需的一切，在一战中美国派出200万大军跨过大西洋，但这次大战并非由兵力多少、彼此发射子弹多少来决定胜负的，我们不需要美国在各处建立起来的英勇的军队。今年不需要，明年也不需要，我们所预见到的不管哪一年都不需要。我们最紧急需要的是大量源源不断的战争物资和各种各样

[①]　赖伐尔（1883-1945）：法国总理（1931-1932；1935-1936）出卖法国给纳粹德国之主要策划者，1940年后任维希政府副总理（1942-1944），战后以叛国罪被处决。

的基础设施。假如我们要在西方和东方保持和增加我们的努力的话，到1942年我们将需要大批的船只，其需要量大大超出我们自己的生产量。

自然，敌人对这些事实都一清二楚，所以我们必须预料到，希特勒先生将会竭尽全力掠夺我们的船只，削减美国运来这个半岛上的供给。征服了法国和挪威，他的毒爪攫住我们的两端想把我们溺死在海里。我从来没有低估这种危险，你们知道我也从来没向你们隐瞒什么。所以当我说我对皇家海军充满信心时，希望你们能相信我。在海岸司令部的统辖海军的援助下，我可以肯定他们将以这种或那种方法应付这一殊死斗争的一切变化形势。我们将超过敌人的智慧，将机智灵活地战胜敌人，粉碎敌人阴险狡诈的计谋。

我把最大的问题留在最后说。你们会看到，我们的第一军事顾问、皇家总参谋长约翰·狄尔先生告诫我们，将由于欧洲的战略、经济、政治上的压力，希特勒不得不于不久的将来侵略这些岛屿。这就是不可忽视的警告。很自然，我们夜以继日地工作为了做好一切准备。显然我们现在比过去强大得多，同7、8、9三个月相比，可谓无比强大。我们的海军更强大，我们的小舰队数量更大。实际上，相对而言，我们这个半岛上的空军力量比起我们的作战司令部去年秋季击溃纳粹进攻时要强大得多，运动性更大，9月份比7月份装备更现代化，训练更加有素。

我对总司令布鲁克将军，对具有真才实学的将军们抱有最大的信心，他们在布鲁克将军的领导下，保卫我们国家的不同区域。但首先我对朴实无华、矢志不渝地去征服或牺牲这种意志和决心怀有信心。这种意志加上牢牢握在手中的武器振兴并鼓舞了近400万的不列颠人。不主宰大海，不主宰天空，要想侵略像大英帝国这样的岛国并不是轻而易举的事，接下来是我们在这里等候侵略者了。我们必须丢下，丢下一个醒目的词，因为仅次于胆小背叛的那就是过于自信，它导致忽视和怠慢，是最坏的战争罪行。去年秋天，纳粹对大英帝国的一次侵略或多或少是一种妄念之下的轻举妄动。希特勒把这一悖论视为想当然，说法国妥协了，我们也应当妥协。但是我们没有妥协，那么就另当别论。现在，侵略之前要做更精心的准备。需要登陆技巧以及其他设施，所有这些都要在冬季里计划和生产。我们必须要有坚韧不拔的精神，要有洞察的能力，做好准备去迎接毒气战、空降战和滑翔战。

我要再次强调狄尔将军所说的话，以及去年我个人所指出的，为了取得战争的胜利，希特勒一定得摧毁大英帝国。他要在巴尔干国家中制造混乱；他要把苏联的大省份分裂出来；然后，长驱直入里海；他会闯到印度大门口。所有这一切对于他不会有什么效果，却会把他的斥骂广泛散布，遍及欧亚两洲，然而却无法扭转他的命运。随着岁月流逝，许多豪迈、一度幸福的国家都因为他的强暴和卑鄙的阴谋不得不忍气吞声，他们正在学会去仇恨普鲁士的奴役，仇视纳粹的名字，就像先前还不曾被人仇恨得如此激烈、如此广泛的事物一样。自始至终，领海、领空的主人英帝国——不仅如此，甚至，整个英语世界都会被踩在他的脚下，承受架在脖子上的屠刀的正义。

日前，罗斯福总统在上届总统选举中让他的对手传给我介绍信，信中他亲笔摘录下朗费罗的一首诗，他说："让人民去适合你，就像让诗歌去适应我们。"请看：

……张开风帆，啊，祖国的军舰，
张开风帆，强盛而伟大的美利坚！
带着它所有恐惧的人性，
一切希望与未来岁月青青。
垂悬在你的命运上，气息奄奄。

我给予这位伟人的答案是什么呢？三次蝉联1.3亿人口的国家元首吗？我要给罗斯福总统的答案是：对我们要抱有信心。把你的信任，把你的祝福赐给我们。在上帝的庇护下，一切都相安无事。

我们不会失败或动摇；我们不会虚弱或疲倦，也不会有突然袭来的战役的恫吓。长期拖下去，对警惕和努力的考验不会把我们耗尽、磨垮，给我们工具，我们将完成这项任务。

困难时期
"西方，请看，我国前景光明"

伦敦　英国广播公司　1941.4.27

　　尽管通过了租借法，1941年春天形势的大潮看来似乎更加使人沮丧地在冲击着英国。德国人以摧枯拉朽之势成功地侵略了巴尔干，控制了希腊和南斯拉夫。英国部队被迫进行防御并撤离到克里特岛区。同时，大西洋的海战形势恶化，同盟国的商队遭到严重损失，而伦敦和其他城市正在经历一场严峻的狂轰滥炸。

　　这时候，丘吉尔在罗斯福最新的一个私人代表艾菲莱尔·哈里曼[①]的陪同下访问了几个州。获得的印象都在广播讲话的公开评论中报道了，报道经过了审慎地制作，以减少民众的不安和失望的情绪。他提醒听众，战争"充满了失望和错误"，他并不企图隐瞒巴尔干压抑的消息。但是他敦促他们考虑美国愈来愈多地卷入战争的重要性。

---

① 哈里曼（1891-1986）：美国外交家、企业家、金融家、铁路大王E. H. Harriman之子，历任美国驻苏联大使（1943-1946）、商务大臣（1947-1948）、助理国务卿（1961-1963）等要职，曾参加在巴黎与越南的和谈（1968-1969）。

　　在广播演说的结尾处，他引证了阿瑟·休·克拉夫①的诗句"只说战争徒劳无益"，这是35年前阿斯奎斯的女儿奥维利特第一次念给他听的诗句。铭记下诗句，也记住了这一场合，丘吉尔演讲过后就打电话给她，问："你听了我的讲话没有？"她回答说，"当然听了，你演说的时候英国的每个人都听了。"

　　上周有人问我是否知道在这个国家由于万有引力，存在着战争带来的不安情绪，我想亲自下去看一看"不安情绪"从何引起。我去了一些大城市和海港，那里由于敌人的轰炸，遭到严重破坏；又去了另外一些地方，人们更是凄惨可怜。我这次巡视不仅有了事实根据，更使我耳目一新。我离开了白厅的办公室，带着他们的无限生机和我们工作的重点来到前线，我走过了伦敦、利物浦、曼彻斯特、加的夫、斯旺西或者布里斯托尔的街道和码头，就像是出离了温室，登上一艘战舰的驾驶台，这简直就是一副精神兴奋剂。在这里，我向那些受痛苦折磨的人推荐它，需要的时候请大剂量服用。

　　真真切切，我看到了大动荡带来的痛苦镜头。原先豪华的楼房，几英亩的农舍被轰炸成残垣断壁、一片瓦砾。正是在这些地方阴险野蛮的敌人坏事做绝，也正是在这些地方男女老幼受到严重的摧残，然而我却发现他们的反战情绪高昂，风气极佳。我感受到了人民的超越的精神氛围，仿佛要把人类和它的困窘都托架在物质现实之上，又进入了我们认为属于比现实世界更美好的、令人欣喜的那种沉寂。

　　我说不出他们对我的善意，因为我从来没奢想过，做梦也想不到的。也感到辜负了这份情意，我只能使你确信，我和我的同事们，将献出我们全部生命和全部力量。就所得到的这份智能，不辜负人民，决不背弃他们由衷的、宽宏大量的关怀。英国民族在其悠久、闻名、辉煌的历史上的任何时期都没有受到现在这样的鼓舞和感动，或者是大获全胜，或者是死，再没有更

①　克拉夫（1819–1861）：英国诗人，作品表现对维多利亚时代道德和宗教的怀疑，其作品以短诗较为著名。

多的废话可说。

这些毁灭城市的生活对于炮火和轰炸所带来的最大恶果是什么样的胜利啊！在这个半岛上，我们一直为我们所憧憬的文明、优裕的生活而工作着，我们是无辜的，这又是何等的证明啊！好一个自由制度优越性的证明，对我们地方权威资格是一次什么样的检验！对固若金汤的风俗习惯和社会又是一次什么样的测试啊！这次战火的磨难甚至在某种意义上已经壮大了英国人的气度。那种既崇高又可怕，又使人抑郁的战场上的经验和情感，多少世纪以来一直由士兵和海员承传下来，不论好歹现在已被全英国人共同分享。在敌人的炮火下所有的人都感到骄傲：老的、少的、伤残退役军人、老太太、普通紧张工作的市民、国王大臣以及正像他们自我称呼的甩大锤的壮工，还有货船装卸工、技术娴熟的艺人、各种各样制定空袭防御措施的人员，自豪地感到他们与我们的战士站在同一条战线上，当这些人用战斗的方式完成其中的一个最伟大的事业时，也就像我们要进行到底的这一场恶战，这确实是历史上一个宏伟、英雄的史诗的阶段。光辉的启示照耀一切。

你可以想象我对所有这些人负有的责任，这感受多么深刻；我承担的责任是：派军队穿过这个严峻、凶神恶煞般的深渊，把他们从中安全地解脱出来，不让他们作出无谓的牺牲，或白白付出代价。

我在想，当频繁的战斗、那么多关键复杂的军事行动在继续进行之中，头等重要的事情是我们的策略和行动必须遵照最高的水准。荣誉应当是我们的指南。很少有人能认识到：在他得意的日子里我们为他喝过彩的优秀的司令员瓦威尔将军，将会进行很艰难的撤退。他率领那么少的军队使大批在利比亚的意大利人成为阶下因。在沙漠地带他没有一次不获得连续的胜利或投入战斗的兵力从来没超过两个师，大约三万人。当我们到达班加西时，墨索里尼的军团情况如何？一路狼烟滚滚，仓皇龟缩进的黎波里，别人求助于我们，不可以拒之不理。让我告诉你们关于求助的情况。

你们还记得吗？11月份意大利的独裁者是如何对无辜的希腊人发动进攻的。没有理由，也没有警报便侵入了希腊，然而希腊民族如何恢复他们古典的名誉的？让他的军队跑步迅猛后撤；同时希特勒的士兵们，有的麻木不仁，有的中了毒，还有的反剪双臂，他们在爬行，蠕动着稳步地先后推进至匈牙利、罗马利亚和保加利亚，突然他声明：一定要解救他的同伙战俘。巴尔干的国家之间不团结，这种现象却使希特勒能够在他们中间建立起一支强大的军队。当近乎所有希腊军队在打击意大利时，大批的德国军车蓦然出现在他们的另一边境。在死亡的边缘，希腊人向我们求援，虽然我们的财源紧张，我们没有拒绝他们。再说战前已作过庄严的保证，英国答应援助他们。他们宣布过：哪怕邻国都不与他们谋求共同事业，连我们都置他们的命运于不顾，只要还剩下一个人，也要同侵略者血战到底。当然我们不会那样做，也没有反对那类事情的惯例；打破那些惯例对于英帝国的荣耀将是致命的：不要荣誉，我们既无法希望、也不值得去取得这次战争的胜利。军事上的失败和错估形势能够挽回，战争的命运是变幻无常的，但是卑鄙的行为将会把我们引誉全球的威望一扫而光，并将耗尽我们的活力。

最后一年中我们靠自己的承受能力和输导赢得了美国人民的友好感情。在我们的历史上从来没有受到大洋彼岸如此的青睐和关注。（希腊）那个伟大的共和国里，现在正陷进灵魂深处的痛苦之中，它习惯于利用许多有关美国利益和安全的有效、可靠的证据，这些证据都是以希特勒的破坏和他肮脏的同伙及其更肮脏的信条为依据。但是从长远的观点看——相信我，因为我懂得——美国的行动是由道德情感支配的，由熠熠生辉的决心支配的，它从人类生命本体的精神基础中跃出，而不是由利害得失和井井有条的积累去支配的。

对于我们来说，当然我们一定要尊重希腊人的请求，尽最大力量援助他们。我们把这件事提请澳大利亚和新西兰自治领以及他们的政府去考虑，千万不可忽视偶发事件。他们回答说与我们有相同的感觉。因此尼罗河流动部队重要的那一部分被派往希腊去履行我们的誓言。正巧现有的几个师的兵力最能胜任这项任务，其中一部分来自新西兰和澳大利亚，其余的一半是我们国家的远征军。我们知道德国的媒体正在我们和澳大利亚之间制造仇恨，

因为他们辨识出，我们在利用这两个国家去做我们不愿让英国军队去做的事情。我让澳大利亚去对付那种嘲弄。

让我们看一看所发生的事情。我们自然知道，单凭我们派到希腊去的部队阻挡不住德国侵略的大潮。但是我们还是寄希望于我们的邻邦希腊，应我们的召唤，他们及时地担当起与自己休戚相关的事。所产生的如此相近的结果将大白于天下。南斯拉夫的悲剧是：这些勇士希望通过屈服于纳粹的意志而达到苟且偷生的目的。结果，南斯拉夫人民发现他们误入歧途，迷途知返，便奋勇而起，自觉地投入反侵略的大潮，虽然捍卫领土为时过迟，但是他们终于拯救了灵魂，拯救了他们国家的未来。悲剧发生了：他们还没来得及组织动员起自己的武装，没把部队拉到战场上之前，就被高度机械化的德国鬼子无情地击溃了。

大灾难在巴尔干发生了。南斯拉夫失陷了，只是在山区那部分尚且能坚持抗战。希腊也被吞没了，勇往直前的阿尔巴尼亚部队被切断，并被迫投降，只有澳新联军坚持战斗，而英国战友却抽身回撤，打到海上，一切阻挡他们的势力都吃了苦头。

我从我们不得不走的石头路上岔开，去贪享一下片刻的轻松安逸。我想你们都读了报纸。借一个特别的宣言，意大利的独裁者祝贺他在阿尔巴尼亚的部队打败了希腊，获得了那顶辉煌的桂冠，这当然是在那可笑渺小的版图上的世界纪录。这个受鞭鞑的走狗墨索里尼，为了保住自己的皮却陷意大利国家为希特勒帝国的附庸，来到德国这只老虎的旁侧手舞足蹈、狂呼乱叫，不仅为胜利叫好，也表明了他的狼子野心。不同的事从不同的角度感染了不同的人。但是我确信：在英国、在美国有好几百万人，他们将会发现生活中新的目的。应当相信最后还是由我们算总账。这个怪诞的骗子将被遗弃，以顺应天理，使其受世人的唾骂。

当这些严重事件在巴尔干半岛和希腊发生时，我们在利比亚的部队已经遭受令人气恼、破坏性的失败。德国人前进的速度之快，所投入力量之强大超出了我们的将军预期的限度。我们大批的装甲部队，在打败意大利的战斗中起着决定性的作用，其后需要进一步整修装备。而那支守在边防线上的装甲旅，人们估计足足可以坚守到五月中旬，如今被打败，其车辆大部分被德国更强大的装甲部队摧毁。我们还不足一个师的步兵不得不掉转头来去打击集结在肥沃的尼罗河三角洲，许许多多帝国部队。

托布鲁克——托布鲁克要塞——在任何德国行进部队的一侧，与埃及接壤。我们有力地控制住托布鲁克。在这里，我们打退了敌人的多次进攻，使敌人死伤惨重，俘获了很多俘虏兵。这就是那次埃及和利比亚前线战事的来龙去脉。

我们必须预料到战争在地中海，在海上，在沙漠里，特别是在空中将是非常激烈、多种多样、遍地开花的。我们把意大利清除出昔兰尼加，现在与我们在一起要把那个省清除出德国。这是一个比较困难的任务，我们不能操之过急。你知道我不想把失败说成是胜利。我决不会低估这个战争败类——德国。一个月以前我就说过：我们打击意大利而取得的迅速、连续的胜利进程不可能再继续，各种不幸必须要料到，对于战争只是一件事可以肯定，那就是战争的过程充满失望、不幸，也充满了错误。然而，可以看清楚，是德国人践踏和蹂躏了巴尔干国家，使其血流成河，在他们自己与希腊和南斯拉夫人民之间播下了仇恨的种子；似乎还可以看清，他们利用现在所得到的资源去武装部队，扩充军需，蓄谋侵犯埃及。这些难道不是德国人犯下的错误吗？从实践经验中我们得到了教训，我认定这个理：不要预言战争的胜负，必须打到最后见分晓。道理就是这样，然而我冒昧地说，看到中东战士们的任务改变了，瓦威尔将军的部队竟然站在德国侵略者的那边。这仅仅是我个人的意见，我能理解，你们可以有不同的看法。可以断言，除了威胁埃及的危险之外，我们还会在地中海面临新的危险。战争将延伸到西班牙和摩洛哥，也会向东方扩大到土耳其和苏联。德国鬼子会把他们的手伸进乌克兰谷仓和高加索油井。他们会独霸黑海，进而威胁里海。谁能说得准呢？我们将全力以赴迎头痛击他们，不管他们去什么地方。有一件事可以肯定，这件事起于大动荡，然而是确凿、真切的，在这一点上没有人会出错。希特勒在

东方，在中东或远东大反正义之道不会有立足之地的。为了打赢这一仗，他要么征服这个半岛，要么切断连结我们和美国的海上生命线。

请你们静等几分钟时间，让我们审视一下这些选择。早在2月份我就说过，很多人对纳粹的吹嘘信以为真，他们造谣对英国的侵略即将开始。到现在还没开始，一个星期一个星期地过去了，我们在海上，在空中，不管是在数量上还是质量上，在训练方面还是在捍卫我们国家的大部队方面无一不是愈来愈强大。当我把像今天那样的国内形势与去年夏天，甚至在允许敌人做更加精心的机械装备以后的形势相比较，我觉得我们有很多值得庆幸的地方。我相信，除非丝毫不放松我们的努力和警惕性，我们才能有信心去充分证实、体现自己。要说不至于此可能有些吹牛了，但要说相去甚远又有些愚蠢得让人不能相信了。

然而我们大洋彼岸的生命线如何？假如我们那么多的商船被击沉而我们又得不到英勇的人民所需要的给养，那么会出现什么样的后果呢？假如美国打算给我们运送来的大批战争物质、军火，其中大部分途中被沉人大海又怎么办？而后又会出现什么样的战局？也许你们不会忘记2月份那个坏蛋疯狂地叫嚣要增加德国潜艇的数量，并要频频进行空袭，以此来威胁我们。他不仅攻击了我们的半岛，并占用法国和挪威港口，否认我们爱尔兰基地，还袭击了远远延伸进大西洋上的船只。我们已经采取并正在采取一切可能的措施，给予敌人致命的还击。现在正全力以赴打击敌人，这就是所谓的大西洋战役。为了生存，正像在去年八九月份的空战中我们所打赢的英国战争一样，我们必须在咸水中打赢这一仗。

海军和空军已经作了极大的努力，调动上百条扫雷船，发挥了它们的奇妙作用，尽管敌人耍了各种各样的花招，我们的港口依然平安无事。我们依靠了那些建造和维修大量商船船队的技术人员，依靠那些装卸工人，特别是领先那些海军商船的官兵们，无论天气好坏，冒一切危险，为家乡的生死存亡而战，为他们理解并奉献的事业而战，加上当你想到海上沉船是多么容易，而建造和保护船只是何等艰难的时候，当你记住我们在海上从来没有少于两千三四百只船用在危险区域的时候，当你想到我们在东方维持和加强的大部队，想到我们不得不继续保持世界范围内的交通时——当你记住所有这一切的时候，你就不会惊奇正是那些人承担起夺取胜利的责任，"大西洋战役"才控制了第一块阵地的。

带着无法描述的慰藉，近来我获悉了美国总统和美国人民惊人的决定。美国舰队和飞艇接受命令巡视西半球广大的海域，提醒战区以外所有国家和和平地区的船舶，警惕埋伏着的德国潜艇的出现，或属于两个侵略国巡洋舰的袭击。所以我们英国人应当能把更大的保护力量集中在离半岛更近的路线上，并给予那儿的德国潜艇以更加沉重的打击。有时我感到类似的情况必将发生，美国总统和国会近来通过与选民的接触，巩固了自己的统治地位，并庄严宣誓在这次战争中帮助英国，因为他们相信我们的事业是正义的。因为他们明白，假如我们被打垮了，他们自己的利益和安全也危在旦夕。他们国内的税很重，他们通过了立法，把大部分规模宏大的工业生产转向本国需要的军火生产，甚至把自己生产的贵重武器赠给或借给我们。我不会相信他们会让自己树立的崇高目标受到破坏，让他们的工业产品沉入海底，让他们的劳动付诸东流。几年前他们以不慎重的态度签订了国际协议，现在德国潜艇大战完全违背了这个协议。没有卓有成效的封锁，仅有完全失去控制的对广大混乱地区进行的残酷无情的谋杀和掠夺。十个星期之前我说过："给我们工具，让我们完成那项工作。"我的意思是把它们"给"我们，给我们支配权、控制权——这仿佛就是美国人打算去做的。这就是我为什么具有如此坚强的信念的原因。这个信念就是：虽然大西洋的战斗会长期艰苦地进行下去，问题绝不是已经确定下来，它已进入了一个更加严峻，同时也更加有利的形势。当你去思索它时，美国现在却紧紧地与我们连结在一起，并煞费苦心地打算给我们道义上、物质上的援助，在我说过的范围之内还给我们海上的援助。

因此得向海洋两边看一看，看看在可怕的战争中彼此虎视眈眈的双方的力量，双方都是骑虎难下，欲罢不能。谨慎、有眼光的人根据英国和美国

的民主政体各自声明的决心都会看到希特勒和墨索里尼的最后的、完全的失败是在所难免。有不到七千万恶毒的德国鬼子——有的可以医治，另外的却不可救药——很多人参与了灭亡奥地利、捷克、波兰、法国，另有许多古老的民族现在都干起欺压、掠夺别国的勾当。英帝国的人民和美国人民总人口将近两亿，分别居住在本国和英国的自治领。他们具有对于海洋无可争议的统辖权，并不久就会得到绝对的空中优势。他们比较富裕，具有更多的技术资源，他们生产的钢比世界其他国家加在一起的总和还要多。他们坚定信念：自由事业不能受践踏，世界进步的潮流不能由一两个罪恶的独裁者拉向后退。

当我们很自然地带着痛苦和焦虑去审视时，看到很多事情在欧洲、非洲正在发生，也许会在亚洲发生，我们不能一失去均衡意识就一蹶不振或大惊小怪。当我们直面我们眼前的困难时，我们可以从已经克服的困难的反思中产生新的信心。一切现在还没有发生的事都可以认真地与我们去年经历的危险相比。一切在东方还没有发生的事都可以与西方正在发生的事相比较。

上次我对你们说我引证了罗斯福总统亲笔给我写的朗费罗的几行诗句。我有另几行不太著名的诗句，但是似乎贴近、适合我们今晚的命运，而我相信它们可以被说英语的地方或有自由的旗帜在飘扬的地方这样理解：

> 因为疲惫的波浪，徒然破碎，
> 仿佛此处没有痛苦的立锥之地，
> 穿越小港湾和内部的涌动，
> 从远处悄悄而来，洪泛而入，是主桅。

> 不只是依着东窗，
> 黎明降临，一片晨光熹微；
> 眼前旭日冉冉而起，多么从容，
> 回眸西望，大地已是金光灿灿。

扩大的冲突
"持久鏖战"

华盛顿国会联席会议　1941.12.26

1941年6月，希特勒侵略了苏联，德国部队再次席卷了一切。同时，英国在非洲的部队进入防御阶段，同时德国取代意大利成为我们的第一敌人。8月，丘吉尔和罗斯福第一次会晤，并发表了《大西洋公约》，这是一个民主原则的联合声明。而后，于年底日本人轰炸了美国停泊在珍珠港的舰队。这一戏剧性的变化假如不是在年底而是拖到未来更远一段时间发生的话，看来同盟国的胜利就有可能成为现实了。

丘吉尔立刻开始向新世界进发，与美国总统商讨问题，尽最大努力，在逐步升级的世界性的大冲突中保持英国的军事影响，而美国人的最高智能最终会达到压倒的优势。在华盛顿时，他对国会联席会议演讲，这是他第一次向外国立法机构演说。

虽然对他的这次演说比一般情况下更加谨慎多虑（这也是一次生动的广播演说），但是无碍于成为最成功的表演之一，博得持久的热烈欢迎。他儿子从开罗报道说："我认为你的华盛顿演说是所有演说中最精彩的一次，特别是广播讲话异常地洪亮和清晰。"当天晚上，丘吉尔忍受了心脏病轻微发作的痛苦。

你们邀请我到美国参议院对国会两院议员的代表们讲话，我感到莫大的光荣。在美国，我的先辈在几代人的生活中发挥了他们的作用，现在我作为一名英国人来到你们中间，受到欢迎，使得这次经历成为我漫长而不凡的一生中最激动人心的一次。我带着我母亲的记忆，跨过岁月的鸿沟，我切实希望我母亲能在这里。我想说，我禁不住要进行一下反思，假如我的父亲是美国人而我的母亲是英国人的话，而不是相反，那么我就会独立地在这里生活。要是那样的话，这就不会是第一次你们听到我的声音。那么我就不需要邀请，假如在这种情况下需要邀请的话，那就很可能是有异议的了。所以或许事情比想象的要好得多。既然我们大家都说英语，我就没有像鱼儿离开水的那种感觉。

我是下院议员的孩子。我在我父亲所在院中成长，信仰民主，"信赖人民"就是他的一句口头禅。我通常看到他在会议上受到欢呼，在大街上受到一大群工人的欢迎，这种方式要追溯到贵族的维多利亚时代，那时正像迪斯累里说的：世界是为少数人的，而且是为极少数人的。因此我的一生完全是与在大西洋两岸流动的反特权垄断阶级的大潮相协调一致的。我掌着舵，信心十足地撑船来到葛底斯堡理想的岸边，"民有、民治、民享的政府"的理想的岸边。我把我的进步完全归功于下院，我是她的仆人。在我的国家，也正像在你们国家一样，公众作为国家的仆人感到自豪，成为它的主人却反而感到惭愧。不管哪一天，假如他们认为人民需要政府，下院可以行使投票表决权罢免我的职务。然而我根本无须为这件事担心。事实上，我坚信他们对我的美洲之行寄予很大的希望，事先我也得到国王的允许，目的在于会见美国总统，与他一起共谋我们完整的军事部署，为了我们两国作战部高级官员的亲切会晤，这对于彻底赢得战争的胜利是必不可少的。

首先我想说一说我到这里来，深入所有住区，对美国人的开阔视野和调和意识，获得了深刻的印象，并大受鼓舞。大凡不了解美国创业的真相和上下团结一致性的人，到这里来很想见到一个躁动不安、自我中心的氛围，按照自己的想象把注意力都集中在奇妙、令人惊诧、战争突发后的痛苦插曲上。美国毕竟受到三个武力强大的独裁者国家的攻击，欧洲的德国，亚洲的日本，还有意大利这些最强大的军事力量都已向你们宣战，一场纷争公开化了，最后的结局不是鱼死就是网破。但是，这是在华盛顿，在那些值得记忆的日子里，我发现了奥林匹斯山一样的伟岸挺拔，这种精神根本不是基于自鸣得意的想当然，而只是含而不露、不屈不挠的意志和对最后结局充满信心的坚实基础的佐证。在我们英国最黑暗的日子里，也有相同的感觉，我们也坚信最终一切都会好起来的。你们必然不会低估我们两国正在遭受的磨难的严重性。这些势力都曾经穷凶极恶地向我们扑来。他们刻毒、无情。这些邪恶的人以及他们的宗派把自己国家的人民都推上了战争和被征服之路，不得不面对可怕的事实：他们诉诸武力，但如果不能打败他们所进攻的民族，他们将无条件投降。他们积累了大批的各种各样的杀人武器，他们有经过严格训练、纪律严明的陆、海、空三军，他们有长期实践、趋于成熟的作战计划和部署。他们将不惜一切代价制造暴行和背叛的恶果。

在我们这边，人力、物力资源都远远超过敌人，这是实际情况。但是只要你们的那份资源调动并发挥了作用，那么在这一残酷的战争中我们两国能学到许多军事艺术。毫无疑问，我们面前还有一段时间的磨难。在这段时间里，我们会失去一部分地盘，一旦失去，夺回来就很困难，要花很大的代价。许多失望和不愉快的事情会等待我们，我们潜在的全部力量没有充分调度好之前，他们会千方百计地折磨我们，在20年最顺利的时间内英美两国的青年人会受到战争阴暗面的影响。的确是这样，他们也会认为战争将一去不复返，这已被证明是错误的。在20年最顺利的时间内，德国、日本以及意大利的青年也会受到这样的教育：侵略战争是公民最崇高的责任，如果必需的武器和组织一旦完备，马上就开始打仗。我们承担了和平的责任和任务，我们对战争也作了一番筹划。这个责任自然把我们放在英国，现在把你们放在美国，分别处于不利地位。只有时间、勇气，竭尽全力作不懈的努力才能克服这些不利因素。

的确，我们也不得不感到庆幸，因为我们有充裕的时间。1940年6月法

国垮台后，假如德国企图侵略英国，日本同一时间也对英帝国和美国宣战的话，任何人都会料到灾难和痛苦将会是我们的命运。可现在，1941年12月底我们由舒适安逸到总体战争的效率的变革已经大大地前进了一步。英国源源不断的弹药生产局面已经开始。美国工业生产的经济目的向军事目的的转变正在大踏步地前进，既然美国已投入战斗，每天发布命令，一年或18个月的时间将生产出加强战斗力的产品会大大超出在独裁国家看到的或预见到的产量，这是可能的。除非竭尽全力，除非坚持前进，除非说英语世界的整个人力、智力、精力、勇气、公德与所有忠诚、友好的社区和州的一群杰出的人物联系在一起，除非所有的人都坚持不懈地致力于既简单又崇高的任务，我认为我们才有理由希望1942年年底能明显地看到比现在更好的形势，1943年这一年将使我们能在一个扩大的范围内发挥更大的主动性。

当我说及持久、艰苦的战争时，有人会感到吃惊或感到一时压抑，像你们的总统一样。尽管我们的人民听到这个事实会感到阴郁，但也宁愿听到它。归根结底，当我们在做世界上最崇高的工作时，不仅保卫了我们的家园，也在其他国家捍卫了我们的自由事业，1942年、1943年或者1944年是否能得到解救，这一大问题在人类历史的大稳定中落到了实处。我可以肯定这一天——现在——我们是主宰我们自己命运的主人；落在我们肩上的担子不会超越我们的力量；该任务带来的阵痛和重负也不会超出我们的承受能力。只要我们对自己的事业有信心，只要我们有不可动摇的毅力，自救不会拒我们于千里之外的。圣歌歌词中说："他不怕邪恶的潮流，他的心不动摇，相信上帝。"并非一切潮流都是邪恶的。

正相反，战争沉重的打击已经对准了敌人；苏联军队和人民光荣地捍卫了他们的领土，重创了纳粹的暴行及其深负内伤的体制，该体制将溃烂、蔓延，不仅在纳粹体内，还在其心中。爱大吹大擂的墨索里尼已经垮台，他现在仅仅是一条走狗或一个奴隶，不过是他主人意志的工具而已。他把极大的痛苦和冤屈强加在他本国勤劳的人民身上。他在非洲的帝国摆脱了他的统治，阿比西尼亚取得了解放。我们在东方的军队在法国背叛的时候，势单力薄，装备破烂不堪，现在控制了从德黑兰到班加西，从阿勒颇和塞浦路斯到尼罗河的发源地的整个地区。

几个月以来，我们致力于利比亚的反攻准备。在沙漠中已经进行了六周规模宏大的战斗，双方打得异常激烈。由于在沙漠一侧的供给发生了困难，我们一直不能在数量上同敌人保持势均力敌。我们不得不依靠坦克和飞机数量和质量的优势。借助这些优势，第一次我们与敌人用相同的武器战斗，第一次我们让德国鬼子尝到这些武器的厉害。他们就是用这些武器奴役欧洲人民的。在昔兰尼加，敌人的武装力量大约有15万之众，其中有三分之一是德国人。奥琴莱克将军打算彻底消灭敌人的武装部队。我有充分的理由相信，他的目标将会完全实现。我很高兴能够在你们正投入战争的这一刻在参议院和下院的议员面前去证实使用适合的武器，做好组织安排，我们能把野蛮的纳粹打得失魂落魄。希特勒在利比亚所受到的挫伤仅仅是我们要给他及其帮凶的样板和预示而已，这次战争无论把我们带到什么地方，我们必须这样坚持到底。

喜讯也会从海上传来。它跨过海洋，联结我们两个国家的军需、生活供给生命线，冲破敌人的一切阻挠，川流不息而来，没有它，一切都会濒临死亡。18个月以前，很多人以为英帝国将化为乌有，可现在它却无可比拟地强盛起来，而且每个月都在壮大，这是事实情况。此前，请允许我这样说，对于我，最大的喜讯莫过于听到美利坚比以往任何时候都坚如磐石，它已抽出捍卫自由的宝剑，随时准备破釜沉舟。

这一切事实有力地显示了受奴役的欧洲人在希望中又高昂起他们的头颅。他们把屈从于征服者意志的可耻诱惑永远地抛到九霄云外去了。希望又回到几千万人民的心中，怀着这一希望，反对野蛮、腐朽的侵略者的怒火在燃烧，仇恨、轻蔑的烈火更加熊熊燃烧，焚烧着侵略者所唆使的卖国贼①。十几个有名的古国现在都拜倒在纳粹的脚下。各阶级、不同信仰的人民群

① 卖国贼：傀儡政府头子。源于挪威法西斯魁首吉斯林（1887-1945），他在第二次世界大战里通德国法西斯，成为纳粹侵占挪威后的傀儡政府头子。

众盼望着解放时刻的到来。到那时，他们将重整旗鼓，做真正的人，奋勇战斗。时钟敲响了，庄严的钟声将宣告：黑夜过去了，黎明已经来临。

我们受到的猛烈攻击是日本人长期秘密策划的，它表明我们两个国家都遭遇了防不胜防痛苦的战争。假如人民问我——因为他们有权在英国向我提出在马来亚和东印度群岛我为什么不用充足的现代飞机和各种各样的新式武器去加强那里的军备？我只能用奥琴莱克将军在利比亚战争中所取得的胜利来回答：假如转移、分散了我们在利比亚和马来亚逐步扩充的资源的话，就等于在这两个舞台上空乏了我们自己。假如美国在太平洋上的各部位都失利，很清楚这不是个小范围的问题，因为你们为英国防御、为利比亚的战争提供的枪支弹药，首先因为在大西洋战斗中，你们给我们的援助最后成功、顺利地发挥了作用。我承认，假如我们有充足的各种各样的资源，在所有受威胁的部位都强而有力的话，当然情况就会好得多；但是考虑到要如此迟缓、违心地做如此大量的准备，要占去好长一段时间，我们觉得我们没有权利去期待如此幸运的大好形势。

如何部署当前有限资源的抉择就是战时的英国以及和平时期的美国的事情了。我相信，历史将会宣告，从全局出发——而这些事正是从全局出发才必须作出判断的——这一抉择是正确的。既然我们联合了，既然我们成为正义的战友，我们各自的国家都团结一致，这两个相当大的国家既然把各自的生命能量都集结在我们共同的决心上，那么一个崭新的局面打开了，一道直射的光将会流射出去，普照着这一局面。

很多人感到困惑不解：日本竟然在一天之中突然对美利坚和英帝国发动了进攻。我们都惊疑不定：假如这次暗算加上它所有煞费苦心经营的复杂的准备占据了他们的灵魂深处，那么为什么不选在18个月前，我们正在虚弱的状态下进行？尽管我们遭受了损失，还要继续忍受惩罚，那么不妨平心静气地去反思，无疑这是明智的做法。当然，只有保持谨慎，去设想他们是经过了精心策划的，并且要想：他们看透了自己的路。当然，还有别的解释。我们知道在过去许多年中，日本的政策是由陆海空军下层军官秘密团体左右的，利用谋杀威胁他们的政客或那些不能有效推行他们的侵略政策的人，将他们的意志强加给一届一届的内阁和国会。也许这些团体怀着他们的侵略计划和他们早期胜利的希望而感到眩惑或眼花缭乱，他们反对这个国家的公正，于是强逼它投入了战争。当然他们已经从事了一个十分可观的事业。因为在许多暴行之后，袭击了珍珠港，袭击了太平洋中诸岛，袭击了菲律宾、马来亚以及荷兰的东印度群岛，现在他们一定懂得了他们决定开赌的赌注是注定要输掉的。

当我们把美国和英帝国的资源与日本的资源相比较，当我们记起中国的资源，她勇敢地承受了这样长时间的侵略，同时我们也观察到苏俄对于日本的威胁，以审慎甚至明智地去甘心忍受日本的暴行是越发困难的。他们以为我们是什么样的一个民族？难道他们还没认识到我们决心要坚持不懈地反对他们，直到他们自己受到一次全世界都决不会忘记的深刻教训吗？

参议院的议员和众议院的议员们，我再次由当前的混乱和骚动转到未来更广阔的基础上来。在这里我们一起面对一小撮强大的敌人，他们想看到我们的末日；在这里我们一起捍卫所有的亲人，使他们获得自由。一代人中，有两次世界大战的灾难降临到我们头上；我们的一生中有两次命运的长臂伸出跨过海洋把美国带到战争的最前线。一战之后，假如我们保持团结，假如我们采取了共同措施保卫我们的安全，这一可诅咒的战争的持续绝不会降临我们头上。

难道我们自己、我们的孩子、受折磨的人类不该坚定信心：决不让这些大灾难第三次重来吞噬我们吗？已经被证明：旧世界会暴发瘟疫，它会带着灭绝的残暴来到新世界，一旦它们滋生，新世界也绝对逃脱不了它带来的灾难。义务和审慎同样首先指挥仇恨和复仇的菌种中心，应当经常警惕地进行及时的调查研究和及时妥善的处理；其次，相应的组织应当建立起来，在萌芽状态中就控制住它，不许它蔓延，不许它在世界上横行霸道。

五六年前美利坚和大英帝国坚持履行一战后德国签过字的条约中的裁军条款肯定会容易些，不需要流一滴血；也肯定会有机会让德国想起我们在

《大西洋公约》中宣布那些原料不应当拒绝给予任何国家，包括征服者和被征服者。这一机会被我们失去了。大槌击打是必要的，可以使我们再一次结合在一块，假如你允许我使用其他语言，我会说他的灵魂一定是盲目的灵魂，看不到有些伟大的目标和谋略接着会被想出来，我们荣幸地成为这些伟大目标和谋略的奴仆。对于探索未来的秘密我们不负有责任。我仍然要发誓，要坚守我的希望和信念不变，在未来的日子里，英美两国人民为了他们自己的安全，也为了所有人的利益雄伟豪迈地、公正安详地并肩前进。

一个无信心的动议被挫败
"我找不出借口"

下院   1942.1.29

丘吉尔去美洲乐观地策划最后的胜利，这期间局势进一步恶化。在远东"威尔士王子"和"追击号"两艘军舰被击沉，日本部队占领了马来亚，并威胁了新加坡。与此同时，北非的德国军队在隆美尔①的统治下正长驱直入埃及。丘吉尔返回英国，发现国会骚动不安，难以控制，决定责令下院针对他的政府和他的领导是否有信心进行投票，开展辩论。

1942年1月27日，他作了两小时的演说。"你可以真实地感觉到逆风萧萧而下。"哈罗德·尼科尔森记录下这句话。辩论进行了两天多，但是根据丘吉尔后来的回忆："语调对我来说异乎寻常的亲切友好。"1月29日他作了总结发言。尼科尔森认为他的讲话"既和蔼可亲又充满自信"。连亨利·切恁也赞扬说"有战略眼光，抚慰人心——获得最后的成功"。

投票结果464票拥护政府，只有一张反对票。但是不久又有坏消息从北非和远东传来，1942年7月丘吉尔不得不面对另一次使人失意的辩论，然而再一次证明丘吉尔众望所归。此后他的国会形势在战争期间基本上平安

---

① 隆美尔（1891–1944）：纳粹德国元帅，第二次世界大战中曾任德国北非远征军司令（1941–1943），驻法"B"集团军群司令（1943–1944）。因与暗害希特勒的密谋有联系，被迫服毒自杀（1944.7.20）。

无事。

没有人能否认这是一次充分的自由辩论；没有人会说：批评受到限制或者僵化；没有人会否认这次辩论的必要性。相反，很多人认为它是一场有价值的辩论。但是我认为有少数人根据反馈的意见会怀疑本次辩论的深远意义及其令人难忘的重要性；在艰苦、令人焦躁的战争时期，在世界所处的状况之下，也会怀疑我们在目前形势下与其他国家的关系以及与我们休戚相关的安全问题。然而很少有人怀疑：如果不严正发表我们对于下院涉及政府、涉及彻底抗战的意见，就不能停止辩论。

当然，世界上没有一个参战国家的政府会面对这种严峻形势处之泰然的。没有一个为自己的生存而战的独裁国敢开展这样的讨论，他们甚至不允许向本国人民自由传播消息，甚至不允许接收外国电台广播。而我们现在则可以大胆接收并习以为常了。甚至在美国的大民主中最高行政长官也不能像我们一样保持直接、迅速地每天与立法机构的接触。在很多重要的问题上，总统可以独立于立法机构之外，共和国军队的统帅有固定的任期，在这个期间他的权威几乎不可以冒犯。但是在我们国家却不然，下院在行政管理的一切时间都是主人，反对下院的决定只有上诉，向国家上诉。在像目前战争的情况下，即在征兵、空袭、侵略战争每时每刻都悬在我们头上的情况下，向国家上诉是很困难的。

因此，我说下院的责任很大。它向它本身负责，它要向人民负责，要向整个帝国负责，还要向世界的事业负责。既要产生一个行之有效、又有选择性的行政管理机构，靠这个机构，国王的政府得以维持下去，又要靠它完成政府的大量任务，以及处理好它要经受的考验。目前我自己十分需要帮助，相信我将以鼓舞人、安慰人以及给人以指导和建议的方式去适应它。遗憾的是在整个辩论期间，我没能在场，但是我阅读了一遍辩论中的每一个词，除了随口说的、未打印出来的词以外。我可以让下院放心，我愿意充分地从所提出来的许多建设性的好思想中提取有益的东西，尽管它们有时来自于最有敌意的地方。不像那位以前在下院我向他咨询过的圣人，不幸的是我忘记了他的名字。他拒绝做正确的事，因为魔鬼在操纵着他，我也不愿意受别人的阻拦，我只去做我认为正确的事。往往是这样，我很早以前或者就在刚刚过去的时间对这件事的考虑与现在都会不一样。

当一件件事风驰电掣般逝去，一幕幕场景变幻无常、令人费解时，如果在处理以往我常被恭维的那类新情形时失去了大脑的灵活性，必然是一个灾难，这时恰恰需要始终不渝、不屈不挠的毅力。我出访美国期间，许多事情发生了，它们以决定性的方式变换着，涉及到推出一名生产部长的问题。罗斯福总统任命了纳尔森先生，这使得美国产业界大为震惊。我们两国在造船、军火、原料方面所有资源现在都集中起来，我不说以完全相同的规模，而是说以相似的规模，假如在大英帝国和美利坚合众国之间协调性保持在目前这一高水平，某种相似的职务必须在这里产生出来。对此我细心地考虑了几个星期的时间，尽管我没有参与他们一切方面的争论，下院发表的强烈意见强化了我从美国带回来的结论。也许向王国政府提出忠告是我的责任，当然我不会预先这样做。

两天以前，我不得不把一篇很长的声明强加给了下院，在那些日日夜夜的工作中，我忙里偷闲，花了很多的时间，招惹不少麻烦才写成功。我也不想再作重要的补充了。我不可能对辩论中提出来的批评和咨询一一作答。有几次我向下院指出我所遭遇的不利条件（不得不作许多公开声明）以及所遇到的危险；向我们的朋友们充分地解释我们的形势，也向我们的敌人作了声明，不过过于充分。再说，波瑞维·锡尔大臣在他昨天精彩的发言中，已经解答了许多有争议的问题。今天虽然我要解决的疑点只有几个，但是都是重要问题。

首先，强大的美国军队以及联合王国空军的到达，不仅对大不列颠有利，对英帝国也有利。这一优势满足了我国人民以及共和国领袖们的欲望，大批受训练、经过装备的部队在美国已经处于备战状态，将会尽快地与敌人短兵相接，这是一；第二，半岛上现有的这些部队趋于成熟并饱经风霜，

有英国国民军的几个师的兵力，美军及联合王国空军的存在把向海外运动的较大自由给予了他们，让他们加入我们都参与的其他战场，避免了我们与另一国部队交战时增援战区的困难以及从而引起的备战和指挥的复杂性。因此我们必须把美国部队的到达当作给了我们不具备的机动的自由；第三，我们半岛上增派了这支没有人知道的重兵，等于在我们和新世界之间建立起一个开阔的桥头堡，在一段时间内对敌人的侵略构成了一个额外的障碍。对于这个半岛的成功侵略是希特勒全面胜利的最后希望；第四，这里我讲的是关于援助澳大利亚和新西兰的问题。装备精良的美国几个师能够迅速地运到这个半岛上来，这将能基本上满足武器弹药的供给，这些武器弹药是由美国制造的，由于我们的缘故，要直接运往地球的另一边，运到澳大利亚、新西兰去解决由于日本发动战争而给这两个国家带来的防御方面的新危险；最后一点，整个辩论对于瓦勒拉先生不仅不会有什么伤害，反而有好处，很自然，也会为南爱尔兰，为整个爱尔兰提供保护措施，而英国却得不到什么，我确信，下院会找到这些原因，或者能找到大多数可靠、满意的原因。

这次辩论主要是针对战争中的失误。迎战那个新的强大的军事敌人所发动的全面猛烈的进攻时，由于准备得不充分，敌人把它在马来亚和远东的整个军队、全部精力和愤怒都倾泻在我们身上。我不想作很多补充，只是对星期二在下院我提出的有关论点作些解释。尊敬的基德明斯特的议员（J. 沃德劳·米尔恩先生）和西汉姆的议员（辛威尔先生）的演讲从不同角度详细地阐发了这一十分重要的问题。当然我不能找借口说：或许缺点和错误总是不可避免的，或者在利用资源方面，尽管这些资源有限，某些忽视或许没有被表现出来。当我表示对广泛的战略部署负完全责任时，并不意味对工作人员在特定的时间、地点，或当场发生的丑闻、不足之处、有失检点的行为不去追究，也不意味可以用我给战场上的指挥员的一般支持去掩盖这些行为。

我绝对没说只有在小范围内才可犯错误，也没说政府犯了错误应当受到责备。但是一切都说了、做了，下院绝对不能只陷于猜想：处于良性循环中的一切事情都会运作得很好，然而在战争中很少是这样。下院绝不要陷于设想：在太平洋，海军遭受暂时的损失加上我们的力量分散，这对于英国和美国遭受的严重损失肯定会有决定性的影响。因为珍珠港事件之前海上的力量是不会枯竭的——我说的是八九个月之前——侵略法国和印度支那的日本人对我们保护马来半岛的能力持有严重的偏见。日本人在它所侵略的地方驻扎强大的军队，并建立了基地。当我去纽芬兰会见总统时，暹罗的侵略战争看起来有一触即发之势，也许因为总统采取了措施，拖住了敌人，延缓了这次攻击，延缓的时间很长，可能会无限期地延缓下去。一般说来，假如我们在欧洲，在尼罗河流域作了最后的努力，在日本人刚开始建立他们的空中优势那一刻起，我们就反对日本侵略印度支那，给予日本最强有力的反击，那么我们现在不会处于如此的劣势。

假如我们向日本开战，制止它从马来半岛和新加坡这些国家跨洋过海，在这些国家之间很近的打击距离内确立并巩固自己的势力，只怕我们要进行很长时间的孤军作战，而且日本会把它的整个力量用在袭击我们在东方疏松集结的部队和驻扎地。正如我星期三所说的，我们绝没有那种力量，也不可能有那种力量，只得赤手空拳同时去打德国、意大利和日本。所以我们才不得不焦急地去观察飞速变化的事件。我们的焦虑会随着日本人的集中发展而加剧，同时由于美国继续不断地挺进，愈来愈接近战争的边缘，我们的焦虑也会逐渐消失。绝不要设想不让参谋部、国防委员会、大臣们无休止地、反复召开协商讨论会，不让他们在新加坡召开参谋磋商会；不要幻想既要我们保持与澳大利亚、新西兰以及美国的接触，又要尽量减少接触的机会。

所有这一切都在继续；但是一旦该说的都说了，该做的都做了的时候，还要看到危险的存在，找出克服危险的方法。这段时间过后，难道不该考虑下院一定要自问的这个问题吗？我想非常公正地回答这个问题——除了小的预防方法之外，很多方法被采用了，鉴于那一威胁，是否我们就不该减少对苏俄武器弹药的援助呢？我们运送给苏俄的那一部分，我认为不会安全，那是不可能安全的，根据海上所发生的情况，最好缅甸和马来亚方面应当做好防范。昨天西汉姆的议员说及一些数字，他希望我对这些数字不置可否，但

要把它们作为一个基础，只要半数就会使我们宽裕得多，就会使得R.B.波普汉姆爵士眼花缭乱，他反反复复地要求供应我们最缺乏的商品。我们没减少过对俄国的供给。我相信下院乃至全国绝大多数人会当场表示赞成，或者事后表示赞成我们的决议。假如他们不得不回去，会把决议也带走，尽管他们目睹了现在已经出现的局面。

我完全赞成缅甸路线的至关重要性，在我们的势力范围内利用一切手段战斗，牢牢抓住中国军队，与他们杰出的领袖保持最密切的接触。无论什么都阻挡不住在那个地区利用印度的军队，除了在其他战区使用他们和在这些地区存在大量的运输困难之外。有关苏俄政策说得很多了，无论好坏它在这次战争中对于这个国家人民的思想和行动起了非常大的作用。我认为苏俄所起的作用——绝不是决定性的作用，而是在给予德国军队以粉碎性的打击、挫伤罪恶的德国军团的锐气方面发挥了非常重要的作用。

然而除了苏俄之外，利比亚的战争如何？什么原因使得那里的战争成为必要战局？首先，我们必须削除，可能我们已经消除了在相当长的一段时间从西部对尼罗河流域的威胁，至此挽回了重要力量，并确保了更加重要的运输，又从北部穿过高加索，还击了一次步步为营的进攻。其次，只有在这一地区我们可以开辟打击敌人的第二战线。一般人只能保持相应短暂有效的记忆，当苏俄好像就要被德国部队可怕的机械辗得粉碎之际，每个人都不会忘记由长时间内心懒散所引起的那种自然性情的烦躁。毫无疑问，虽然我们在利比亚的战斗与苏俄前线的强大攻势相比只是小规模的防御，然而却吸引住了德国空中的主力，就在战斗的关键时刻他们被调遣到地中海战区。再次，在西部沙漠的第二战线不惜最高的代价为我们提供了反击德国、意大利的机会。假如说有打击德军的优越地势的话，那就是在西部沙漠和利比亚两地。因为，正如我解释的那样，在那里不仅成功地消灭了他们三分之二的非洲部队，摧毁了他们大量的装备的空中力量，给他们所有增援部队和物资以及地中海彼岸，他们不得不借以保存自己有限的全部船只带来可怕的伤亡和损失。在这一战区他们战斗持续时间愈长，整个战争过程持续的时间就愈长，世界上不存在其士兵以鲜血和勇气可以换取更好战果的地方。

由于这些原因，我们确信这是一个妥善的决定，所有我们的职业顾问都赞成的一个决定，决定在西部沙漠进行反攻，尽最大努力夺取胜利。我们跨过了这一地带已经来到昔兰尼加。我们第一次俘虏了25万意大利战俘，自己却没有遭到严重损失。第二次俘虏了六万，包括许多德国兵，而我们自己仅有三分之一的伤亡。尽管我们第三次不得不在近乎可能的情况下发挥了部分作用，根据敌人上周对我们装甲旅的袭击所取得的战略性的胜利来看，似乎没有理由说明为什么他们在东北不但不能保持作战优势，却反而成为一块溃疡的脓疮，危险地耗干了德国和意大利的资源。

有这样一个问题，我们有没有权利去牺牲以下这些：对西部沙漠进行徒劳的防御；派出强有力的部队保护马来亚；防止日本发动战争，尽管可能不会发生，我认为这种战争仅仅是由一次军事政变推翻地方政府引起的。这是一种意见。持这种意见的人竭力主张在利比亚进行防御，夸大我们对远东问题缺乏远见、缺乏准备。对于这种问题，任何人都可以发表意见。而那些无须在事发过程为人了解之前就必须发表意见的人是多么幸运。

现在我来谈一谈在柔佛海峡激烈进行的战役。我说不上来战役会向何处去，对新加坡半岛的攻击将会有什么结果，但空中和地面部队的增援在过去的几周中溪流般地注入这个半岛。所有增援部队在日本宣战的几天内，甚至几小时内就投入了战斗。下院作出主要战略和政治决定去援助苏俄，在利比亚进行战略反攻，承认远东和平战区战争带来的虚弱状态。我服从下院的决定，我认为这个决定是有益的，人们会发现：在战争的过程中它将发挥积极有效的作用，绝不会由于远东不期而遇的海上灾难以及我们所付出的沉重代价而变得无效，我是信赖这次增强信心的投票的。

然而还有一段插曲，体现了战术上的特点而不是战略上的特点。关于战术的特点，在这里和另外一个地方提出了很多问题，提及它并不是很容易。当然，我的意思是11月份从这个国家派遣的"威尔士王子"号军舰。其次，"威尔士王子"号和"追击"号在早期发动的战役中被击沉，那一天是12月

9日。作战内阁和国防委员会的政策被海军参谋部借鉴来，主要以新加坡为基地在印度洋建立一个别动的战斗中队，希望在远东海域一般防卫中保持与美国舰队的合作。我并不是唐突地声明这些计划当前是如何起作用的，但是下院可以确信在恢复我们承受的巨大损失中，在我们的职权范围内，没有什么没解决的遗留问题了。我尊敬的朋友，东爱丁堡的议员（劳伦斯先生）十分得体地问，既然"威尔士王子"号和"追击"号不能受到飞机的妥善保护，为什么被送进东方水域？这个问题的答案是，预先派这些船到远东的决定基本上是希望阻止日本人参战，否则就会在战争中失败，制止日本人派护航船进暹罗湾．关注后来夏威夷强大的美国舰队的动态。

经过长时间周密思考后，意识到在远东海域至少要有一艘军舰能够捕获或消灭一艘单独行动敌船的重要性。当时美国还没有一艘新的战列舰——我们决定派遣"威尔士王子"号。加之，"威尔士王子"号是仅有的一艘主力战斗舰，它能够及时到位产生威慑的效果。这两艘战舰到达开普敦不是故意隐蔽，不仅作为威慑的力量阻止日本参战，而且要对敌人的重体船逐一产生威慑的作用，阻止它们的活动，这样我们的战舰才能伺机而动，打它个措手不及。尊敬的埃普瑟姆的议员（A. 苏司比爵士）建议海军参谋部派出一艘航空母舰置于我们的领导之下，这一建议简直是恶作剧到了荒唐的地步。任何到远东去的快舰都要由航空母舰伴随。不幸的是，那时本国海区内只有一艘航空母舰，别无其他相同类型的船只，在接二连三的事件中，有几次事件后果不严重，除了一件与护国舰队有关之外，其余船只全部都在维修之中。与此同时，"威尔士王子"号和"追击"号已到达新加坡，我们希望它们会马上离开，到秘密的基地和广阔的海域去，这样可以使它们继续把所有的注意力都集中在敌人的动向上。这是问题的第一个方面。

现在我们来看另一个问题，为什么派出这两艘舰没能达到阻止敌人的目的，珍珠港事件发生了，日本发动了战争。他们从新加坡北上去打击日本人，不让他们从暹罗湾登陆侵犯克拉半岛。汤姆·菲利普，作为海军总参谋部副总参谋长完全了解我所说的整个政策，并乘"威尔士王子"号和"追击"号去执行他的任务。情况既然如此，护送又显得势单力薄，根据日本运输的动向，他于12月8日与他的舰长和参谋部官员协商之后，决定向克拉半岛进发。此刻，激烈紧迫的海军作战是十分必要的，如果行动成功了，这支部队面前会呈现美好的前景，可以摧毁敌人的登陆部队，还有可能使得鲜为人知的对马来西亚的侵略陷于瘫痪。在这两个方面下的赌注是很大的。假如打赢了，会得到大奖；输了，就会招致严重危险。菲利普元帅对于这次冒险十分清楚，然后他采取了空中侦察，审视了一下周围有没有敌人的航空母舰，并保护射程以内的机群。只是在他离开港口之后，才通知他：在他准备采取军事行动的这一区域停止对战斗机的保护，但是基于低空能见度，他决定继续往同一航向行驶。其后按照他预定的计划掉转船头返航。因为阴天转晴，他觉察到自己已被发现。然而再往后，在他后退的过程中，据报道，敌人向半岛南部逼近，打算从那里登陆，马来亚局势出现了严重威胁。他决定调查核实一下这一情况。调查返回的途中，出乎意料，他的部队受到从航空母舰起飞的鱼雷轰炸机的袭击。那是一架远程、有两个发动机的重型鱼雷轰炸机，它是从400英里以外日本的海岸基地上一个主要机场飞出来的。

根据海军委员会的意见，凭菲利普元帅对敌人的了解，与十分紧迫危如累卵的问题相比较（马来亚的整个安全也许都要依靠这些问题），我有责任宣布菲利普元帅所冒的危险是有正当理由的。我已经解释了这一插曲。毫无疑问，海军部出于向自己通报信息，也是为了吸取这件事的教训，将要作一次调查。我当天获悉了这件事，但了解得很不详细，因此我不能谴责汤姆·菲利普元帅的行动鲁莽和刚愎自用。虽然他料到了他要冒的险，他另外也考虑那两万敌军将葬身大海的这一大奖，并会有从全部噩运中解脱出来的庆幸。

我说完了，剩下的就看我们的行动了。我尽量把全部形势摆在下院议员面前，还要在公众利益允许的情况下去彻底深入事情的内部。代表国王陛下政府，我对辩论毫无褒贬，不表示歉意，无所谓原谅，也不妄加许诺。我从来没有减轻危险的感觉和对悬在我们头上微小或严重的灾难逼近的感觉，同

时我要说我的信心从来不像现在这样坚定。我以同我们国家的利益协调一致的态度，与未来世界的幸福一致的态度发誓：我们将结束这一冲突。我讲完了。希望每个人现在都承担起自己的义务，凭着本能和良知去行动。

悼念劳合-乔治
"一位有才能、有创造力的实干家"

下院 1945 .3.28

　　1901年2月，丘吉尔在下院发表了他的第一次演说之后，接着与劳合-乔治进行了首次会晤。起初他们是政敌，但当丘吉尔参加了自由党之后，他们便成为忠实的朋友和同事。从1905-1922年两人一直共同执政，其后就分道扬镳了。1940年劳舍-乔治拒绝在丘吉尔的联盟中任职。因此在大战期间，他是首相始终如一的批评家之一和最顽固的失败主义者。

　　正如丘吉尔对张伯伦的悼念，他的悼词如出一辙，就像一位伟大的战争领袖为别人喝彩、向别人致敬一样。丘吉尔对劳合许多赞扬的话，以同样的事实适合于丘吉尔本人："劳合-乔治引起了他强烈的、有时是必要的对抗。他与其他政党在各种场合下有过许多次猛烈尖锐的相互攻击。"首先，他应当是这样一种人，"作为一个有才能、有创造力的实干家，他击败了所有对手，站到了最高点"。

　　约翰·考尔维尔认为丘吉尔"颂词的一部分是雄辩有力的，叙述得很好"。但是没有"他对内维尔-张伯伦的颂词那样精彩"。克莱门泰因·丘吉尔在她去莫斯科的路上，写信给她的丈夫说："我喜欢你对劳合-乔治的演说。它唤起了他给予仁慈、谦卑者的被遗忘的祝福。"不像考尔维尔，也

不像她的丈夫，她在内心铭记着的是一个终身的自由主义者。

　　劳合–乔治首次担任内阁贸易委员会主席。自由党人在黯然失色20年后，于1906年1月的大选中，以压倒多数战胜了其他政党。他们独立于爱尔兰之外，自成一体；工党当时处于初建阶段；保守党党徒减少到不满100人。政治上的胜利是在19世纪自由主义的愿望得到圆满实现的时候。自由主义的多数运动和原则已经成为整个文明世界开明人士的共同财富。奴隶身上的枷锁已被砸碎；自由职业对着有才能的人开放；公民选举权的范围正在势不可挡地向前推进；文化教育在大踏步地向前迈进，这不仅发生在英国，在其他许多国家也都发生了。所以当自由党的地位达到至高无上的时候，伟大的慈善的冲动一度曾鼓舞着他们前进，却由于成功而减缓下来。那些被召唤当权的人不得不去发现某种新的、令人信服的观念。

　　是劳合–乔治发动了这个国家自由激进的势力，并把它有效地融合进社会改革和社会安全的大潮中，所有新兴起的政党都在沿着这个潮流前进。没有人像他那样有智慧，有实力，没有人比他更深刻地了解人生。他的那颗滚烫的心被许多困扰村舍的险情激荡着：养家糊口者的健康状况，一生孤独的命运，赡养子女，缺医少药的防治和疗养条件，得不到保障的卫生保健。劳苦大众饱受这些苦难的折磨，所有这一切激起了他的恼怒、同情和爱心，为他增添了奋飞的翅膀。他懂得那种威胁着老龄的恐惧———一生奋斗之后，只不过是火炉旁边的一堆负担，是为生活而挣扎的儿子家中的一个累赘。40年前，当我开始成为劳合的朋友和主动的伙伴时，他对人民深厚的爱，对于生活以及对于人们所承受的不正当、不必要的压力的深刻认识，都深深地、不可磨灭地映在我的脑海里。

　　他具有无所畏惧的勇气，不知疲倦的精力，他的雄辩的才能、演讲的说服力，时而严肃、时而快乐的挑逗。他敏捷的智慧、穿透力和理解能力往往都能抓住事物的根本或者他视之为问题的本质。他目光锐利，明察秋毫，他通常在野外狩猎。我常常听到人们找他共谋大事，而他往往说："很好，但是我们过了桥之后还会发生什么？而后怎么办？"

在他全盛时期，他的权力、影响和主动性在全国都是无与伦比的。他是弱者和穷人的领袖。他的一生是伟大的一生，经历了近两代人的时间，大多数人不清楚他们的一生有多长时间是由劳合-乔治制定的法律规范的。他对人民深厚的爱，对于生活深刻的感受以及对人民忍受的不正当、不必要的压力的深切感受，他的这些感受却深深地印在我的脑海里。健康保障和老年抚恤金是国家自觉的努力；沿着拥挤的公路架上一道栏杆，且不破坏了社会建筑；在深渊上部捂上一个盖，内部大量的岩石往下落，经历了一代又一代人，却无人关切和实地注意到这里的动向。现在我们充满信心，因为人们更新了观念，把眼界放得更广、更深远。在过去一段时间里我曾经是他的中尉，在工作的很小方面，我们有共同之处。我看到了人生漫长的路，我们正沿着往前走，还必将走下去，在这一保险的路上，贪得无厌的人从人的住区被赶走。我们迈开脚步踏在旅途的路上。进步的征税制度，主要的补救措施至今被延用，以弥补失业现象——所有这一切不仅是人类使命的一部分，而且是劳合-乔治的那部分实际成就。我可以肯定，随着时间的流逝，由于他为我们国家、社会和家庭生活所做的伟大、艰苦、建设性的工作，他的名字不仅活在人民心中，并将照耀着世界的未来。

当维多利亚时代自鸣得意的静谧深入到可怕的20世纪世界骚动处，又在战争中爆炸时，劳合-乔治的声誉也同样坚定地立于他所发挥的第二个作用之上。虽然他不懂军事艺术，却公开反驳了那些好争执的不抵抗主义者，当我们的国家处在生存危机的时刻，他把其他的想法和目的都抛在脑后，全力以赴地投入战事。是他第一个察觉弹药、大炮和其他军械的奇缺会十分迅速地影响双方交战国，考虑到苏俄的情况，也将会给双方带来致命的影响。他在别人前面及早地发现了这一情况。这里我必须提到我尊敬、勇敢的朋友，威科姆区的议员（A.诺克斯爵士）是一个忠实、警觉灵敏的预言家和向导。他是我们在苏俄的军事代表。然而是劳合-乔治先生确定了这些有关文件，并摆到内阁成员的面前，从而以最大的魄力在晚期采取了行动。

　　劳合-乔治离开了财政部，当联合政府建立时，他又任军需大臣，就在这个部，他着手动员兴办英国的工业。1915年他负责筹建兵工厂，两年以后投产，战争还有几个月就要结束的时候，他毫不犹豫地开始了未来两年的规划。幸运的是这些工厂一直保持了1917年以来的产量——大量超产产品从这些工厂中生产出来。很快劳合-乔治在国家和政府中抓住了主要领导权。（尊敬的议员们："抓住"了，是吗？）是抓住了。我认为是卡莱尔评论奥利弗·克伦威尔时说的这番话："他渴望这个地方，也许这就是他的地方。"他立刻发出一股新生的力量，一股冲动，当时比任何已知事物的冲动都要强大，并已冲击到战时政府整个所在地，对这一地区的每一个部分他都一样地感兴趣。

　　在这个时期，我写过他的事迹。因为与他接触密切，我欣赏他的信心，羡慕他的人品，并且我已经记录下他的两个特点，这些在当时似乎对我无比重要的特点：第一个特点是他当前生存的权力，说"当前"并不等于目光短浅。第二，他从不幸中吸取力量，以争取未来的成功。所有这一切都由战争的胜利进展和警卫系统的选用，即加强了海军部说明了；由德国潜艇被击毁说明了；也由给了福柯元帅领导我们走向胜利的权力的西线联合指挥部说明了；还有许多其他事情，构成阴沉和漫长岁月的部分故事，永远保留了我对于这些说法的记忆，在当前反对德国侵略正接近胜利的尾声的两次大战中，我常常把它们再现于脑海里。

　　这位政治家和领路人，走完了他的一生之后，今天我们在这里哀悼他，不管在和平时期还是在战时，他都是一样忠心耿耿地为国家服务。他漫长的一生自始自终都是在政治斗争和政治纠纷中度过的。他引发了激烈的有时是不必要的对抗，在各种场合下与所有的政党进行过唇枪舌剑的辩论，他直面来势汹汹的批评和敌视，从不气馁，尽管所有这一切障碍包括他自己惹出的乱子，最终他都能一一克服，达到自己的主要目标。对于一个有实干精神、有才能、有创造力的人来说，真是"会当临绝顶，一览众山小"了。他的名字在整个英联邦中家喻户晓。威尔士自都铎王朝以来，一直是一个不可征服的民族，而他则是这一民族中伟大的一员。他所从事的很多事业正在继往开来，有一部分将会兴旺发达。我们的后来人可以发现他一生辛劳的支柱直立着，庞然不可摧毁；而我们自己，今天聚在这里内心充满感激之情，仿佛在暴风雨中，在喧哗与骚动中，他背负着义务和责任，与我们同舟共济。

悼念富兰克林·罗斯福
"最伟大的自由捍卫者"

下院　　1945.4.17

　　这是丘吉尔战时所作的第三篇精心制作的悼词。他把美国总统的死几乎当作"一次物资的打击"。他们长期热诚交往是西方政治家编年史上绝无仅有的记载。1945年春，由于希特勒德国的大撤退，伴随着斯大林的苏俄从东向西不屈不挠地猛进，丘吉尔深深地感到这对英美的领导和合作是一次突然的打击。

　　他的第一个想法是飞往华盛顿参加葬礼，谋求与美国的新总统建立密切友好的关系。最后，又决定不去那里——他后来后悔当初作这个决定。他的悼词是在午后狂热的激情中炮制的，大约在早晨去圣保罗教堂举行告别仪式与下午会见下院议员之间写成的。下午议会大厅里挤满了听众，可是在朗诵悼词之前人们对是否承认最近选举出来的苏格兰民族主义议员进行了微不足道却激烈的辩论。

　　耽搁了一小时，早先人们的鼓舞热情冷却了，丘吉尔这时候宣读了他的颂词。骚动不安的听众明显地不如平常注意力那样集中。约翰·考尔维尔认为"是有点欠缺，还不是作了最大努力的一次演讲"，哈罗德·尼科尔森也同意地表示："我认为这一次的颂词不是那么精彩——都没有他为内维尔·张伯伦作的悼词精彩,那真正是伯里克利式的演说。"尽管如此,他的这篇演说词读起来还是优雅壮丽的。

我与今天我们对他的工作和声誉进行哀悼的这位伟人之间的友谊在这次大战里趋于成熟了。我是在最后一次战争结束后与他仅仅有几分钟的会晤时间,1939年9月,我刚进海军部他就给我打电话邀我在我感到方便的时间直接对海军和其他事务与他进行磋商,达成共识。得到首相的同意,我这样做了。了解到罗斯福总统对海战有强烈的兴趣,我为他提供了有关海军事务的一系列信息,包括各种各样的战斗,特别是普拉特河的战斗,这次战斗照亮了战争阴郁的冬日。

我当首相的时候,战争爆发了,并达到骇人听闻的激烈程度,我们自己的生死存亡悬在天平上。此刻我已经有权与总统保持电报联系了,电报中使用了十分亲切的措辞,对我来说十分和谐得体,我们之间保持着这种联系,直到上个星期四,我接到了他的最后一次电报。这些电文显示了他洞悉疑难和复杂问题时,他那种常有的明晰的视野和勃勃生气,丝毫没有低落的情绪。我可以说这一共识随着美国的参战而增多了。我们之间前后共发过1700多封电报,有许多电文很长,大多数关系到在其他时期没有达成官方协议之后又拿到国家元首级的会上进行讨论的一些难题。在这一共识上还必须加上九次会见——分别在阿根廷,有三次在华盛顿,在卡萨布兰卡和德黑兰,两次在魁北克,最后一次在雅尔塔,共占120天的私人交往,很大一部分是与他一起在白宫度过的,或在海德公园的他家中,或者在兰山退休地,他称之为"香格里拉"。

我对他这样的一位政治家、实干家和战争领袖怀有羡慕之情。我非常信赖他的耿直、鼓舞人心的个性和观点,我觉得对他个人的尊重、对他的感情是无法用语言来表达的。他对他本国的热爱,他对他们国家宪法的推崇,对于公众舆论潮流的判断力总是正确的。更兼有那颗豪侠之心,一见到侵略、压迫、以强凌弱的行为便义愤填膺,打抱不平。这颗心永远停止了跳动,这

是一个损失，是全人类一大损失。

罗斯福总统忍受着严重的疾病折磨。说来也是个奇迹，他竟然从这许多年的狂风暴雨和战乱中挺了过来。几千万人中没有一人像他那样尽管受到疾病伤残的折磨，依然进行体力和脑力的拼搏，投入艰苦无休止的政治争论之中。几千万人没有一人像他这样身体力行过，一代人中也没人会取得如此的胜利，不仅推进了这个世界，不仅热情洋溢地在其中战斗，并且成为无可非议的奇迹发生地的主人。在这一精神胜过肉体，意志力胜过身体疾病的非凡努力中，他得到了那位贵妇人、他忠实的妻子的鼓舞和支持，他崇高的理想与总统的理想一起前进，下院深厚可敬的同情不折不扣地向他涌流。

毫无疑问，总统以比大西洋两岸最有学问的人更深邃的先见之明预见到极大的危险围绕着战前世界，在美国，像和平时期的舆论可以拿来借鉴一样，他全力以赴敦促提前做好战争的准备工作。当战争爆发时，他立场坚定地、毫不犹豫地站到了我们这一边。法国的垮台对这个半岛以外的人来说似乎是件痛心疾首的事，那么逼近大英帝国的灭亡对于总统来说也一样是一种极大的痛苦。这些情况给总统带来了极大的痛苦，不仅由于欧洲的缘故，还因为美国自己也要面临严峻的威胁。假如我们遭遇灭顶之灾，战争的幸存者要受到德国人的蹂躏，在苦难时期英国民族孤零零地将向何处去？这一问题使他和他的许多同胞内心充满对我国人民炽热的'情感。他和他的同胞感到1940—1941年严冬的猛烈，希特勒开始大刀阔斧地砍掉我们国家的城市，设身处地去想一想，我们每个人也都会像他那样做，也许会有过之而无不及，因为想象通常比现实更能折磨人。无疑，英国人，首先是伦敦人，若在美国人的胸膛上点火，其势之凶猛比起我们现在忍受的战火更难扑灭。那时除了瓦威尔将军的胜利外，确实还会有更多的胜利，因为这个国家给他派去了增援部队，1941年春经过充分的备战之后，我们遭到德国的侵略，这成为美国人的一大焦虑，而且这一焦虑正在美国蔓延。总统在二月份把威尔基先生派到英国。虽然这位先生是政敌，又是反对党的候选人，他在很多重要问题上感到焦虑。威尔基先生从罗斯福总统那里带来一封总统的亲笔信，上面也引证了朗费罗的那几行著名诗句：

> ……张开风帆，啊，祖国的军舰！
> 张开风帆，强盛而伟大的美利坚！
> 带着它所有恐惧的人性，
> 一切希望与未来岁月青青。
> 垂悬在你的命运上，气息奄奄。

大约同时，他采取了非凡的辅助措施，叫做《租借法》，它作为历史上一切国家非常大公无私、高尚的财政法案起了突出的作用。它极大地增强了英国的战斗力，出于战争的目的竭力使我们成为像现在这样的更大的共同体。那年秋天，在纽芬兰的阿根廷战役中，我第一次会见了总统，并一起起草了那个宣言，后来被称为《大西洋公约》，我相信，它将长期作为我们两国人民以及世界其他民族的指南，发挥其作用。

整个这一期间，日本人在悄悄地、十分隐蔽地做着它的罪恶的、贪得无厌的战争准备。接着我们在华盛顿会面，当时德国、意大利对美国宣战，这样，我们两国得以并肩战斗。从此，我们路过陆地、海洋，历经许多艰难险阻和失望，但总是有很大的成功余地。我无须对西半球发生的一系列战事连篇累牍地述说，也无需赘述在世界的另一边正在进行着的其他大战。当然不必把我们同伟大的苏俄同盟在德黑兰共同制定的计划公诸于世，因为这些计划都在付诸实现，世人有目共睹。

但是在雅尔塔，我注意到总统的不安神情。他的有感染力的微笑，他的快乐和迷人的举止并没有离他而去，但是他的面色是显而易见的，呈现一种寂然的神色并且常常双目远视，恍恍惚惚。当我在亚历山大港向他告别时，坦率地说我有一个十分可怕的感觉，他的健康、他的精力在崩溃之中。但无论什么都改变不了他不可动摇的责任感。他顽强地日理万机，直到他生命的最后时刻。总统的任务之一就是签批国家文件，也许每天要签批一二百件，

此刻还有委任状等等。他继续一丝不苟地做着这一切。当死亡突然降临，"他已经完成了他的信件"。计划中一天的工作做完了。像警句所说的，他"鞠躬尽瘁死而后已"。我们可以说，像他的陆军、海军、空军战士一样，他与我们的三军在全世界并肩战斗直到他停止了呼吸。多么悲壮的与世长辞！他带领他的国家度过了最危险的时刻，渡过了最困苦的难关。胜利的光束投射在他的身上。

在和平的日子里，他拓宽并坚强了美国人民的生活和团结的基础。在战争中他把伟大共和国的威力和荣耀提升到历史上任何国家从来达不到的高峰。用他的左手指引克敌制胜的同盟军直插德国的心脏；用他的右手，在另一半球迅速地势不可挡地击溃了日本的强权。而且在长期作战的过程中始终不渝地派送各种各样的船只、弹药、武器、军需品、食品，大规模地援助他的同盟军（不管大国还是小国）。

但是所有这一切，假如不是他为之献身的人类自由和社会正义事业，一切只不过是世俗的威武壮观，一种在世人眼中随时可见的魅力。他把一班坚强的能工巧匠保留在身后处理大量相互联系的一部分美国强大的机制。他安排了一位踏踏实实、老成持重的接班人继续他任期范围内的工作。对于这我们只能说，富兰克林·罗斯福的逝世使我们失去了一位伟大的美国朋友，一位始终从新世界给予旧世界帮助和慰藉的最伟大的自由捍卫者。

欧洲的胜利
"前进，完成一切任务"

伦敦　英国广播公司　1945.5.13

　　罗斯福去世的几周后，欧洲的战事结束了。四月下旬，苏美两军联合作战，攻克了柏林，德国人投降了，希特勒自杀了，墨索里尼被意大利游击队枪决。5月7日，无条件投降书由德军总参谋长乔德尔将军签字，5月8、9日子夜举行受降仪式。丘吉尔作了简短的广播讲话，在下院博得热烈鼓掌欢呼。而后他与皇族一起出现在白金汉宫的观礼台上——最后亮相的政治家。

　　5月13日，他就"胜利"作了40分钟的广播演说，这是他作为联合政府领袖的最后一次伟大演说。其主题是关于成功与悲剧，他就是用这两个词作为他最后一部战争历史的标题。讲话中流露出他对任首相五年间英国地位的提高感到自豪，这是可以理解的，并且彻底公布了英帝国、美国以及苏俄对于大战最后胜利的贡献。

　　他对瓦勒拉进行了哈罗德·尼科尔森所称为的"恶毒攻击"，表达了他对欧洲很多地区自由未来的恐惧，并告诫他的听众，抗日战争还得要打下去，直到胜利。虽然丘吉尔这次显得很疲劳，然而无碍他的演讲。这次演讲是对战争过程一次权威的检阅，详实地展示了他对英国历史性的命运深信不疑。

五年前的上一个星期四，国王陛下命我召集所有党派组建一个国民政府，以便继续我们的国务。五年在人的一生中是比较长的一段时间，特别是当善良的行为得不到宽恕的时候。然而国民政府是靠议会、靠整个英国国内民族以及出国打仗的将士，还有大洋彼岸的自治领和我们在世界各地的英帝国不屈不挠的合作者去维护和加强的。各种插曲发生之后，如今事情进行得非常好，英联邦和帝国比任何浪漫、漫长的历史时期都更加团结，做事更富有成效，变得更加强大。这种情况上周就明朗化了。情况无疑就是这样，这是任何有远见卓识的人都会承认的事实——在一个比五年前更好的状态里处理未来的问题和险情。

一段时期，我们的主要敌人，强大的德国统治了几乎整个欧洲。法国在最后一次战争中处于这样一个可怕的紧张状态，被打翻在地需要一段时间才能恢复。低地国家虽然进行了殊死的战斗也没幸免于敌人的征服，挪威被占领了。正如墨索里尼想象的那样，我们正处于岌岌可危的境地，意大利从我们的背后捅了一刀，但是从我们自身来说——我是指我们的命运——英联邦和英帝国都陷于绝对孤立。

1940年的7、8、9三个月，四五十个英国飞行中队在英国的战斗中以一架对七八架的劣势与德国的机群进行了空战。请允许我再重复一次那一重要时刻我说的那句话："在人类冲突的战场上，从来没有如此多的人把如此多的荣耀归于如此少的人"。空军元帅道丁大人的英名将永远与这一辉煌的事件连在一起，与皇家空军连在一起。皇家海军随时准备把荷兰和比利时的运河上集结的驳船打得体无完肤，不然一支德国侵略部队就会乘这只船偷渡增援。不是我一个人这样认为，那次对英国的进犯，如果敌人的偷渡得逞，便会轻易达到目的。然而秋季的一场暴风雨将1940年的侵略一扫而光。

然后猛烈的空袭开始了，希特勒说过，他要"抹掉我们的城市"。在这次猛烈的袭击中，绝大多数人民毫不退缩，毫无怨言地挺过来了，伦敦从磨难中挺过来了，我们其他被摧毁的中心城市也能挺得过来，光荣属于这些英勇的人民。1941年凌晨，我们仍然处在危机之中，敌人的飞机遮盖住整个半岛，4600万人不论和平还是战争有一半食品和其他生活必需品必须依赖进口；这些飞机可以一次性从布加勒斯特到挪威再返回来，他们可以出入克莱德河和默西河，观察我们船只的一切动向；把我们的护舰船队引向敌人停泊在大西洋上的密集潜艇中——潜艇的幸存者和接替者现在正在向英国港口聚拢。

他们想形成包围圈以绞杀我们。而我们唯有北爱尔兰和苏格兰之间的西北通路，由此路运进生活必需品，派出作战部队。戴·瓦勒拉的行为大大不同于数千名南爱尔兰人的性格和本能，他们急切希望上前线去证实自己古老的勇气。由于他的行为，南爱尔兰港口和机场可以很容易地保卫住的这些通道都被德国飞机和潜艇封锁住了。这的确是威胁我们生存的危急时刻，要不是顾及与北爱尔兰的忠诚友谊，我们早就与戴·瓦勒拉拼个你死我活了。然而我们保持了一些克制的姿态，我认为历史将发现一些与此相适应的东西，有鉴于此，陛下政府绝不会对他们大打出手的，虽然通常易如反掌，我们仍然听任戴·瓦勒拉政府先是与德国，其后又与日本代表"喜结良缘"。

我想到这些日子时，也想到了其他插曲和个人。我想到少校埃斯蒙德、一等兵肯内利和上校船长费根以及我可以张口就叫出名字来的其他英雄，我必须承认不列颠反对爱尔兰的仇恨埋藏在我心中。我只能祈祷：几年之后我会看到，耻辱不会忘掉，荣耀不会持久；我起誓作为英联邦的英伦三岛的人民将在共同理解、相互谅解的基础上并肩前进。

朋友们，当我们的思路转向西北部的通道时，我们不会忘记那些忠心耿耿的海上商人，不会忘记每天夜间外出扫雷的忠心耿耿的战士，以及报纸的标题上从未报道的无名英雄。我们也不会忘记富有创造力、适应能力强、能够掌握一切、最后控制一切的强大的皇家海军力量以及更加强大的空军新盟友，是他们保持了生命线的开放。我们因此能够呼吸，能够生存，能够战斗。然而我们也有自己的阴暗面，我们不得不摧毁或缴获法国舰队，不然它们就会落人德国人的手心，将会与意大利军舰合并，也许能使得德国海军在公海上狙击我们，对法国和我们下手了。我们不得不在我们最黑暗的时期把

坦克——特别是在国内把我们所拥有的一切派送给在好望角周围的瓦威尔将军的部队——这样做使我们想到1940年11月保卫埃及不受侵犯的情景和重创意大利部队的情景，当时墨索里尼的尾随部队预谋把部队开到开罗或者是亚历山大港，结果使意军有25万人被俘，伤亡惨重。

罗斯福总统一想到全体美国人，想到1941年初我们所遭受的磨难就感到不安。总统深深地感到，假如英国被摧毁，这不仅是一次可怕事件，而且是一个灭顶之灾，与此同时他也为美国尚未全部武装，这一潜在的危险和美国未来的命运感到忧心忡忡。他十分担心1941年春天我们会遭受到侵略，毫无疑问他拥有世界闻名的优秀的军事顾问，他派遣他近来的反对派、已故温代尔·威尔基先生带来总统的亲笔信，录下朗费罗有名的诗句，这些诗句我在下院的演说中曾引用过。

到1941年初，我们依然处于相当严峻的境地，尽管如此，比起法国刚陷落的那几个月感觉要好得多。我们在英国敦刻尔克的部队和野战军，近乎雄师百万，全部武装。我们从美国运到大西洋彼岸100万枝枪和1000门大炮，自6月份以来，所需要的弹药全部备齐。我们的军工厂越来越大，男女工人坚守在机器旁，有的由于过度劳累晕倒过去。由一开始近百万的男工发展到200万，达到高峰，一方面坚守全日制工作，一方面还组织了保安队。他们既有枪支武装，还有精神武装，他们发誓："不胜就死。"

此后于1941年，当时我们仍然孤军作战，我们为了支持希腊，不心甘情愿地，某种程度上是糊里糊涂地，在昔兰尼加和利比亚牺牲了我们冬季所获得的一切。希腊决不会忘记我们：尽管是无谓的牺牲，但我们付出了那么多，得到又何其少。我们是为荣誉而奋战，平息了德国人在伊拉克教唆的骚动，保卫了巴勒斯坦，在戴高乐将军不屈不挠的法国的援助下，我们清洗了叙利亚，清洗了维希政府①的黎巴嫩以及德国飞行员和德国阴谋家的黎巴嫩。而后于1941年的6月又一个世界大事件发生了。

---

① 维希政府：第二次世界大战时期，法国贝当（H.P.Petai）政府成员；支持维希政府（或其政府的人）。维希为法国中部城市古罗马时代的温泉疗养地，二战期间，法国贝当政府所在地。

　　无疑，你们读过英国历史——我希望你们要认认真真地读一读，因为记住了史实便会由过去而判断未来。只有在通过阅读英国小说，阅读英帝国的小说，你才能有充分的自豪感。在这个国家发表言论——你在读英国历史时经常会注意到我们不得不自始至终保持独立或者成为联合力量的主流，以反对大陆暴君（独裁者）；在威廉三世①和马尔伯勒统治下，我们领导欧洲近25年，我们不得不长期坚持反对西班牙无敌舰队；反对路易十四②的强大；150年前，纳尔森、皮特和威灵顿③在1812年正是依靠了英勇的苏俄人才打垮了拿破仑。

　　假如你坚持独立，坚持了相当长的时间，通常能迫使暴君犯下可怕的错误，这样就打破了整个战局的平衡。1941年6月22日希特勒自以为是整个欧洲的霸主了，是的，进而想称霸世界。打着这样的如意算盘，没作警示，悄悄地，突然穷凶极恶地扑向苏联，与斯大林将军、与数百万苏联军队展开了面对面的战斗。年底的时候日本把矛头对准美国，残忍地袭击了珍珠港，同时又在马来亚和新加坡攻击了我们，紧接着希特勒和墨索里尼向美利坚合众国宣战。

　　自那以后，几年过去了，每过一年对我来说仿佛度过了十来年。可是自从美国参战以来，那种忧思便顿然冰释，只感到我们得救了，只管尽力去争取打胜仗。在整个这一过程中我们发挥了应有的作用，做坏事的人都垮台了。我想我不是在说空话，吹牛皮吧，于1942年10月英美联军从阿拉曼先后进入北非，攻下了西西里和意大利，夺取了罗马之后长驱直入数英里，从

---

①　威廉三世（1650—1702）：尼德兰联省共和国执政（1672—1702）、英国国王（1689—1702），与其妻玛丽二世共同执政，接受国会通过的《权利法案》，确立了英国君主立宪制度（1689）。

②　路易十四（1638—1715）：绰号"太阳国王"，法国国王（1643—1715），亲政（1661）后建立绝对君权，推行重商主义政策，企图称霸欧洲，连年进行战争（1667—1714），保护莫里哀·拉辛，建立凡尔赛官等官室，形成法国文艺黄金时期。

③　第一伯爵威灵顿（1769—1852）：英国陆军元帅、首相（1828—1830），以在滑铁卢战役（1815）中指挥英普联军击败拿破仑而闻名，有"铁公爵"之称，曾反对《政策法案》（1831—1832），镇压1848年宪章运动。

没有败绩。而后从去年开始，经过了两年的精心准备，和对水陆两栖战斗的奇妙策划——向你展示我们的科学家无与伦比地立于世界民族之林，特别是当他们的思维用在海战上的时候——去年6月6日我们采取了审慎的步骤，从我们国家，从大西洋彼岸，驱动百万大军插进德国占领法国，我们打到塞纳河、莱茵河，英美联军的矛头所指处，敌人闻风丧胆，叶落纷纷。法国解放了，她造就了一支英勇善战的优秀部队投入了自身的解放。德国沦陷了。

现在从苏联人民巨大军事成就的另一边，德国人把更多的德国部队固定在他们的前线上，在德国的心脏地区摆开阵势迎击我们。同时在意大利的野战军元帅亚历山大的多国部队大部分是英国人或英帝国人，他的最后一击迫使100多万的敌人部队投降，这个由英美各以几乎数量相同的兵力合成，我们称之为第十五军团的部队现已深入奥地利，其右手伸给俄国人，左手伸给艾森豪威尔将军统帅的美国部队。正如人们想到的那样，三天之内我们得到了无人惋惜的墨索里尼和希特勒的死亡消息以及在三天之内有250万以上可怕的德国好战部队被迫向野战军元帅亚历山大和野战军元帅蒙哥马利投降。

此刻我想声明一点，即我们从来就非常清楚在解救法国和打败德国的战斗中，美国所运用的无比强大的力量。对英国和加拿大来说，如美国一样也已派出了三分之一的增援部队，从我们在战斗中的伤亡也可以表明在这次战斗中我们已经尽到了最大的力量。我们的海军在大西洋，在狭窄的海面上以及在把军队护送到苏联的过程中都承担了最大的重负。同时美国海军也不得不集中强大的兵力主攻日本人。我们合理地分配了劳动量，每一方面都报告了已经完成和正在完成的工作。颂扬我们自己最著名的统帅亚历山大和蒙哥马利的美德和辉煌业绩当然是正确的，自他们俩在阿拉曼一起参战以来都未吃过败仗。他们两人都在非洲、意大利、诺曼底和德国打过第一流的战役，取得了决定性的胜利成果。与此同时我们也了解我们对统一联合的指挥以及艾森豪威尔将军高水平的战略指导应当表示多么大的感激！

我借机向英国的参谋长们表示敬意，在那些严峻的急风暴雨的年月里，他们风雨同舟、密切合作。在这一人数少、能量大的智囊团里，他们丢掉了所有偏见，作为一个整体，判断问题，彼此之间配合默契，始终如一。野战军元帅布鲁克、庞德元帅（他去世后由安德鲁·坎宁安继任）以及空军元帅结成一个团体，在整个战略指挥上，在与我们的盟国的联系上都应当获得最崇高的荣誉。

完全可以说，我们实施了我们的战略方针。两国之间最密切的结合、最大的一致性由英美统一的参谋长们灌输进战斗的行动，从德黑兰以后，苏联人加入了战争领袖的行列，同我们战斗在一起。也可以说从来没有哪两国的力量像伟大的英国、美国军队那样并肩战斗，相互融合在一条战线上，实现了像这样同志加兄弟的团结。有人会问，要是两个国家说同种语言，有相同的法律，两国长时期有共同的历史进程，并且在人生的一切希望和辉煌中有十分近似的世界观，那么你将期待什么呢？也会有人说，假如我们不继续合作，不一起前进，不同舟共济，不振翅比翼，那么对于全世界，对于这一搭档必会有不吉利的日子。无论何时为了全世界的自由、平等，有的事情不能不做，那就是未来的伟大希望。

德国的失败把我们从最后的危机中拯救了出来。我们在伦敦和东南部国家一年之中吃了各种各样飞弹的苦头，还有一种武器，也许你们听说过，那就是火箭。我们的空军和我们的高射炮炮台在反飞弹中出现了奇迹，特别是空军及时瞄准那些微小的可疑点射击，这些点阻碍了并极大地贻误了所有德国的准备工作。只是当我们的部队清理了沿海并掌握了所有的射击点时，当按日前得到的信息，美国缴获了莱比锡附近各种大量的储备火箭时，在对法国和荷兰沿海的一切战备进行了详细的检查和科学的验证之后，我们才明白所面临的危险是何等的严重。危险不仅是来自火箭和飞弹，而且还来自于专门用来攻击伦敦的远程炮。同盟军只有准时猛烈地轰击巢穴中的毒蛇，不然不要等到1945年，1944年秋天准会看到伦敦像柏林一样地被摧毁。

同一时期德国人准备了新的U-潜艇舰队，并采取了奇特的战术，虽然我们终将消灭它们，但德国人的新动向，却又把我们反U-潜艇战争带回到1942年的高峰。所以我们应当高高兴兴地表达我们的感激，不仅为我们完全孤独

时却能幸存下来，也为我们及时从新的困难中得到解脱，尽管新的危险是不可预测的。

我希望今晚我能告诉你们，现在所有的艰难困苦都过去了，此后我的确可以高兴地结束我五年的公务，假如你们以为你们受够了我这一套，就此我可以过清闲的日子的话，我告诉你们，我会非常体面地这样去做。但是，我要警告你们：你们还要像我一开始接受这五年的使命时那样——当时没有人能料到这段时间会如此漫长——还会有那么多的事情要做。你们还要准备作进一步的身心努力，进一步为伟大的事业做贡献。假如你们不打算再墨守成规，不想落入盲目，不想变得为守成而胆小怕事，你们一定不能放松警惕，变得糊里糊涂。虽然人类的快乐对于人类的精神是必要的，但也必须增强体力和调整复原力，这样一来，每个人都能返回自己的工作岗位，返回他们进行公共事业所具有的认识能力和观察力。

在欧洲大陆上，我们不能不确信：我们参战的简单又光荣的目的在我们胜利后的几个月中没有被置之不理，"自由"、"民主"与"解放"这些词没有在原意上像我们理解的那样被歪曲。假如法律与正义不存在，假如极权主义或警察政府将要取代侵略者，在惩罚希特勒的罪行方面也就无意义了。我们不为自己谋求什么，但我们必须确信我们为之而战的这些事业实际上已在和谈桌面上找到了共同语言和共识。我们必须努力工作，这样同盟国在洛杉矶创建的世界组织不会空有其名，不会成为强者的挡箭牌、弱者的讽刺把柄。胜利者必须在其壮大时期审视他们的内心，必须符合他们所使用的巨大力量的高尚品格。

我们绝不要忘记，不管日本受到了制裁还是走向失败，在这一切潜伏之外还有几百万日本军队，对于那些战犯而言，死亡并不可怕。今天晚上我不能肯定要花多长时间、多少努力才能迫使日本人为他们的穷凶极恶和残忍作出补偿。我们——像中国一样，经过这样长时间的顽强战斗——遭受了巨大、可怕的伤亡，凭着荣誉和对美国兄弟般的情谊，我们注定要在地球的另一端同他们站在一起，不举旗投降，不能失败，坚持打下去，赢得战争的胜利。必须记住澳大利亚、新西兰和加拿大，过去、现在都直接受到这一恶势力的威胁。我们处于暗无天日的年代，他们向我们伸出了援助之手。我们决不能把有关他们的安全和前途的未尽职责弃置一边。我向你们说过，在艰苦卓绝的最后五年中，一开始你们就没有畏缩。假如我不始终高喊：前进，不屈不挠、坚持不懈，直到完成了全部使命，直到全世界实现了安全，成为一片净土，那么我便没有资格去接受你们的信心和慷慨。

第五章　用不同语言演讲

（一九四五至一九五五）

再次投入竞选
"某种盖世太保的形式"

伦敦　英国广播公司　1945.6.4

在欧洲，二战的结束带来了丘吉尔战时首相任期的结束。工党在联合政府中的席位一直保持到日本战败之后。1945年5月23日丘吉尔正式宣布辞职，但立刻又被责成组建一个看守政府。议会6月15日解散，大选7月5日开始，10天后丘吉尔和艾德利飞抵波茨坦，7月26日公布会议结果（波茨坦公报）。

战争期间，丘吉尔作为保守党领袖四次发表广播演说，其中第一次演说因其猛烈、残忍地攻击工党而产生了不可磨灭的印象。克莱门泰因·丘吉尔求他删去"盖世太保"那一部分，但是徒劳无益，《时报》抨击了他由国家领袖到党派煽动性的政客这一过渡太猛，令人不舒服。查理士·威尔逊爵士，丘吉尔的医生认为这次演说表明他的杰出的病人再次失去了理智，转而求助于谩骂。

虽然次日晚，艾德利作出了十分有效的答复，但回答得根本不清楚，这一次臭名昭著的广播演说深深地影响了大选的结果。一些保守党人实际上是赞同这一演说的，但是它极大地损毁了丘吉尔一向以"慷慨"和"宽宏大量"而著称的声誉，使人们想起他出了名的缺乏判断力，因而感到不安；进而感到他当反对党领袖的几年任期并不是吉祥如意的兆头。

我遗憾的是失去了那么多的好朋友，他们在联合政府中与我一起工作了五年。在整个夏秋两季"选举热"持续下去是不可能的。这次大选对于所有参与者来说持续的时间都是相当长的，我猜测一般民众在选举日到来之前就会对它深恶痛绝。

我殷切地希望在整个抗日战争期间都能彼此帮助。另一方面，在战争年代过去之后，一个崇高的责任就是要求人民通过三个党达成一致协议解除我的职务，也许要通过官方的"盖洛普①民意测验"得到进一步的确认。我相信这一责任会导致提出十分重要的要求，即我们应当继续把工作做完，这样我会立刻说："没有必要进行一年的大选，也没有必要因此多费口舌。"

我知道我们工党同事都乐意继续履行他们的职责，另一方面，社会党一段时间内迫切要进行一场政治挑衅。情况不妙的是他们的健康状况不允许他们渴望参战。当许多人有这样的感觉时，我们便尽力让他们有健康的体魄。

朋友们，党通常在我们的事务中发挥极大的作用，党与群众的关系被认为是光荣的凝聚力。没有人能怀疑，德国发动的战争结束了，对这个国家也对整个联合政府的眼前危险暂时消失了，然而对战争的情有独钟还会引发出来。我们的社会党和自由党的朋友深感不能不把党放在国家前面。两个党既然与国家分开，于是留下我们去承担起国家的重担。

完全如我两年前说的那样，我已经与他们一起建立了另一种形式的联合政府。不再依靠三党官方机构的协议，而是依靠保守党，还有任何党派中大凡有良好愿望的人，所有在党派的、意志坚强的人，或是无党派的，只要愿意做贡献的人，我要求全国一切诚心诚意以国家利益为重的人都来支持联合政府。我把我自己当作保守党的一员和国民政府的候选人之一，其他人可以选择称自己为联合政府或国民自由党，那些在选举日给予我们支持的人，应

---

① 盖洛普（1901-1984）：美国统计学家，民意抽样调查（即盖洛普民意测验）创始人，曾创建民意学会（1935）和不列颠民意学会（1936）。

当投联合政府的票，而不是投政党的票。

我为什么要求称呼这个政府为国民的（National）？其一，因为那些离我们而去的人只让我们停留在党的基础之上。其二，因为保守党多年来在这个国家一直是最强大的党，她一直愿意在新政府中拥有三分之一以上非保守党党员的内阁成员。这些杰出的人中有很多不愿意从党的意义上称自己是保守的，没有这些人的帮助我们不会渡过战争的难关的。他们宁可称自己为国民的，很多保守党党员希望步步高升，为了帮助国家走出困境，高兴地接受了他们政治生涯中的干扰。

我是否特别憎恨自由党的所作所为？在我们与正统的社会主义者之间存在着教条上的大鸿沟。以后我再详细解释社会主义，或作更极端的形式——共产主义这个人类社会的大陆概念。保守党与我创建的国民政府以及自由党之间就不存在这一鸿沟。自由党的观点很少激励过去我们并不继承和捍卫的伟大的自由党领袖们。首先，因为国内外有我们的自由捍卫者，我们皆以最大的深度公布和实施了英国宪法的一切指导原则。过去什么时候自由党获得像包括在我们《四年计划》内的纲领那样的深入、温和、带有冒险性的社会改革的政治纲领？实际上我觉得格莱斯顿先生肯定会在大量的指导原则面前畏缩不前。他会认为这些原则离他们太远，但是我们毕竟还有一个罗斯伯里（Rosebery）和一个劳合-乔治高举起他们先辈的旗帜前进。

那么为什么自由党要藐视我们？他们为什么离开了战场？究竟为什么他们不能与我们一起战斗，直到我们打垮日本人的残暴强权，直到我们为苦难的欧洲徒步踏出可以忍受的生存之路呢？遗憾地告诉你们，他们屈服于战术的引诱，假如政客们不惜代价要在下院获得更多的席位也是自然而然的。很清楚，这两个党之间在投票选举中越是棋逢对手，自由党的讨价还价的劲头越是十足。毫无疑问，为什么所有辛克莱、贝弗里奇等自由党徒把批评的矛头指向我们，并且十分起劲地反对我们？他们谩骂的对象就是我们。

我实在感到抱歉，看到这一战线由男女朋友们，由这样一个党发展壮大。我怀着这个党的许多理想，并将不断努力去符合她的条件，或尽最大的力量去捍卫她。相当大的一部分自由党已经择定国民方向，依然同我们共同工作承担重任，对此我根本不觉得奇怪。

但是我求助于全国各地的自由党党员，并且呼吁他们审视一下自己的内心，看一看他们是否与贯彻执行《四年计划》的英国政府之间有何分歧。一个由于热爱自由变得生气勃勃的政府立誓争取十分适合胜利者的正义、慷慨的和谐环境，这个政府对先辈忠诚的要求不比社会党提供的多，社会党的原则是对传统的自由主义理论的彻底否定。让他们根据过去著名的自由党领袖的演说仔细地把这一环境规划出来吧。那位疲倦的自由党战士在看到他们的意见越来越被觉醒的民族和胜利的国家所接受时，便沐浴在一片温馨之中。让他们在围绕一个自由党战士的一片暖意中仔细地把它想出来吧。

（注：以下几段是丘吉尔对社会主义制度的尖锐攻击，这里作了删节。）

在法律范围以内，我维护个体的主权自由，个体自由选举议会，议会自由通过法律。我维护普通人的权利，让他说出他对政府的想法，假如他以为他能够变得更高雅，也能改善他的家庭条件，假如他能劝导别人与他一道投票选举，那就彻底行使他的权利吧。

但是，你们会说，看一看在战争中的所作所为吧！难道你刻画的许多邪恶不是你日常生活中随处可见的吗？战争的恐惧还没有结束，它不胫而走蔓延到根据地，蔓延到家乡，所到之处，人们放弃了共同事业的权利和自由。这是由于他们国家的生存正处在最危险的时刻，或者为了其他国家自由事业他们自由地放弃和牺牲了这一切。事实上，社会主义在战时发挥了极大的作用，只要能救国，我们甘愿受驱使。但是战争一结束，危及生存的恐惧消除了，在面临生死存亡极端危险的时刻，我们砸碎了捆绑在我们身上的枷锁和重负，远离阴郁的战争洞穴，踏上微风徐徐的原野，那儿阳光普照，一切都兴高采烈地在温暖的气氛中，在金色的阳光中漫步。

我们当前的对手，我相信，我认识他们中的许多人，会吃惊地看到他们自己的去向以及他们企图引领我们去的地方。因此他们采取了权宜之计，说

根据我们的多数，让我们把我们可以得到的一切都国有化；让英国的银行掌握在可信赖的社会主义政治家的手中。我们将走在前头，审视将要发生的一切。实际上你们可以看到将会发生的情况。

但是我告诉你们，一旦社会主义政府开始嘲弄英国的声誉，不顾事实，不计地位和信义，企图按社会主义的要求摆布我们的声誉，我们这个国家就没有人靠节约和苦干积累起无论多么小的引蛋①，所有人都将冒险看到这个国家在他们面前束手无策。格林伍德先生两年前说，"英镑和便士都是毫无意义的符号"。而我反驳了他：所有这些毫无意义的符号代表的讲话都是十分危险的。因为它将使一个左右英国银行的社会主义政府能够发行钞票，毁掉零星节余的价值，毁掉任何人在这个国家积累的引蛋。

新联合政府坚决保持英镑的购买力。我们宁可把他们能够承担的最重的税收负担加在所有贫富阶级身上，而不是滑落进通货膨胀的疯狂之中。我告诫你们，假如你们投我的票，并投那些与我一起供职人的票，我们不能确保未来这段时间事业繁荣，人民生活的舒服安逸。另一方面，你们无须期待英镑、便士成为"无意义的符号"，相反我们的决心是：用汗水、辛劳、技能所获得的东西，或靠自我控制所节省的钱财去支配购买和平产品的购买力，以此保持与汗水、辛劳、技能等值。我们应当妥善地关心这种做法，反对这些不合理的回扣和垄断。我们还要保护平民，依法反对这些不合理的回扣，控制垄断寡头，他们的行为不过是对贸易的种种约束，对小生产者或分配者是一种压榨。

朋友们，我不能在生活和管理的社会主义者理论与个人主义之间进行讨论。我必须回到摆在我们面前的工作上来。我们应当做什么？我们现在该做什么？

我们要把承担战争压力的战士们接回家来，并依靠我们的点滴力量和智慧使他们觉察到：食物、家、工厂都在等待着他们。利用查找上次所犯错误

---

① 引蛋：留窝引蛋，引诱母鸡继续把蛋生在窝中之用。这里指积蓄。

的有利条件已经作好了动员计划：贝文先生作出了一个计划，除了避免过分复杂和繁琐手续之外，在每一个战士之间都做到公平合理。然而他留给我们去完成的是多么可怕的事务啊！

然后你们还要再补充：在复员的这一部队以外同时还要建立一支新军，派出去站在我们的美国兄弟一边去消灭世界另一边的日本暴君。这是一项重大任务。

而后又有认真的人们说，我们应当开工厂，为国内、为出口贸易生产供应各式各样新的服装和物品，我们的食品供应怎么样？甚至在战争的压力下，我们仅仅种植了三分之二的粮食和原材料，那么又怎么付款呢？我们把国外的投资大量地用在公共事业上。那年，值得纪念的残酷的一年，当时我们孤军对付强大的希特勒，还有他的走狗墨索里尼。我们献出了一切，我们把一切都献给了打赢这一场战争。现在我们已经到达其中的一个伟大胜利的停战哨所。

我们制定了《四年计划》，其中包括了一切希望和效益以及所有耐心的工作——意味着把计划掺入法律，并用它规范行为。一切明确、现实、宏大的任务将需要点点滴滴的力量、优化的管理，更重要的还有我们可能从中压挤出我们自己的亲密友谊。

用这些社会主义的激烈的争论去猛劈猛砍反复确定、一再组织的大事会是多么疯狂啊！把我们投进严酷的政治、党派间的争斗，把巨大的革命变化强加在英国整个日常生活、英国的机构上面，做法是何等的愚蠢！是否可以确定至少我们要等到下一届大选？在以下几个星期或几年内还会有世界末日。自由讨论的进程可以表明谁的恐惧、谁的希望会更好地实现。难道我们能不管欧洲，惟独把英国安顿下来？在我们探讨这场可恶的内部争夺之前，让我们集中关注一下现实、急迫的行动，并确信在瞻目群星的过程中，我们并没有失职，并没有辜负我们的同胞。

继续前进吧！让我们心满意足地去做重压在我们头上的那份工作！我们相信：勇士载胜利还乡，踌躇满志；披一身勇武归来，不染一尘；看倾国自由，志在自主，向万众捧出一颗爱心。

对战争的最后检阅
"我们为什么要惧怕未来？"

下院   1945.8.16

1945年7月26日，情况明朗了，保守党已在选举中遭到了惨败，丘吉尔也就立即提出了辞职，但他仍决定要当反对党的领袖。当8月1日议会重组时，保守党对他表示了热烈的欢迎，但是丘吉尔突然提出辞职所给予人们的震惊很快就被远东所发生的事情的巨大影响取代了。两个星期之内，两枚原子弹分别投落到广岛和长崎。8月15日，日本政府投降了。

次日，新首相克莱门特·艾德利在下院对丘吉尔所做的工作和所说的话极力称颂："他以不朽的语言，具体地表达了大家未曾表达的感情。"作为答复，丘吉尔发表了这篇在战时伟大演说中的最后一篇。它雄辩、幽默，显示出丘吉尔的高尚品格、政治才能和宽宏大量的性格。这篇演说对战争与和平及国际和国内舞台上的事情作出了高瞻远瞩的评述，和他近期发表的"盖世太保"广播演讲形成鲜明对比。

克莱门泰因·丘吉尔对这次演说作出如下描述："这篇演说是一篇发表于新一届国会成立之初的辉煌、雄伟、感人至深的篇章，再现了他1940-1941年的超常能力，由那些颇为怯懦、畏缩和紧张的议员们所组成的新国会被他的演说完全吸引住了。"而且这篇演说显得非常出色，因为丘吉尔此时正处于极度沮丧之中，他愤恨竞选失败，怀念他的工作，恼恨被剥夺的平民身份。

　　我们应该向陛下政府表示祝贺，祝贺我们国家的光明前景，我们获得了完全的胜利，日本彻底失败了，实现了世界和平。仅仅一个月之前，我们还不得不以最快的速度，消耗巨额费用，为在远东进行长期血战而做各种准备工作。在波茨坦会议的最初几天里，杜鲁门总统和我批准了由联军参谋长们提交的作战计划，计划内容涉及在马来亚、在荷兰的东印度群岛及在日本本土进行一系列大型战斗以及登陆的问题。这些行动需要欧洲作出空前的努力，英美人民为此所要付出的生命代价和战争所需要耗费的巨大财力是无人能估量出的。而且更加无从知晓的是，需要多长时间才能彻底消除日本在它所强占的许多领土上的抵抗，尤其是在其本土上的抵抗。它使世界由战争转为和平的全过程总是受阻或推迟，每种争取和平的努力和夺取战争优先权的企图几乎扼杀殆尽。面对这一严峻的、完全变幻莫测的局面，是无法作出明确决定的。

　　在以上三个月中，一种令人困惑的二元性因素使得政策和行政工作的每一个问题都变得复杂了：我们必须同时为和平和战争制订计划；正在组织大部队，组建另一支强大的队伍并把它派往地球的另一端；几百万人渴望回到文明生活中去，每个人的渴望都变得日益迫切；我们还要派几十万人到远东参加新的严酷的战争，这些人也显得日益紧张。如何让人们自由地通过他们自己的努力来恢复英国的繁荣，而同时又必须满足对日作战的严峻需要，这是我长期经历中所遇到的最令人困惑、令人苦恼的难题之一。

　　我承认一个月以前我是怀着十分焦急的心情来看待这一问题的前景的，但自那以后，我已经消除了这一心理负担。7月17日，我们所焦急等待的消息传到了波茨坦——在墨西哥沙漠进行了原子弹实验，我们的同盟美国的悲壮冒险以意想不到的成功圆满结束了。墨西哥沙漠试验的详细报告，几天后通过航空送给了我们。在很少的几个知情人物看来，这份报告毫无疑问使得

我们在处理人类事务时不得不面临一个新的因素，我们获得了一种不可抗拒的威力。根据英美协定，在这一问题上应与英国磋商，英国享有这一权利。我和杜鲁门总统在波茨坦共同作出了使用原子弹的决定，我们批准了投放这一令人恐怖的封闭武器的军事计划。

自那时起，我们对前途的看法就改变了，总统和史汀生①先生和我都为这次实验的结果准备了声明书。我们的声明书都以共同的协定为框架。经首相同意后，这些声明后来通过广播播放了。杜鲁门总统告知了斯大林元帅，在对日作战中，我们打算使用威力无比的爆炸物。事情也就按我们现在都知道的方式发生了。我们应将对日作战的突然而迅速的结束归因于原子弹，而非其他任何因素。

在使用原子弹以前，首先有必要向日本发出最后通牒，告知他们无条件投降的含义是什么，这一文件于7月26日发表了。同一天，另一件事情发生了（大选的结果和丘吉尔辞去首相职务），议会各派对此看法不一。我们对于日本无条件投降之后的前途所作的承诺是慷慨到了极点的，当我们回想起日本军阀完全无缘无故地发动对美国和英国的进攻所表现的残忍和狡诈时，这些承诺应被看成是极度宽宏大量的。用一句话说，这些承诺意味着"日本仍是日本人的"，甚至允许他们在人口稠密的本土使用他们所控制范围以外的原材料。由于将要使用的武器具有新的、可怕的杀伤威力，我们感到应当采用一切可能的办法诱使他们按照我们已经宣布的方针政策投降，在使用这一可怕的武器之前，我们的良心要求我们必须这样做。

其次，在投放原子弹之前，我们采取了一系列的警告方式：对城市进行了猛烈地轰炸，并竭尽全力敦促人们从受到威胁的城市全面撤出。因此，在使用原子弹之前，为了减少伤害日本人民的性命，人力所能做到的一切我们都做了。有些人宣称根本就不应该使用原子弹，我不能同意这种说法。

---

① 史汀生（1867–1956）：美国国务卿，执政于1929–1933年，两度任陆军部长（1911–1913；1940–1945）。日本侵占中国东北（1931）后提出"不承认主义"（即"史汀生主义"），建议向日本投掷原子弹（1945），著有《远东危机》等。

六年的战争使大多数人相信，如果是德国人或者日本人发明了这一新武器，他们会兴高采烈地用它来对付我们，直至将我们彻底消灭。我感到非常奇怪的是，十分可敬的人们（除了那些在通常情况下不愿亲自上日本前线的人）居然采取这样的态度，认为我们应该在攻入日本的拼死的战斗和屠杀中牺牲100万美国人和25万英国人的生命，而不应该投放这颗原子弹。将来人们将会判断这些生死攸关的决定。我相信，如果他们发现自己生活在一个较为幸福的世界里，一个摒弃了战争的世界，一个充满了自由的世界里，他们将不会责备那些在这个充满恐怖、残酷和苦难的时代里为自己的利益而战的人们。

原子弹带来了和平，但和平还要靠人类自身来维护。今后，如果有谁胆敢发动战争，威胁人类文明的延续，甚至威胁人类自身的生存，必将受到惩罚，只有以此来维护人类的和平。目前，原子弹的秘密应尽可能不泄露给世界上的任何其他国家。在这一点上，可以说，我和总统的意见是完全一致的，这并非谋求或希望谋求霸权，而是为了全世界共同的安全。每个国家科研和实验的进步都是不可阻挡的，尽管科研工作会在很多地方进行着，但是要使理论与实践相结合，需要大量的工厂，这并非任何一个国家都能一下子建成的。

因为这个原因或其他很多原因，现在美国的核技术处于世界之巅的位置，我对此感到由衷的高兴，让他们尽量发挥他们的威力，履行他们责任吧，这是因为他们并非只为自己谋福利，同时也为别人，为每一片土地上的每一个人谋福利。然后，人类历史会进入一个光明的时代。就我们所知，美国现有的具体发展水平至少比世界其他国家要超前三四年，在这三四年当中，我们必须改造所有国家的、地方的人与人之间的关系，我们必须用某种方式来改造他们，使得这些人抛掉他们卑鄙的、为时代所唾弃的野心，防止因为意识形态的巨大差别而互相发动战争。拥有至上权威的国际实体会给世界带来和平，会给人类带来公正。我们神圣的奋斗历程已经将我们带到了世界历史的一个庄严崇高的时刻。所有的人，无论是最平凡的人还是最伟大的

人，都应当竭尽全力，去充分利用这些极其宝贵的机会。机不可失，时不再来，我们应当分秒必争。

有人认为，使用原子弹促进了苏联对日宣战，在我看来，这是一个误解。在此以前相当长的一段时间，斯大林元帅与我谈话时，我们就达成了非正式的协议：苏联将在德军投降后的三个月内对日宣战。之所以需要三个月时间，当然是因为需要增援大批军队才能将苏联——满洲军队由一支防御力量变为一支进攻力量，而这大批的增援部队需要通过西伯利亚铁路运输，三个月是我们所确定的时间。德军于5月8日投降，与此同时，苏联于8月8日对日宣战这种事实，并非只是一次巧合，而是斯大林元帅和他的英勇的军队一贯忠实而守时地履行他们的军事承诺的又一例证。

我现在把话题转向波茨坦会议的结果，它已经在一致通过的公报中和杜鲁门总统一周以前所作的非常精彩的演讲中公开了。在军事管制政府的临时管制期间，同盟国管制委员会提出了对德国实行管制的措施，这些措施获得了一致同意。该军事管制政府只是临时的过渡机构。希特勒纳粹党本性如此专横，几乎破坏了德国人民中独立自主的一切因素。战斗是艰苦卓绝、生死攸关的。人民大众被迫吞下了一切战败的苦果。终于群龙无首的德国落入了征服者的手中。还需要很长时间才有可能重建和恢复德国国民的生活，胜利者也需要很长时间来权衡世界和平所受到的巨大的影响。

同时，在我看来，让德国地方组织有效地承担起责任，让他们在同盟国的监督下，去做维持广大人民生存所必需的生产和管理工作。这是一件极其重要的事。让同盟国亲自承担这一责任是不可能的，我们不能让德国人民在今后好几年里依靠我们的劳动成果而生活，不能让他们等着同盟国为他们提供食物，为他们的生活做出安排和提供教育。我们应当尽力帮助避免产生饥荒的悲剧，但是我们的小岛国，有一半粮食需要进口，我们在这方面想进一步做出显著贡献也是不现实的。我们的供给制如再严格一点，就会危及我国人民的生命和健康。而我们还有大量工作要做，我国人民的生命和健康都是不可忽视的。因此我非常强烈地建议，根据德国地方组织的成立情况，鼓励他们主动承担这一责任。

在波茨坦成立了由三个、四个或五个强国的外交部长所组成的理事会，他们一有机会就按各种不同的组合形式开会，这为我们持续深入地研究摆在我们面前的有关亚洲和欧洲的许多问题提供了一个新的、灵活的工具。我十分高兴我在会上提出的将理事会的常设秘书处设在伦敦的建议得到了认可。前任外交大臣在长期工作中已日益赢得苏联和美国外交部长的信任，他通过与设在伦敦的欧洲顾问委员会的接触，一直感觉到事情能很容易地以友好的方式解决。这些强国愿意满足我们的要求，将常设秘书处设到伦敦。在这件事上，我们的前任外交大臣是应该受到一定程度的称赞的，这一点我必须说明。现在伦敦作为左右国际事务的一个中心是该得到公认的时候了。它是最古老的、最大的首都，也是受到的摧残最严重的首都，还是首先遭到这次战争打击的首都。毫无疑问，我们早就该得到公认了。

令我高兴的还有，根据我们与俄国以及和波斯（伊朗）之间于1914年所签订的三国条约，英国和苏联军队已经开始撤出波斯。尽管这并未写在公报中，但我们已经听到所宣布的苏联和英国军队已经开始或将要开始从德黑兰撤出这一消息，这只是整个过程的第一步。这次会议上所出现的其他情况也应被认为是令人满意的，但是我们不能自欺欺人，认为战胜国每一次会议的结果没有任何令人失望或焦虑的地方，或认为我们面临的最严重的问题都已很好地解决了。事实证明那些问题已经被外交大臣理事会处理了，但该理事会毕竟只是一个力量有限的组织。其他重大问题要留到和平最终实现之时，那时很多问题会自动得到解决的，不一定要用最好的方式解决。

对于东欧和中欧的形势，在战胜国之间不可避免地存在着分歧，想隐瞒这些分歧既是错误的，也是不可能的。我并无怪罪首相和外交大臣之意，完成由我们所开始的会谈是他们的任务，我敢肯定他们已经尽力了。我们必须认识到，三个占主导地位的国家中，没有任何一国能将自己提出的解决方案强加到另一国头上，唯一可能解决的办法是通过相互让步。可怕的战争摧毁力量给世界带来一片萧条。在这个世界上，英国的力量和影响相对而言较

大，但我们英国人必须认识到我们自身的力量和影响是有限的，我们早就应该认识到这一点，而且应该越来越清楚地认识到这一点。无论议会在何处召开，任何一个政府都没有能力带回这样一个能让该议院中大多数议员都断定是完美的解决方案。我必须录下我自己的观点，大家一致同意的波兰西段临时边界，即从波罗的海的什切青，沿奥得河及其支流、包括全德国的可耕地的四分之一的西部尼斯，这在欧洲未来的地图上并非是一个好的征兆。在联合政府里，我们一直有这样一个愿望，因为波兰把库尔真（Curzon）线以东的领土割让给苏联，波兰在西部应该得到足够的补偿。但我认为这是一个错误，波兰临时政府是犯此错误的热情同伙，它做了大量不必要的、不应做的事。波兰人几乎具有所有的美德——同时，他们也从未避免犯错误。

我收到关于德国人从新的波兰领土被驱逐或退出的情况的报道，对此我现在感到十分担心。战前那儿有800万~900万居民，波兰政府说在它的新国境内现在仍有150万人尚未被驱逐出去。其他几百万人一定是在英国和美国避难，这就加深了我们食物的缺乏程度。而且，还有大量根本没统计的人口数字，他们将何去何从？他们的命运如何？在从捷克斯洛伐克驱逐苏台德人和其他德国人的过程中，同样的问题会以不同的形式出现。对于已经发生的事和正在发生的事的说明材料，尽管很少，且进行了保密，也已经泄露出来了。在将欧洲一分为二的铁幕背后，悲剧事件有可能大量地显现出来。我欢迎首相对此发表能让我们心情愉快的声明，至少能让我们对这一令人焦急而痛苦的问题有所了解。

还有一个令人焦虑的方面。我记得这次战争发生前的两周，凯泽①的朋友，伟大的造船大王贝林（Ballin）先生告诉我，他听见俾斯麦②临终前说："如果欧洲将要爆发另外一场战争，那么一定是由巴尔干半岛上某件该死的

---

① 凯泽（1882-1967）：美国实业家，创建凯泽铝业、水泥、钢铁等100多家公司，参加修建大古力水坝等庞大工程，第二次世界大战中开办造船厂，采用预制件装配法造了大量舰艇。

② 俾斯麦（1815-1898）：普鲁士王国首相（1862-1890），德意志帝国首相（1871-1890），通过王朝战争击败法奥而统一德意志，有"铁血宰相"之称。

愚蠢事件而引起的。"1914年谋杀萨拉热窝的皇太子一事，成为第一次世界大战的导火线。我不能设想今天，导致新矛盾的因素在巴尔干半岛上并不存在了。我并非重复俾斯麦的话，但是，在新的下院议员中恐怕不会有多少人会对那山峦绵延、骚乱无序且战争一触即发的地方出现的新形势感到满意，在此我不用赘述。看到坐在对面前排座位上的新任外交大臣（欧内斯特·贝文①先生），我感到非常高兴，得知他已接受这一崇高而又极为艰难的职位时，我感到非常满意。我相信他会竭尽全力将我们齐心协力奋斗了这么久的事业坚持进行下去。但正如我所说，仅有为数不多的议员会对我刚提到的那个地区的形势感到满意，因为几乎每一个地方，共产主义的力量已经获得或者正在获得专政的权力，这并不意味着共产主义体制正在每个地方建立起来，也并不意味着苏联在试图将所有独立国家都变成它的省份。斯大林元帅是一个十分聪明的人，我相信他和他的同事将为世界未来做出无限巨大的贡献。

那些在战争中四分五裂、动荡不安的国家，在未来几个月内需要独裁政府，否则便会陷入混乱。因此，要求或期望立即建立起自由政府——以小写i（我）开头——和英国或美国工农民主制度是不合情理的。那些国家非常严肃地处理政治问题，在刚刚过去的大选结果出来时，我的一位朋友正在萨格勒布，他是一位官员，一位老太太对他说："可怜的丘吉尔先生，现在，我想他要被枪毙了。"我的朋友让她放心，他说可以减轻判决，可以采用陛下臣民都适合的劳动改造方式。在巴尔干半岛和东欧的事务中，事实上在任何牵涉到这一问题的国家的事务中，都必须弄清楚我们的立场，我们的理想是建立民有、民治、民享的政府，人民能有言论自由，不受压制，通过无记名投票方式，来表达他们对政府的体制和形势的深切希望。

当前——我相信这只是短暂的时间——"警察政府"统治着很多国家。

---

① 贝文（1881-1951）：英国工联主义者，工会领袖，曾任劳工大臣（1940-1945），外交大臣（1945-1951），参与建立《布鲁塞尔条约》联盟和欧洲经济合作组织（1948），签订《北大西洋公约》。

这是令人憎恶的"18B"计划，实施得过了头的可怕情况。一家人围坐在火炉旁，享受着他们少得可怜并且通过艰苦劳动获得的果实，用他们所能得到的一点食物补充一下即将耗尽的体力。他们坐在那儿，突然有人敲门，一个全副武装的警察出现了，当然他和我们所尊敬并服从的伦敦街上的警官毫无相似之处。父亲、儿子或坐在小屋里的一个朋友被叫了出去，被带进了茫茫的黑夜中，没有人知道他是否还会回来，或他将遭受何种命运，他们所知道的就是最好别问。眼下，在欧洲有数百万地位卑微的家庭，他们分布在波兰、捷克斯洛伐克、澳大利亚、匈牙利、南斯拉夫、罗马尼亚、保加利亚——在这些地方，恐怖活动是家庭生活中最受关注的事。罗斯福总统规定了四种自由，这在我们一致同意的《大西洋公约》中阐明了，"不受恐怖威胁的自由"——但这似乎可以解释为摆脱外国侵略的威胁。这丝毫不是普通人的恐怖，他的爱国主义激情会让他拿起武器抵抗侵略，或在战斗中倒下。但今夜欧洲普通家庭所感到的并非是这种恐怖，他们害怕的是有警察敲门。这种恐怖并非是由于国家安全受到威胁而引起的，因为所有的人可以结成同志关系捍卫祖国领土。现在在很多地方，个人的生命和自由，个人的基本权利受到严重的威胁，人们感到诚惶诚恐、战战兢兢。

在这新的议会中，我们一定能达成一致意见，或者说，无论议会在何处召开，我们中绝大多数人一定能达成一致意见——思想不一致、有分歧，也是自然而然的事——这个新议会或者让全世界失望，或者在挽救世界方面做出它应有的贡献，但我们一定能在这个新议会中就下面的事宜达成一致意见：在政府的体制和法律方面，只有人民在普选中通过无记名投票所表达出的意愿才是解决问题的最佳方法和牢靠的保障。让我们继续按照这一简单明了的原则稳步前进。无论民主党对个人问题和党派问题将采取何种方针和持有何种观点，我公开声明我相信民主党。现在民主党正面临着前所未有的考验，我们在全国各地都应该拥护它，就像我们在1940年和1941年的黑暗的日子里拥护它一样，我们要用我们的全部感情，全部警惕性和永不枯竭的全部力量来拥护民主党。在战争期间，当同盟国都在为胜利而战斗时，民主党党员也和其他人一样加班加点地工作。现在既然和平已经到来，我们必须寻求"民主"的真谛。建议在巴尔干半岛上的一些国家中进行选举，仅仅允许有一套候选人，如果其他政党可以发表意见的话，那么必须事先做好安排，以便让执政党在其政治警察和宣传机器的帮助下，成为唯一有最起码机会的政党。我说了"机会"吗？"机会"就是注定的命运。

现在该是英国人发言的时候了。我们深恶痛绝政府不依靠广大人民群众自由、不受约束的选举维持他们的统治地位。美国宪法规定，政府的正义权力来自于人民群众，行使正义权利必须得到他们的赞成。这一规定绝不能在奴役和谋杀支撑起来的欺骗和谎言中升华。在我们的对外政策中，让我们坚持不懈地表明我们在这个半岛上所理解的自由和公平竞争，那样你们就会发现，我们在绝大多数问题上都能达成一致意见。这届议会将让我们步着这一高贵的主旋律大踏步前进；这一高贵的主旋律包含了给人类生活带来尊严和幸福的一切东西。在说这些话时，我一直在谋求用直接的形式把对我认为对我们绝大多数人至为宝贵的东西集中起来，和盘托出，我非常欣喜地读到美国总统的金玉良言：

我们在欧洲的胜利并非只是武力上的胜利，它是一种生活方式对另一种生活方式的胜利，它是一种思想的胜利，这种思想是以尊重普通人民群众的权利为基础的，是以尊重人类的尊严为基础的，也是以下面这一概念为基础的：国家机关是人民的公仆，而非人民的主人。

我认为我们之间并非没有多大分歧，只是在具体的事情上侧重点有所不同，这正是新议会成立的大体上的意义所在。而且，无论是从我们的感情和良知出发，还是从外交事务和世界问题的角度来考虑，这也都是我们所企盼的。现在，当较为祥和的光辉闪耀时，让我们还像1940年在不祥的阴影笼罩下那样团结一致，按照这些仍具活力的原则并在善良慷慨的人们的热情推动下团结起来。所以，在我们拥有的物质力量和崇高地位之上，应再加上人类

引以为荣的道德力量，这种力量可以使最弱者与强者并驾齐驱。

现在让我把话题转到国内事务上来。我已经说过，随着日本战争迅速突然地结束，新政府的任务大大减轻了。有几十亿英镑从战争中节约下来，减少了许多将士的牺牲，许多艘战舰解脱出来，并投入运送战士返回故乡的工作，又把粮食和工业所必需的原材料运往世界各地！新政府迎来了多么崇高的机遇！他们将无愧于他们的好运气，他们的好运也是我们的福祉。释放英国人民的活力和创造性，使其泉涌而出，让国民的正当收入回到人民的口袋中去。在全国范围内发展福利事业和安全保障，以应付突发事件和不幸事件。在需要国家计划的方面制订国家计划，为了增进理解和加强友好关系，将我国的贤才引上易出成果的健康的轨道上来，这一切他们都可以做，这一切我们大家应该也都可以做。我希望我们在国际和国内事务中，在一切问题上都能尽可能地携手并进。

在"看守政府"期间，当时我们还必须准备和日本进行18个月的艰苦战斗，我们重新审阅了关于解散有关人员的计划，我们准备加快解散部队和义务工人的整个过程。现在，战争赶在这一切的前面在全世界的范围内结束了。我有必要立即说明的是，国王优美的演说（国王所作的概括新政府政策的演说）中，有一段是关于解散人员和1944年秋季制订的那份计划——我在原则上完全同意这一段话——但这段文字似乎有点令人心寒。我们已经有了一个巨大的意外收获，竟然有的政府还认为那些话是完全适合新形势的，这使我感到非常惊讶。据我了解，美国总统已经说过，美国战舰明年能运回的所有美国部队都将全都运回并解散。对于我国在国外的部队，我们尊敬的政府现在可以发表一篇那样的声明吗？或者，他们能发表什么样的声明呢？我并不想过分地催促他们，或许下个星期就会有一篇声明发表出来。毫无疑问，首相会考虑这件事。在竞选中人们已经对他们寄予了厚望，正是人们的厚望使他们在政治上获得了巨大的胜利。时间将会证明人们对他们寄予的厚望是否正确，但我们深信这是正确的。现在我们所处的环境已经彻底地改变了，很多决定已经可以作出来了。政府的责任是确定在下面的半年或一年内，至少有多少人还必须待在国外休闲、看戏，然后动用我们已经大大扩充了的所有战舰将其余的人以最快的速度运回国内。

国内军队的复员过程更为重要，我非常同意上等人（Class Amen）的情感一定是决定性因素，但是在缺少它的情况下，必须在竭尽全力让那些无所事事的人复员。我希望公共开支委员会立即重组，他们可以到全国各地就检查国内军队情况并经常向议会汇报。既然战争已经结束，我们应当公开国内外陆、海、空三军的编制数目了，这不属于军事机密了。我们有必要每周，至少每月统计一次正在复员的人数，这是新政府赢得名声的大好时机。在战争结束时，我负责陆军和空军的工作，我定期公布了准确的信息。我同意现任外交大臣在我的政府里任劳工大臣时所说的话：战争时期高度集中的过程之后应是有条不紊的解散过程。如果想以最快的速度推动这一过程，政府有必要行使特别的权力。只要他们的目的是为了完成所肩负的伟大行政管理使命，我们不应该指责他们。只有当这些权力被间接地用于建立英国自由所深恶痛绝的与社会主义教条相一致的专制的社会制度时，我们才会被迫反对他们。如果他们使用特别权力是为了应付类似于战时紧急状态的那些情况，我们尊敬的政府可以把我们当成帮手，而不是对手，可以把我们当成朋友，而不是敌人。

这样说并没有减轻政府的以下责任：尽快让整个国家放松下来，按计划以最快速度将战士运送回国，以最好的、最轻便的、最快的方式让老百姓恢复他们的正常生活和工作。这些事之所以不能拖延数月之久，是因为几十万士兵在军纪的约束下焦急地等待着，做着无用的工作，政府还得为他们支付费用，而另外需要支付更高报酬的几万人也发现他们的工作毫无意义。我们渴望的是自由，我们需要的是富裕，自由和富裕就是我们的目标。创造新财富，比起阶级和政党相互争夺已有的财富来，好处要大得多，前者的数量之大，是后者无法比拟的。我们应当共享幸福，而不是共享痛苦。

共同富裕应出现在新财富创造出来之后，否则的话，只能导致共同贫穷。我感到遗憾的是，这些简单、不言而喻的道理竟会让尊敬的反对党的一

位议员兴奋起来，似乎这些道理对他来说有某种新鲜感，我在上一届国会中常常见到他，而且他的很多令人愉快的品质常常令我羡慕。

我们并不想现在立即对国王的优美演讲中有关立法的建议展开辩论，我们不知道控制投资的具体含义是什么——但很明显，这是一个愉快的话题。在战争时期你可能做某件事，但在和平环境中或许应该考虑做另一件事，这是显而易见的。当然也要考虑到我们正处于一个过渡时期，关于演讲词的辩论可以让我们看到政府在这一问题上的意图。对于煤矿国有化的建议也是一样，如果这是保证煤炭价格下降而供应量增加的最佳方法。拿我来说，我早就该以同样的兴致探索这一计划了，而不该等到现在。只有根据结果才能对政府作出评价。在我看来，英格兰银行的国有制并不会引起任何原则性问题。我讲了我的观点。在美国和在我们的自治领都有中央银行系统的重要例子，在这方面我们还得等待财政大臣做详细报告。我很高兴地告诉大家，财政大臣已保证要抑制通货膨胀。同时，我以反对党领袖的身份表明我们的看法或许是有益的。我们认为，其他国家不必因国王就这问题所说的话而感到不安，英国银行的信用会得到坚决地维护的。

另一个问题是《劳资争议法》。我们得知将要废除这项法律。我个人深深感到我们欠了工会一笔大得无法估计的债务，这是因为在我们国家同外敌长期作战时，工会为国家做出了巨大的贡献。但是，他们想在原来的基础上重新索取政治利益是不明智的；如果他们想重新获得全部工具和有利条件，以便组织一次总罢工，并使总罢工合法化，那也是不可思议的。工会代表会议放眼大好的新世界时，所有的自信和他们对正在发展的工业国有化运动的看法都是不符合事理的，在这一非常时刻他们想象必然会出现一个可敬的勇士，高喊着："新不列颠的大举进攻之日。"恢复总罢工这一武器，并增加这一武器的威力。很明显，他们不把国有化看做符合工人利益的一项安全保障，这项安全保障可使总罢工失去必要性和合理性。据我所知，在煤矿国有化之后，我们会接着处理铁路、电力和交通方面的事务，然而同时工会感到有必要重新全副武装起来反对国家社会主义。尽管有人要我们相信新时代是幸福的时代，但对于靠工资吃饭的人们来说，新时代并不那么令人幸福。无论如何在观念上似乎存在着根本性的分歧，社会主义的知识分子应该迅速地将注意力转移到这方面来。或许有人说，只有托利党执政时，才需要这些权力。的确，令人恐惧的日子才刚刚开始。我想请首相大致给我们解释一下"废除"这一词的含义。

　　我已经向议会阐明了我的看法，我不希望以一种阴郁的调子或略带争辩的口吻来结束我的讲话。关于今天的情况，显而易见，议会中两党在对外政策的主要根本性问题上以及对国际事务中需要的道德的看法上都达成了共识，而且我们还有联合政府期间双方共同努力拟定的很多纲领，这些纲领需要法律化，需要成为人们生活中的固有部分。在这方面或那方面，也许两党侧重点有所不同，观点也不一样，但总体上说，没有哪届议会开会时能像我们今天下午这样在法律方面能达成如此之多的共识。我对本届议会寄予厚望，我应当尽力使它富有成果。它会医治战争的创伤，它会充分利用我们在这次战争风暴中形成的观念和获得的权力。我不会低估我们所面临的任务的艰巨性和复杂性，我深知这一点，因而不会为空想所蛊惑。但是我们已经赢得了胜利，无论在我们短暂的一生中，还是在我们伟大的历史上，胜利伊始，都是辉煌灿烂的时刻，它不仅令人欢欣鼓舞，更促使我们下决心，树立雄心壮志。当我们回顾所经历的重重艰难险阻之际，当我们回顾所战胜的强大的敌人之际，回顾所粉碎的阴险狠毒的阴谋之际，放眼未来，我们何惧之有？我们已经平安地度过了最危险、最艰难的岁月。

　　水手回来了，自大海中回来了；
　　猎人回来了，自深山中回来了。

苏联的威胁
"铁幕"

密苏里州　富尔顿　1946.3.5

　　1946年上半年，丘吉尔决定从议会引退几个月。此前他接受了美国密苏里州富尔顿的威斯敏斯特学院的邀请，去作一个演说。尽管丘吉尔只以平民身份前去，杜鲁门总统（其故乡就在该州）仍愿意把他引见给听众。杜鲁门和丘吉尔乘总统专列，一同前往。一如既往，丘吉尔直到最后一刻还在为演说作最后的推敲。

　　毋庸置疑，这是丘吉尔在战后所作的最重要的也是最有影响的演说。其内容涉及广泛的国际事务：他极力主张联合国应建立一支维和部队；要求西方国家保持原子弹技术机密；认为英联邦同美国的关系应该加强；最后他提醒英美都要看到一扇巨大的"铁幕"，它已经降临，且纵贯欧洲大陆。

　　世界正处于冷战的边缘，回顾过去，丘吉尔的一句一字无疑都是因时而作。然而演说一发表，就引起了一片哗然。可以预见斯大林对它大加指责，多数美国报纸也予以了抨击；甚至《时报》及许多工党下院议员也表示了异议。像往常一样，阿斯奎斯的女儿对此却表示赞赏。她说："不管人们想不想去认识它，它就是事情的根源。"正如她所说的一样，事情很快就得到了证实。

今天下午我怀着十分高兴的心情来到了威斯敏斯特学院。贵院授予我一个学位，我深感荣幸。"威斯敏斯特"这个名字不管怎么说我感到熟悉，似乎早就听说过。事实上，我曾在威斯敏斯特上过学，在政治、辩证法、修辞学以及其他一两个学科上受益匪浅。可以说我们都是在相同的或者说相似的，或者无论怎么说是在有亲缘关系的两座学院①里受到教育。

身为一介平民，被美国总统引见给贵院广大听众，我感到无上光荣。总统经常会遇见意外事件，他却从不拒之不理。为了这次演说，他在百忙中不远千里来到这里，给大会增添了荣耀和尊严。他使我有机会向这个有亲缘关系国家的人民，我自己祖国的人民以及其他国家人民发表一次演说。他还告诉大家，希望我不要有所顾忌，要畅所欲言，他要我对这个令人不安和迷茫的时代表明我的看法。我当然要利用这个机会畅所欲言，也感到我有更多的权力去这样做。这样一来，我青年时代的所有抱负就可以超出想象地得以实现。然而我要明确地告诉你们：我只代表个人发言，不带有任何官方使命，与身份地位无关。我仅仅站在我个人的角度上说话，除了在这儿你们所见到的情况之外，不要作其他猜想。

那么，让我根据我一生的阅历去设想：我们在军事上取得绝对胜利后，明天会出现什么样的问题？让我竭尽全力去思考：我们作出如此大的牺牲，遭受如此多的痛苦，所赢得的一切如何为未来的辉煌和人类的安全而保存下去？

此时此刻，美国位于世界权力之巅，这正是美国民主的最庄严的时刻。因为权力的第一要素总是同那令人生畏的对未来的责任紧密相连的。回顾过去，我们不仅感到身负的责任重大，而且感到诚惶诚恐，生怕落后于他人。对于我们两国而言，机会清清楚楚就在眼前，照耀着这两个国家。将其拒之门外、置之不理或任其耗费泯灭都会遭到后人的唾弃。像战时一样，思想坚定，目标持久，当机立断，英明果敢才是引导和支配我们说英语国家人民行

---

① 指英国的威斯敏斯特和美国的威斯敏斯特学院。——编辑注

为的准则。我们必须证明，我相信我们将会证明，我们定能达到这个严格的要求。

一旦形势严峻，美国军人就习惯于在他们的指示的标题上写上"全面战略思想"。其中有智慧，它赋予我们清晰的思维。那么，我们今天要记住的全面战略思想又是什么呢？它的全部着眼点在于：所有土地上生活着的所有男男女女及其家庭的安全和福利，他们的自由和进步。此处我要特别提到那些数以万计的村舍和公寓，因为那里住着靠工资维持生计的人们。他们在生活的风波和困难中挣扎着，以保护他们妻子儿女，使他们免遭困苦；他们是在对上帝的畏惧和对民族主义思想的崇尚中养家糊口。

要保证千家万户的安全，必须保护他们渡过两大劫难：战争和暴政。我们都清楚：当战争的灾难降临到那些养家糊口的人们以及那些被他们辛勤劳动所供养的人的头上的时候，普通的家庭都陷入了恐怖和不安之中。欧洲成了一片可怕的废墟，过去的辉煌丧失殆尽，亚洲许多地方也成了一片瓦砾，这一切令人瞠目结舌。当恶人的阴谋、大国的侵略冲动，大刀阔斧地解散文明社会框架的时候，下层人民就遭到无法摆脱的磨难。对他们来说，一切都被扭曲了，一切都被打破，甚至一切都被碾成碎浆。

今天下午我站在这儿，周围十分平静，但当我想象正发生在几百万人身上的事情，以及此时此刻饥荒的肆虐所产生的结果的时候，我便不寒而栗。无人能估计"未被计算出来的人类痛苦的总和"。因此我们最大的任务和责任就是保卫广大民众的家庭，使他们免受下一次战争带来的恐慌和痛苦。对此我们有共同的看法。

我们英国的军事同盟，在声明了他们"全面战略思想"和估算了他们的可利用资源之后，就开始了下一个步骤——采取何种方案。此间大家必有一个协调一致的问题。为了防止战争，一个世界性的组织已经建立。作为国际联盟的未来机构——联合国，加上有决定意义的美国，他们所意味着的一切已经开始运作。而我们必须确保我们的工作富有成效；确保实实在在，而非浮光掠影的后果；确保的是那股战斗力，而非通天塔里一处斗鸡场。在那里许多国家用以护身的盾牌有朝一日会高高挂起。

在我们未能抛开为自我保存所进行的全国备战的坚强信念之前，我们必须信心十足地把我们的殿堂建立在牢固的基础之上，使之坚如磐石，而不是建在松软的流沙和泥泞的沼泽之中，像泥牛入海。任何人都能亲眼看到，我们的道路是多么艰险和漫长，但只要我们像在两次世界大战中那样不屈不挠，紧密团结（可惜，在两战间隔中我们并不是这样），我们将最终达到我们的目标，对此我深信不疑。

这里，我有一个明确的、切实可行的行动计划。众所周知，法庭和行政机关离不开警察和行政官员。因此联合国必须立即装备一支国际武装力量。这件事，我们只能一步步去做，但是，千里之行始于足下，现在就要行动。我提议每个国家都委派一定数量空军中队为之服务。派出之前要首先经过训练，然后轮流派驻他国。他们身着他们自己国家的军装，但佩戴不同的徽章。我们不要求他们反对自己的祖国，但在其他方面他们必须服从联合国的指挥。建立伊始，应规模适中，但它将随着我们对它的信心的增强而扩大。一战后，我就希望见到这一新生事物。现在我衷心希望它能立即建成。

目前，只有美国、英国和加拿大掌握原子弹技术，并且刚进入起步阶段，如果把这些机密的知识和经验托付给联合国，将是错误和轻率的行为。在这个人心惶惶、四分五裂的世界，任其传播是疯狂的犯罪行为。世界上没有人因为美国人掌握原子弹的制造方法和所用原材料而稍示寝食不安。但我相信，如果情况相反，如果某一共产党或新法西斯国家独占这些可怕的力量，我们再也无法安然入睡了。仅仅对此恐惧，反而受制于他们，他们会借此把极权制度强加于自由民主世界。其结果着实令人心惊肉跳。上帝的旨意是遏制它，使其永不发生。在我们不得不面对这种危险之前，我们至少还有喘息的时间来进行内部整顿。即使事情真的发生，只要我们不遗余力，我们不仅拥有绝对优势，我们还能采取有效措施防止原子弹的使用，或者防止使用的威胁。最后，当人类真正的同胞之情在某一国际组织中得以体现和表达，而且有必要采取切实可行的措施对这一武器加以保护并使之发挥积极

作用的时候，有关这些武器的问题就自然而然地托付给这一国际组织去考虑了。

现在我们谈谈威胁村舍、家庭和普通民众的两大劫难中的第二个大祸害——暴政。在为数很多的国家里，甚至在一些十分强大的国度里，人们并不能像大英帝国的公民那样享有各种自由民主权利，对此我们不能视而不见。在这些国家里，各种各样的统治，一切警察政府对广大人民严加控制；一些独裁者和严厉的寡头政治政府无止境地滥施国家权力。此时此刻，我们本来已经面临重重困难，更无义务去干涉在战争中没有沦丧国家的内部事务。但我们要永远无所畏惧地高声赞扬人类自由平等民主权利和重要原则，它是英语国家的共同遗产。在美国的《独立宣言》中，我们可以找到《大宪章》①、《权利法案》②、《人身保护法》③、陪审团制度、英国法律里面的精美词句。

这一切意味着，任何国家的人民都有权而且应该有权威依照宪法，通过自由、不受限制的选举，进行无记名投票去确定、更换人选，并组建地方政府。这意味着言论自由、思想解放；意味着公正的法庭独立于行政之外，并没有党派偏见。它应当执行征得大多数人同意的法律或年深日久约定俗成的法律。自由应当成为房地契约由村舍里挨家挨户保存。这就是英美两国人民向全人类传达的一条信息。让我们宣扬我们的实践，让我们实践我们的言论。

我刚刚阐述了威胁千家万户的两大危险：战争和暴政。还没有谈及时下正盛行、引起人们恐慌的贫穷和匮乏。战争和暴政一旦消除，毫无疑问，在此后几年，当然在以后的几十年中，科学技术和互助合作新近在现代化的军事学校里传授将能给世界带来超过人类有史以来的物质财富的巨大膨胀。时

---

① 《大宪章》（英史）：1215年英国大封建领主迫使英王约翰签署的保障部分公民权和政治权的文件；保证公民权和政治权的基本宪法。

② 《权利法案》：1689年颁布的英国确立君主立宪制的宪法性文件。

③ 《人身保护法》：英国国王查理二世于1679年签署的《人身保护法》。

下，我们经过艰苦的斗争，换来的只有饥饿和穷困。此时此刻，我们身陷其中，感到忧心忡忡，气喘吁吁。但这些终将成为过去，即刻就会成为过去。除非人所不容的愚蠢或非人的犯罪行为，否则便没有理由反对一切国家，没有理由否定一个富足、人类共享的新时代开端。我有一位朋友，鲍克·科克兰先生，是一个伟大的美籍爱尔兰演说家，我经常引用50年前从他那里听到的一句名言："大地是位慷慨的母亲，它的富庶取之不尽，用之不竭。她有足够的食物供应孩子，只要她的孩子们在正义与和平的环境里辛勤耕耘，她将为所有的人提供充足的粮食。"到目前为止，我仍然完全同意他的看法。

　　现在当我们正在想方设法实现我们全面战争的思想时，我要谈谈问题的关键所在了。没有英语国家人民友好的合作，就难以防止战争，联合国也不能蒸蒸日上。这意味着英联邦诸国、大英帝国以及美国必须建立某种特殊关系。我想冒昧地阐述一下，没有时间去概括总结了。我们要结成友好同盟，我们两大有亲缘关系的社会体系必须增进友谊，相互理解；我们要继续我们军事顾问之间的亲密关系，要共同探讨发掘潜在的危险，还要相互交换军事技术学校里军官和学员。为了相互之间的安全，我们还要继续共用现有的设施，共用双方在全球所有的海军基地和空军基地。这也许会使美国陆、海、空军的机动性提高一倍，也将会使英帝国军队更加灵活机动。如果世界平静，将能节省大笔军费开支。我们已经共用许多岛屿，在不久的将来，更多的岛屿会归我们共同托管。美国已与英联邦自治领之一——加拿大签订了《永久防卫协定》。该协定比以前美国同其他盟友签订的许多协定更加富有成效。这项合作原则应该扩展到所有英联邦成员国，达到充分互惠。这样一来，无论发生什么事情，我们都能确保自身安然无恙，并且能为对我方十分有益、对他人并无伤害的崇高而纯朴的事业而共同奋斗。推而广之，全民自由平等原则将最终产生，我相信一定会产生。但是我们也许听凭命运的摆布，我们可以看到命运正向我们招手。

　　我们还要提出一个重大问题：美国对英联邦的这种特殊关系会不会与对联合国无限忠诚互相抵触呢？我的回答是：情况恰好相反，那正是联合国

树立威望和实现强大的唯一途径。我刚才提到，美国和加拿大两国建立了特殊关系，除此之外，美国还同南美诸共和国有特殊关系。我们英国同苏联也有20年的《互助合作条约》，我赞同英国外交大臣贝文的看法，就我们方面来说，条约完全可以持续50年。我们的目标只是互助与合作。从1384年英国同葡萄牙结盟以来，两国关系从未破裂，这种关系在最近一次战争的关键时刻发挥了有效的作用。这些国际联盟国家的利益或者说同国际联盟本身不仅不相冲突，反而相互促进。只要联合国成员国没有有针对他国的侵略企图，没有与联合国宪章相违背的图谋，我认为这种结盟不仅有益无害，而且必不可少。

我早先提到过和平殿堂，为建立和平殿堂，工人们来自世界各国，他们云集一堂。如果两个工人之间极其了解，成了莫逆之交；如果他们的家人经常往来，且借用不久前读到的一句话；如果彼此都"对一方的目标深信不疑，对一方的未来充满希望，对一方的缺点容忍宽恕"，为什么他们不能像朋友或伙伴一样为了共同的任务一起友好往来合作？为什么他们不能交换使用他们的工具，以此增加彼此之间的工作效率？实际上他们必须如此，否则殿堂无从建立，即使建成，终将坍塌。如果我们照此行事，如果我们再次证明不听教诲，我们将不得不在第三次战争中受到惩罚，而第三次战争比我们刚刚经历的前两次战争不知要严厉多少倍：黑暗时代将卷土重来，闪耀着微弱的科学之光的翅膀会伴着石器时代向我们飞来。那些能给人类带来巨大物质财富的东西将给人类带来彻底毁灭。

一道阴影已经洒在盟军胜利后刚刚照亮的舞台上。无人知晓苏联及其共产主义国际组织在最近的将来会耍什么花招。他们的扩张和教化的限度（如果还有限度的话）到底有多大？我对勇敢的苏联人民和我的战时同志斯大林元帅十分钦佩和崇敬，英国人民对苏联人民也致以深深的同情和良好的祝愿。尽管彼此有分歧，尽管彼此之间会遭到拒绝，毋庸置疑，我们有决心要坚持同苏联人民建立长久的友谊。我深知，为保卫西部边镜的安全，苏联要消除德国侵略的可能性。我们欢迎苏联在世界主要大国中占有应有位置，我也欢迎苏联的旗帜在海上高高飘扬，最重要的是：我们希望苏联人民和我们在大西洋两岸不断接触，增进往来。我相信在座诸位都希望我对事态发表我真实的看法，告诉你们欧洲今天在世界上的地位的某些情况，我也觉得我有义务必须这么做。

从波罗的海的什切青到亚得里亚海的的里雅斯特，一扇纵贯欧洲大陆的铁幕已经降下。在这扇铁幕的后面有古代中欧、东欧所在国家的首都：华沙、柏林、布拉格、维也纳、布达佩斯、贝尔格莱德、布加勒斯特和索菲亚，所有这些名城及周边人口都位于我们所称的苏联范围内。他们都在某种意义上受苏联的影响，在许多情况下，莫斯科还不断加大苏联的影响，还不断加大对他们的控制。只有雅典除外，具有不朽、辉煌的希腊能够在英、美、法的监督下通过自由选举决定自己的未来。苏联控制的波兰政府受到指使，对德国进行了大规模的非正义的入侵，几百万德国人被四处驱逐，其惨状令人痛心疾首，不敢想象。共产党本是东欧诸国很小的政党，现已变得声名显赫、权力膨胀，并四处谋求获得专制的统治地位。警察政府几乎插手每件事，到目前为止，除了捷克斯洛伐克之外，欧洲没有真正的民主。

土耳其和波斯（伊朗）都因莫斯科对他们提出的要求和施加的压力感到不安和惶恐。对德国左翼领导人布施特别恩惠。苏联人正试图在柏林建立一个他们在德国占领区的准共产主义政党。今年6月份，战斗刚一结束，根据早期协议，英美盟军向西撤到距离400英里长的战线后150英里的某处，以便让我们的苏联盟军占领这片巨大的西方民主已经征服了的地盘。

如果苏联政府试图在他们的地区，以单方面行动建立一个亲共产党的德国，这会给英美占领区带来新的严重的麻烦，也会给予战败的德国在苏联和西方民主之间待价而估的能力，不管从这些事实中会得出什么样的结论，这不是我们努力奋斗要建立的欧洲，也不是包含永久和平的实质上的欧洲。

世界和平要求我们建立一个新的统一的欧洲，不希望把任何一国永久地拒之门外。我们亲眼目睹的世界大战就起于强大的父母之邦的争斗，先前发生过，如今又再现。在我们的一生中，已经两次目睹了美国违背了欧洲人的

意愿和传统，不顾他们的争辩（我们都知道它的力量的强大）。由不可抗拒的力量吸引到这些战争之中，就在可怕的大杀戮和大破坏发生以后，他们及时确保了伟大事业的胜利。美国两次不得不派出几百万的精壮劳力渡过大西洋去主动惹战。而现在战争却自动找上任何一个国家的家门，无论在黎明还是黄昏，它无处不在。我们应带着实现欧洲和平的明确目标，遵循联合国宪章的原则，在其机构内部发挥作用。我认为这是十分重要的目标，每个人为之奋斗都义不容辞。

在纵贯欧洲的铁幕的前面，还有别的因素引起人们的焦虑和不安。受过共产主义熏陶的铁托元帅对意大利在亚得里亚海边上的领土提出了要求，意大利共产党因为必须支持这一要求而举步维艰，但意大利仍然前途未卜。一个新生的欧洲如果没有法国将很难想象。在我的公共生活中我一直在为壮大法国而努力，并且从未对法国的命运失去信心。然而，我很为远离苏联境外的欧洲国家和世界上其他国家的命运担忧，要知道共产主义第五纵队已经建立并已开始工作，他们高度统一并对共产主义中心发出的号令言听计从。在英联邦和美国，共产主义虽还在起步阶段，但共产党和第五纵队已对基督文明构成越来越大的挑战和威胁。既使在明天，我们也一定要记住这是个严酷的事实，因为我们的胜利是许许多多同志在争取自由和民主的事业中并肩战斗获得的。我们还有时间去努力，如果我们现在不公正地对待这件事将是极端不明智的。

远东的前景，尤其是满洲里的前景也令人担忧。雅尔塔会议所制定的协议（我也是缔约人之一）对苏方极其有利。但在当时没有人能预见德国战事不会拖过1945年夏天和秋天，大家还都以为德国战事结束后，日本战事会再拖18个月。你们都对远东情况以及忠实的朋友中国了如指掌，我就不必对那里的形势作过多阐述。我深感一定要对笼罩在无论是西方还是在东方的阴影进行描绘。《凡尔赛和约》签订时，我是一名高级官员，还是英国代表团长劳合-乔治的挚友。我本人对当时的一些情况并不表示赞许。当时的形势对我印象很深，如将那时的形势同现今的形势相比较，实在令人痛心。那时人们满怀希望，信心百倍，以为战争已经结束，国际联盟无所不能，而对当今形容枯槁的世界我实在没有看到，也没有感觉到那同样的信心和希望。

另一方面，我也并不认为一场新的战争不可避免，并不认为新的战争正向我们袭来。既然有这么一个机会和场合，我感到我有责任大胆地告诉你们：我相信我们的命运握在我们自己手中，我们有能力去拯救我们的未来。我相信苏联人也不希望战争，他们需要的是战争的果实以及权力和教条的无限扩张。既然还有时间，我们今天就不得不考虑如何尽可能在所有的国家永久地防止战争；如何迅速地建立自由和民主。如果我们对此置之不理，如果我们采取绥靖政策，我们的困难和危险就不能消除。我们需要的是解决办法，时间拖延越长，困难就越严重，危险就越大。

从战争中，我可看到，我们的苏联朋友和盟友最崇尚的是强大，最鄙视的是弱小，尤其是军事上的弱小。我们不能因此依靠旧的武力平衡理论去行动，我们要尽可能避免在窄边上做文章——即受到军备竞赛的诱惑。如果西方民主齐心协力，严格遵守联合国宪章的原则，我们推行的这些原则的力量将无比强大，无人能破坏。然而，如果我们各自为政，如果我们动摇我们的职责，如果至关重要的几年从我们身边溜走，噩运就会降落到我们头上。

上一次我就看到噩运一路呼叫朝我们的同胞和世界人民走来，但无人理睬。直到1933年，甚至1935年，德国或许还能从噩运中挽救过来，我们或许还能幸免希特勒强加给人类的痛苦。如果防患于未然，历史上就不会出现这场使地球上那么多地方伤痕累累的战争。我相信我们不用一枪一炮就能阻止这场战争，今天德国也许会十分强大、繁荣、受人尊敬。但是没有人愿意听，于是大家一个个都掉进了那可怕的战争旋涡。我们一定不能让旧戏重演，我们只有在联合国的监督下同苏联在所有问题上达成谅解，并且由我们英语国家及其他有关国家通过国际手段长期维持这种谅解，我们才能防止旧戏重演。这就是我十分真诚地在演说中向你们提出的，名曰："和平砥柱。"

任何人都不要因为看到大不列颠岛上4600万人口为填饱肚子而疲于奔

命而愁眉苦脸，也不要因为我们在六年战争中因热情地为战争出力而难以
重建我们的工业、重新开始我们外贸出口就低估大英帝国及其联邦的永恒的
实力，也不要以为我们永远不能度过那阴郁的穷困的岁月。要知道我们一度
经历过虽然痛苦，但很辉煌的年代。不要以为半个世纪以后，你们不会看到
7000万或8000万英国人活跃在世界各地，同心协力保卫着我们的传统，以及
我们的生活方式；保卫着你我都拥护的事业。如果把英联邦的人口与美国的
人口相加，再加上相互合作得如此好的空中、海上以至全球力量，还有工业
和道义上的力量的意义相叠加，再也不会有令人胆战心惊，谨小慎微的武力
平衡了，那么野心和冒险就会失去诱惑。相反，我们将会有压倒一切的安全
保证。如果我们忠诚地遵守联合国宪章，如果我们稳步向前，如果我们不想
谋求他人的土地和财富，不想任意控制他人的思想，如果把英国人的道义物
质力量和信心以友好的方式与美国人的相结合，不仅对我们，而且对所有的
人来说，不仅是现在，而且在一个世纪以后，我们未来的路是一条坦荡的
大道。

欧洲的团结
"某种使你惊诧的事"

苏黎世　1946.9.19

　　丘吉尔于1946年下半年花了许多时间访问西欧诸国，接受了名誉学位、奖章和赠礼，受到广泛的尊敬。1945年在布鲁塞尔首次作演说，他讲话的主题是二次大战大屠杀、大破坏以后，以及在新的苏维埃威胁的阴影里欧洲大陆的唯一前景就是欧洲人民要创造出某种形式的"欧洲的美国"。

　　八九月份，丘吉尔在瑞士访问两周，被联邦政府约为客人，发表了演说，这是继富尔顿重要的有影响的演讲之后又一次演说——在接受苏黎世大学名誉学位仪式上的演说。他再一次用雄辩的演说呼吁欧洲实现团结。可这一次，他走得更远，提出了"令人惊诧"的建议：一定要结束民族主义的对抗，要使"法国和德国结成友谊之邦"。

　　一个时期纳粹的凶狂达到无以复加的地步，这在纽伦堡审判中充分暴露出来，这不能不说是一个大胆、有冒险精神的设想。《时报》报道说，这再一次表明丘吉尔敢冒天下之大不韪，善于以新奇打破平衡，如许多人见到的那样，不提建议则已，"一提建议便锋芒毕露"。但是利奥·阿迈利却大加鼓励说："你的确点燃了一把火炬，把希望之光投向毁灭的世界。"

今天我要向你们说的是关于欧洲的悲剧。这块神圣的土地整体说来是由世界上最公允、最有教养的地区组成的，共享四季温煦、气候均衡的自然条件；是西方世界一切伟大原始人种的渊源；是基督教信仰和基督教教义的源泉；是古代和现代大部分文化、艺术、哲学、科学的发祥地。假如欧洲在分享它的共同遗产的过程中团结起来，三四亿人口将会共同分享无限的灿烂辉煌，无限的繁荣富强，无限的幸福。但是一系列可怕的民族纠纷就是从欧洲产生的，居然源自日尔曼民族，这些纠纷在20世纪现实生活中历历在目，破坏了和平，破坏了全人类的前景。

是什么减轻了欧洲的痛苦？有些小国已经恢复元气，大批被折磨、饥饿、困惑的人类在广大区域内关注着他们的城市、家乡，审视了黑暗的地平线以防止新危险、暴政和恐怖的接近。从胜利者中发出一阵刺耳的骚动与嚷叫；在被征服者中则是一片绝望的凄凉与寂静。这就是为什么欧洲人建立起这许多古老的国家和民族的原因。这就是德国利用把他们扯成碎片，到处制造混乱来壮大自己的原因。伟大的美利坚合众国跨过大西洋终于认识到欧洲的毁灭和奴役会涉及他们自己的命运，于是伸出援救和引导的手。黑暗、残忍和贫困的岁月会一而再、再而三地到来。

可是终究有一个补救的办法，假如一般情况下自觉地采纳了这一办法，仿佛奇迹般地改造了整个局面，并在几年之内使全欧洲或欧洲的大部分变得像今天的瑞士一样的自由、幸福。那么有什么灵丹妙药吗？那就是再造一个欧洲家族，或建造尽可能多的部分并提出一个结构模式，在和平、安全、自由的环境中按这一结构模式再发展壮大它。我们必须再造一个欧洲的美国，仅用这个方法亿万劳苦大众能够恢复生活中追求纯真的乐趣和希望。步骤是简单的。所需要的一切就是亿万人民走正道、做正事，而不是大反其道，去得到祝福的报偿而不是被诅咒。

全欧洲联合会努力完成了这项任务的许多工作。联合会把大量的功劳归之于库登霍夫·卡勒基伯爵；该会指挥了著名法国爱国者和政治家亚里斯泰迪斯·白里安①的勤务部队，加上大量理论和传统做法，第一次世界大战后在崇高的希望中产生了国际联盟。国际联盟不会因为它的原则和概念而失败，它的失败也是因为促成它产生的那些国家放弃了原则；它的失败是因为当时的政府不敢面对现实，以至于坐失良机。这一灾难绝不能再现，因此需要更多的知识和物质作保障，还要花更艰苦、更高的代价。

两天前我很高兴地从报纸上读到一条新闻，我的朋友杜鲁门总统说出了他对这一伟大计划的兴趣和同情。欧洲的一个地方组织没有理由与世界性的组织国际联盟发生冲突。相反，我认为较大的综合体假如建立在凝聚力强的自发产生的政治集团的基础上就会幸存下来。西半球已经有了自然形成的政治集团。我们英国有自己的联邦，不仅没有弱化，反而还加强了世界性的组织。英联邦实际上是世界组织的主要支持者。为什么不能建立欧洲的联合组织，她能提供一个扩大的爱国主义观念，为大动荡、浩瀚、分散的大陆民族提供共同国籍观念。那么为什么不应当与其他大的政治集团一起在正义的立场上创造一个人类命运的前景：为了完成这一使命，应当有一个说多种语言的、千百万家族的、自觉参加的一个讲信义的行动。

我们都知道经历的两次世界大战起自于世界上有支配作用的、新联合的德国愚蠢的激情，在最后的决战中德国犯下了无可比拟的大屠杀的罪行，自14世纪蒙古人的侵略以来，在人类历史上有罪必笞，罪人要受到惩罚。必须破坏德国人再次武装和发动下一次侵略战争的能力，但是当这一切都做了之后，作为将要做的、正在做的事就是惩罚侵略者，正如格莱斯顿多年前所说的，"必然有被遗忘的该死的行动"。我们必须抛弃过去的一切恐惧，必须关注未来。我们不能一拖几年，让过去造成的伤亡所引发的仇恨与报复再次发生。假如欧洲从无限的苦难中，从最后注定的命运中被拯救出来，从反对过去的一切罪行和荒唐事件中被遗忘的行动中被拯救出来，欧洲家族必然有可信赖的行动。

---

① 白里安（1862-1932）：法国社会党政治家，11次任法国总理，签订了洛迦诺条约（1925）和凯洛格——白里安公约（1928），主张建立欧洲联邦，获得1926年诺贝尔和平奖。

欧洲自由民族能够直立站到人类灵魂和本能的坚毅高度吗？假如他们能够的话，强加的冤屈和伤亡能把所有忍受的苦难全部洗刷干净吗？有没有必要再去遭受洪水湮灭的痛苦？那就是绝无仅有的人类从未受过的历史教训吗？让正义、仁慈和自由共在。人类必须用意志来驱使它，所有的人都会达到他们心中的理想和要求。

我还要说某件使你吃惊的事。再造欧洲大家庭的第一步必须是法国和德国之间成为伙伴关系。只有这样，法国才能恢复欧洲道义上的领导地位。没有一个精神上伟大的法国和德国就不会有德国的复活。欧洲的美国结构假如真正完好地建立起来，将会成为这样的结构，使单一国家的物质力量变得不那么重要。小国将被看做大国，并根据他们对共同事业所做的贡献获得相应的荣耀。德国古老的州和侯国为了彼此的方便在联邦的体系里自由地结合在一起，其中的州在欧洲的美国式联合体内各自独立。我不想为亿万渴求自由、幸福、繁荣、安定的人民作详细的计划，他们希望享受伟大的罗斯福总统所说的四大自由，并根据体现在《大西洋公约》里的原则而生活。假如这就是他们的希望，他们只有这样说，才能发现措施，建立起机构，充分去实现这一愿望。

但是，我必须提醒你们。时间尽管短，当前还是有考虑的余地。大炮停止了轰击，战斗已结束，可危险依然存在。假如我们打算建立欧洲的美国，无论叫什么名字，以什么形态出现，我们必须现在就筹办。

当前我们在原子弹的保护下，陌生而危险地生活着。原子弹仍然掌握在一个国家和民族手中，除非为了正义和自由，我们是决不会使用它的。但是可以说几年之内这一可怕的毁灭性的东西将会广泛传播。由于几个参战国使用原子弹，导致了人类的大灾难，不仅毁灭了一切文明，而且可能毁灭地球本身。

现在我必须总结一下摆在你们面前的建议。我们始终不渝的目的必然是建立和加强国际联盟的力量。在世界观念之下，我们必须在此以内再造具有地区建构的大家庭，命名为"欧洲的美国"。首先要建立一个欧洲委员会。

假如一开始欧洲诸国不愿意或不可以加入这联合会，我们一定继续集中联合那些自愿和能够加入这个组织的国家。参战的和被奴役的每个种族、每个国家的普通公民的自救组织必须在坚实的基础上建立起来，必须受到所有宁愿战死也不向暴政屈服的人们心悦诚服的捍卫。在这一紧急的工作中，法国、德国必须一致，起带头作用。大英帝国、英联邦、强大的美国，我也相信苏联——因为实际上所有这些国家必须成为新欧洲的朋友和响应者，必须维护它的生存和闪光的权利。

悼念乔治六世
"国王与死结伴而行"

伦敦　英国广播公司　1952.2.7

　　1950年2月大选开始，占压倒多数获胜的工党现大大地削弱了。无疑在1945年的经历中受到磨练，丘吉尔打了一次更加高尚、有自治力的和建设性的战役，而后于1951年10月议会又被解散，保守党再次掌权，很遗憾，他们中的大多数是微不足道的人：工党实际上获得了更大比例的选票。丘吉尔76岁时第二次当上了首相，1945年他的失败终于得到了补偿。

　　他仅仅任职了几个月，乔治六世便去世了，在桑德灵尼姆地下长眠。丘吉尔是一个狂热、浪漫的君主立宪制拥护者，据他妻子说他是最后一名善解人意的国王神权的信仰者。虽然爱德华八世已经退位，但丘吉尔一直是王权的坚强的支持者。他很快认识到自己所选择的错误道路，在整个二次世界大战中他与国王之间的关系一直是温存、亲切的。

　　对于国王的死，丘吉尔感到深切的悲痛，花了一整天时间写他的广播演说词。正像他自己承认的那样，"期待得多，前程不会令人失望"。在这一点上他的最后一篇伟大的、煞费苦心的悼词空前地打动了听众的心，特别是那句名言"国王与死结伴而行"以及最后提及年轻的新女王的那部分更加动人。

朋友们，当昨天早晨宣布国王去世时，我们生命中深沉、庄严的音符被弹响了。当它从四面八方传播开去时，很多国家20世纪的生活、交通和喧哗静止了下来，数百万人停下来，左顾右盼。一种新的价值观瞬间占据了人们的思维，在同一时刻，在静默和悲哀中，在壮丽和痛苦中，在坚强的毅力和忍受中呈现出死亡情景。

国王受到全体人民的爱戴。作为一国之君受到远远超过他统治的广阔范围的尊敬。他的生活、他的美德、他的责任感，作为一位对广大疆域和社区负责任的统治者——他愉悦人的魅力、乐天派的性格，作为家庭中的丈夫、父亲，无论在和平还是在战争中他的勇气——所有这一切都构成了他性格中的各方面，从无数投向国王宝座的眼眸中闪烁着羡慕。

我们怀念他在日德兰半岛大战中曾是一位年轻的海军中尉。我们怀念他在没有抱负、没有自信心的情况下平静地承担了国王的重担，继承了他兄长的王位。他爱他的兄长，对他倾献了忠心。我们认为他在自己的研究和肩负的国家大事中忠心耿耿，他十分忠于我们国家永恒的荣誉；他对人和事的判断是非常克己奉公的。他总是高居于党派政治冲突之上，并密切注视事态的发展；非常明智果敢，善于在是非、轻重缓急之间权衡利弊。对此我们看在眼里，佩服在心中。在位时他对于国务的处理堪称当今和未来世界的楷模，以及君主立宪的向导。

乔治王生命的最后几个月忍受着无法想象的困苦和身体的疼痛。日复一日他的生命似乎系在一根细线上——然而他始终高高兴兴、顽强不屈——他身体伤残，但是精神上似乎没有受到影响——这些给所有人留下了深刻的、不可磨灭的印象，同时对他们也是一种鼓舞。他维持着自己的生命，不仅靠他的自然抗力，也靠他对基督教信仰的虔诚。在最后的几个月中国王与死亡结伴而行，似乎死亡终于像一位朋友突然而至；在一天的日光浴和运动之后，对于那些爱他的人来说，他在"美好的夜晚"之后沉沉睡了，就像每一位害怕见上帝的男女一样，从此在这个世界上做任何事的愿望终止了。

愈是接近他的人，这些往事愈是历历在目，由于现代报纸、摄影的报

道使得他的人民能够亲切看到他最后几个月内的生命历程。我们都看到他已走完了自己的路。在这段时间的哀悼和怀念中，在我们的心愿和痛苦中每个家庭在国王制下会团结在一起，从国王的承受力和毅力中可以得到今夜的安慰，可以得到奔向未来的力量。

在乔治王和他的人民之间还有另一种纽带。它不只是他们分担的痛苦和磨难，让大众感到亲切的是联合大家庭的欢乐和自豪；因为这一点全世界的困惑可以被承受，世上一切严峻的考验也可以经得住。在这些骚乱的年月里没有一个家庭比国王身边的皇族更幸福，没有一个家庭彼此间相互的爱像国王身边的皇族对国王爱得那样深厚。

朋友们，我认为战争期间议长们同国王的接触不会有我那样多，可以肯定议长们能够不断获得所有秘密情报，在掌握大量国家的每日新闻方面，他的那种仔细认真和全面深入的精神给我留下深刻的印象。还有一件事，有一天，当伯明翰宫遭到轰炸时，国王刚刚从温莎返回。宫廷的一边被炸，假如对面国王和王后的窗户当时开着的话，上帝呀，他俩的眼睛都会被玻璃碎片崩瞎，远远不是爆炸的震动把他们扔回去的事了。这种情况一直持续不断地发生——虽然我常常看到国王，我从未听到这种插曲，国王陛下也从来没向我说及过，他也没想过这种事会比部队战士身边的一枚子弹爆炸更值得关切。对我来说仿佛这在国王身上是显而易见的特点。

毫无疑问，几个世纪以来，所有在我们中产生，或在我们一生中出现的制度要数君主立宪制在我国人民整个交往中缔造得最为根深蒂固，受到他们最为亲切的扶持。君主立宪制在现代获得人们梦寐以求的有更大影响的意义。国王已成为神秘的联系，可以说是魔幻般的联系——它把我们的边界疏散却强有力交织在一起的联邦、州和种族团结起来了。人民决不容忍、允许任意削弱他们独立的书面宪法的断言。人民最有资格为自己对国王的忠诚感到骄傲。

我们已在许多焦虑中在我们这个岛国周围发展起来的博大的世界里得到极大的祝福。我们感到十分庆幸的是：这一新的、无形的、无法形容的、全能的联合因素，出于现实的目的应当一跃而在我们中间形成。这是多么重要啊，不仅对英联邦和英帝国的前途重要，而且我认为对于我们为之奋斗的世界自由和平事业也是重要的。在位的国王应当同至高无上的职务所要求负起的无限责任并行不悖。15年来乔治六世国王无论是在国内外的困境中，还是在公事和私事上从来没有片刻的渎职。他真正有资格接受全体政府和全体人民的告别仪式。

朋友们，此时此刻我们把怜悯和同情全部倾注给了他的配偶孀妻，他们之间相亲相爱并不存在庄严、豪华之意。实际上摆在他们面前的是各行各业无数普通百姓不能享受的皇室显贵们严峻的生活，以及他们不得不接受的公开的宗教仪式。坦率地说，今夜我们的心都朝向那位勇敢的女人，她的血管中流动的是著名的苏格兰种族的血液，在乔治王所经历的一切劳苦、一切问题上，她支持了他，把两个女儿抚养长大，使她们富有魅力、天生丽质。今天她俩也都在哀悼她们的父亲。愿上帝赐她们力量去承受痛苦的打击。向玛丽太后致敬，她又失去了一个儿子——肯特郡的公爵，在他主动参加的仪式上被杀害——愿她看到国王那么尽职尽责地履行他的义务，实现了他的希望，为此感到安慰，并祝愿她希望常常能了解到国王所能给予她的关怀而感到安慰。

现在我必须丢下过去不可多得的人才而面向未来。我们的女王统治是大有名气的，英国历史上某个最伟大的时代在君权统治下揭开了序幕。我们的第二个伊丽莎白女王20岁就登上了王位。我们的思想越过400年，追溯到一个令人肃然起敬的人物，她领导了并在很多年中体现和鼓舞着伊丽莎白时代的伟大的天才。伊丽莎白二世女王像她的前任一样，并没以任何国王的方式度过了她的童年。但是我们也很了解她，并且了解她和她的丈夫（艾丁堡公爵）的天赋一度轰动了她所访问的部分英联邦。她被称颂为"加拿大的女王"，我们也称颂她，其他国家也出来这样做了。明天一宣布她的君权便会赢得她故乡的忠心，以及所有其他英联邦和英帝国的忠心。

在维多利亚时代那庄严、团结、静谧的光辉里，我的华年已逝，我再次深感在乞灵于祈祷和圣歌中的激烈震撼："愿上帝保佑女王！"

就演说的争辩
"时间、冷静、勤奋和警惕"

下院   1953 .11.3

在伊丽莎白女王成功加冕之后以及同美国人在百慕大会晤期临近之时，1953年6月丘吉尔遭受病魔的一次沉重打击。起初人们预料他甚至难以活下去，因为几个月来在查特尔，他一直处于瘫痪状态，除了几个最亲密的朋友知情以外，对其余人一概不声张。当时安东尼·艾登自己也住在医院里，R.A.巴特勒成为代理首相。但出乎丘吉尔的朋友们和医生们意料的是，他竟然逐渐开始康复。

8月份，他竟然能够主持内阁会议了。并于2月初在马盖特保守党召开的大会上作了患病以来的第一次公开演讲。尽管忧心忡忡，他的这次演说仍被《时报》描绘为"一次个人胜利"，丘吉尔已准备去面对他的下一场磨难——对下院作演说。在莫兰大人的一剂特效镇静剂的作用下，他作了首相任期内精力最充沛的一次演说，广泛涉及国际国内背景，并结束了一次关于氢弹威胁的高谈阔论。

大多数下院议员对丘吉尔的近期患病一无所知，全然被他富于魅力、精湛的演讲所打动。甚至连亨利·切慈也承认，那次演说是他"一生中最出色的演讲"、"一次壮举"、"一次最精彩的表演"。可对丘吉尔来说他剩下的时光微乎其微了。

作为反对党的领袖，我应当选择十分恰当的词语对动议的提出者和支持者表示传统的恭维。找出新的词语借以表达下院在这件事情上广泛普遍的感觉是困难的，因为这种事年年发生，大部分好的论点在过去很多场合里使用过了。

我自认为对这些进程是比别人都长久的目击者，我当然保证不会去想事情的全新过程，但是我可以这样说，动议者只是轻描淡写地说明情况，支持者自然受到了保守党领袖的充分赞扬，因为她将对有关社会尤其是健康领域的讨论作出最有价值、最重要的贡献。无论如何我要感谢这位尊敬的先生在谈到我的两位朋友时所使用的方式，我也高兴地看到一切都以如此温馨、适宜和友好的态度开始了。我相信我不会因为远远地超出了界限——必要时把对事实的认识摆在下院面前的界限——而有负罪感。

对于演讲的辩论将持续到这周周末，我要通知下院，人们希望辩论在下周初结束。我们有这样的打算，发言的先生，在你们的向导引导下，给双方安排总结辩论和对任何已放到谈判桌上的修正案的辩论，以满足下院的希望。根据提议，下院议员（非内阁成员）将按最近的几次会议以同样的方式享有在议案和动议案中的权利。让我利用这一时机提请注意：我尊敬的朋友，下院领袖明天要出台一项动议，指出非内阁成员的下院议员的事务安排在20日星期五进行，其中的第一件事安排在11月27日星期五进行。

尊敬的先生提到一些优美演说中涉及的几个问题，但不像他希望的那样充分。他说埃及的问题被略去了，其实埃及的和谈在总结发言中接触到了，可是随着时间的推移，从此看不出有什么重大进展。

最高统治者遭到非议。我没有和平时期当首相的经验，我把更大的重要性给予部属团体，这样政府首脑将能管理相应少于和平时期实际存在的下级官员。我想我们从三位尊敬的上院议员指挥的三军那儿获得很大的优势——人们或许不会认为是一大劣势——三位将军竭尽全力帮助发展公共事业。经

过深思熟虑之后，我想最好还是返回到尊敬的先生自己提出来的建议上去，即把这一优势控制在内阁范围以内，不要张扬出去。

从某种特定意义上说，那一建议也适用于尊敬的先生所说的关于原子能的问题。因为不管怎么说，他的记录总算是一个范例吧。他要求由议院控制原子能，但我们决不能忘记：他执政期间政府花掉一亿多英镑，并没让下院知道那是怎么一回事。无疑，在如此短暂的执政期内，我们学到这一行当的诀窍。在政府权威的领导下，由一家公司处理的核问题将在下星期一份白皮书和一份议会法令公布时呈交给下院。他们将为下院提供关于某一问题的大量信息，我必须提醒先生们，如果一个人必须承担大量的信息，这就意味着相当难以评估它。

我注意到这一动议的提出者和支持者以及反对党的领袖都着重评估了他们对伊丽莎白女王和艾丁堡公爵的热情洋溢的希望，希望他们将围绕英联邦和帝国、不久将围绕世界作大量的访问。在我国的历史上从来没有看到过这样的事情：澳大利亚、新西兰以及所有其他国家对国王如此忠诚不二，毫无疑问也会欢迎女王陛下的到来。女王和她丈夫打算遍访这些国家。我们大家都希望女王陛下和戈德·斯比德公爵踏上旅程并于下月（5月份）安全返回到这一岛国的贤良忠臣们中间。

这是我第三次应召在当前议会大辩论中接在反对党领袖后所作的演说。自上次大选以来两年的时间又过去了。下次大选定在什么时候？（尊敬的议员们，"明天？"）通常很难预料，提前预报未来事件的进程未免太仓促。还是更现实些。一个人不得不时刻掂量成功的可能性并作出最准确的判断。我毫不犹豫地说，综观出现的政治局面，今天下午看来大选更遥远，比起两年前来得更缓慢。

利用公众舆论中的任何暂时起落以求确保大选的胜利，当然不是女王陛下政府的希望和意图。两年前很多人以为不久便会有另一次实力的较量，可能就在12个月之内发生。不到三年时间就出现了三次争论不休、代价高昂、机器制造的大混乱。很明显是对形势不同的判断造成的结果。

　　我们毕竟根据《五年任期法案》来选举一任五年的首相人选，我一向赞成这个法案。实际上48年前（1905年），按《十分钟的规定》建立五年一任的任制取代一度成为法定条款的七年任制。"五年任制"在太短和太长的议会任期之间拨动了一个幸福的中介。

　　我们不仅是一个民主国家，而且是一个议会民主国家，我们政治生活中的这两个方面都必须记住。正如宪章派建议的那样：一年一度的大选剥去很多下院的尊严和权威。

　　议会不再是努力为国家的问题找出解决办法并为国家的行政管理提供一个稳定基础的这样一个议会，而是一种在党派优势和个人抱负绝不完全被排斥在外的氛围中找跳板的一个投票计算机。无疑我想把这一般的提议交给下院去考虑。选举是为下院而存在，而不是下院为了选举而存在。

　　假如在上一代人中此情是真实的，那么它在这一大动荡的20世纪里更是真实的了，此时万事万物都在流动着、变化着，极端疯狂、可怕的两次世界大战中大量人员牺牲，财力物力大大地枯竭。平静的因素，耐心的研究以及两党结构的思考将向我们全体人民提供持久的服务，并把善良和和平影响、传遍这个困惑的、动荡的世界。

　　更加特别的是此情也符合两党制度都占支配优势的那一时期。大约1400万人投托利党人的赞成票，约有另外的1400人投社会党的赞成票（议员大人发出"啊"的惊叹）。我查找了那数字，我没有从任何人那儿骗取任何东西。两个党的制度都有支配优势。设想这一个400万投票群众中的一员具有一切美德和智慧，而其他许多人不是受愚弄的人，就是流氓、小偷。这个国家中普通人民友好睦邻般地融合在一起，他们懂得党派、政客在他们中间签订这种鲁莽的契约是荒唐的事情。甚至在它的下院形成宗派的专家们阻止议员彼此加强友好联系，不让他们对于它对共同的困难、对现代议会生活的消费和严峻考验感到忧心忡忡是非常困难的，我们至少对此有了共识。

　　另一方面，假如解散的可能从议员的心目中消除干净的话，我敢说这肯定是错误的。在一些国家不允许解散议员，直到他们在任期内有了左右政局

的能力。这就是我们制度的优越性。当我们说五年一届议会时——按规定只有四年半的延续时间，反常的情况国内外都可能发生，这恰恰说明迫切需要国家的帮助。

关于允许这届议会掌握其合法习惯程序的问题，我认为假如事实要求这样做，我们的欲望和意图不可以排斥必要的宪法行为。实际上我参加的竞选比任何生活在这个国家的人都要多。总体说来，参加议会竞选是一大乐趣。但是应当有可容忍穿插的事件，比如努力工作、研究社会问题之类。为了在政治家之间挑起口角，争吵可能常常是有利可图的，但却不是政治生活中良好的习惯。这并不等于说，由于在一起相处的时间长了，就应当离得远一些。

我不是在建议我们的目的是实现联合，而是认为我们带着善良的愿望走得太远。事实证明，我们的职责是各种各样的，有时会发生冲突。我们是应该帮助各党派，但是我们应当率先帮助我们的国家和人民。至于我们应当把责任放在二者之间的何处，不会有什么疑问吧。

过目了一下总的评价，我切实希望在任命布赖恩·罗伯逊爵士为英国铁道部大臣时应当从以下两方面去鉴定：首先，铁路管理水平是否有明显的提高；其次，要看铁路工人的感觉，即个人的观察力和领导才能在管理和用人之间是否有所提高和发展。这样，正义的自豪感将在这些国家的事业中发挥作用。

先生的发言简单地说及住房和农业问题。我预先想过，诸如此类的事还会发生。因此我想集中评论一下这个问题。我了解到关于维修房屋的政策。这是托利党人要把更多的钞票放进地主的口袋里的计划。我希望不要去想那件事——我受到它接受方式的启发——给予这一计划毫无保留的解释。"没有人企图解释我们的计划"，这肯定是不成熟的判断。今天下午我坐下来与大家商讨问题之前，为英格兰、威尔士和苏格兰作出全部计划的白皮书可以在选举办公室里找到。我尊敬的朋友，房地产大臣和地方政府在明天的辩论中将详细阐明他们的计划，那么我不想提前解释这一计划的梗概（议员齐声

"啊"）。但是我还是打算就这个问题说几句话。

按每年30万间的速度建造新房屋，我们有权要求保持这样的信誉。经常有人告诉我们，我们也早就知道：造新房本身不能解决组织家庭的迫切问题。假如没说错，30万新房正在建设中，几乎像许多住区都被夷为废墟，更多的住房缺乏现代设施那样，申请住楼房的人将会大量地遭到拒绝。反对党向我们诉说过，我们只好作了让步。房地产大臣和地方政府月月讨论，做了大量工作。我们所相信的是现实，而不是解决问题的办法。但是住房问题迟早要解决。

我们不得不面对事实：100年前已建成225万间房屋。又有200万间房屋在65-100年之内陆续建成。甚至更多的现代房屋要求定期予以肯定，这应当是一件令人感兴趣的事——全体下院议员在普选的基础上进行选举。我希望这一步骤不会被忽视。它不应当仅仅被看做是党务，假如当白皮书被研究，并且尊敬的朋友们已经向下院推荐，而反对党推出一个相反的建议，那就让他们提出来好了，我们将给予密切的关注。这些不是那类党的议会急切要解决的问题，但是不能允许决定履行其义务的任何政府有丝毫的犹疑。我想向下院引证一个著名独立的人，一个在议院两派间有崇高威望，一个终身成为左翼政治倡导者，托玛斯·约翰斯敦先生所说的几句话。去年他在斯特灵说的——我的确不能不给下院读一读这段话：

我们现有的房屋结构在不断颓废和腐朽之中，我再一次冒昧地把注意力集中在迅速向我们袭来的灾难上。灾难实际上是不可避免的——只是通过政治上的懦弱我才相信：私人房产家和住房信托是不能提供修缮条件的，由于物质资料价格高昂，改善条件更谈不上……允许伟大国家的资产未成熟便毁坏殆尽，化为乌有，实在是没有意义；当人们记起修理和改善都不能奏效，成千上万的租赁者因为当年没有得到该提供的普通家庭的生活条件，没有隔开的厕所，没有洗澡间而受到谴责；如果不是现有的住房与提供的新住房一起被保持住并提高，那么不仅在我们这一代住房问题得不到解决，而且金融

和行政管理的地位都将变得不可能和没有希望。

他在结束时说：

采取补救措施的时机还没到，但是我建议，首先基本的做法是维修和提高住房条件，应当完全放在党派政治轨道之外进行。

何去何从我们将拭目以待，不过我们还是从希望的起点出发。

必须认识到：没有钱就不能维修房屋，但是钱从何而来？是不是要由国家解决？还是由地主们慷慨解囊作一些兴利除弊的投资？或者还是有二者兼顾的必要？很明确，没有相应的一系列维修千百万住房的措施，就别提配备洗澡间以及其他现代基本设施的到位，除非本届议会采取有效行动。千里之行始于足下。

毫无疑问，新增加的负担将落在国家的财政上，一段时间里我们应把偿还能力、不依赖外援的自立（当然我们依然指望获得外援）在我们的脑海中占据最重要的位置，我们必须严肃认真地对待国家的财政负担问题；另一方面我们绝不要忘记，我们的金融信誉实际上将靠我们处理一个在相当长的时间内特别突出的问题去加强。当然任何公正明智的、意在诱发私人和公共可利用的资源计划，出于这些重要的公共目的，不应当轻率地遭拒绝——我相信这样的计划被下院轻率地否决了。

按照托马斯·约翰斯顿先生指出的路线，为人民建造更美好的家庭这一良好愿望在我们的脑海里想得比起对一般党派政治收益考虑得更多，目的在于为任何一方谋求优势。我要是建议审视一下这个问题会不会大谬其道？战争及其限制；空袭轰炸及其毁灭破坏住房；时髦及腐朽以及潜在的改善，这一切看起来都促使这件事符合整个下院的善良愿望和主观努力。

但是去实现这一步骤需要时间，不仅需要时间形成决议以立法，同时也提供了机会去显示它的实效，进而使人民感到所取得的效益受到千百个家庭的欢迎。我们不应当按照这一政策维修坍塌的家舍，恢复清扫贫民窟的工作，除非我们打算长期负责任，经受时间的考验。我们在向选举委员会的议员大会推荐这份白皮书。

反对党领袖说到农民的事。下院了解到：尽管减少控制和束缚，并且扭转（假如不是取消）体现社会主义哲学特点的国家购买力和市场供销已经成为我们的政策和要做文章的主题，我们只是希望而不是发展主要建立在供给和需求基础之上的个体企业；也不是让灵活性、纯洁性和刺激性（依靠这些，我们相信会给经济发展带来繁荣和生气）恢复到货物交换和货物的维修、保养上去。当战时的口粮供应与所有供给方式的呆滞、价格的昂贵特点以及高薪工作人员的聘用宣告结束，现在我们到达一点，因为对农民来说，摆脱控制将带来极大的机会。

然而农业方面，必须把另一套论据记在心中：是本国的两党政策维护并增加了本国生产的粮食产量。我国依靠这一政策极大地谋求顺利交易的平衡，用极端的说法，就是谋求生存。保持政府供给粮食的义举与本国生产的有效刺激相协调一致（打断讲话）不是一件容易的事。尊敬的议员们只要好的，不要丑恶的，这就是解决问题所以困难的原因。

财政部用这种或那种形式给予资金补助是必要的。这样一方面可以跨越一个自由市场达到的价格水准间的鸿沟；另一方面，可以加强农民的战备。还有，鸿沟不仅靠在整个工业方面保持一般的赢利去跨过，还必须把"肥畜"（术语，涵盖很大的范围）这方面为个体必要的交易提供安全条件。

我们辛劳耐心地工作去解决棘手的市场和生产中的问题，并已作出在另一份白皮书中服从下院的结论——我最好还是不让他们互相掺和为好——这一周就得解决好这一问题。相信我们将会公正地、令人充满信心地应对生产者，而不会把过重的担子加在纳税者身上，也不会拒绝接受消费者——我们都是消费者——在亲切得像一日三餐一样的事情中，也会利用世界充裕的有利条件以及广泛选择的优越性。

农业大臣将要处理后来他在辩论中谈到的这一复杂而不是完全非政治性

的问题。但是我可以让下院相信，我们打算利用各种各样适合社区一般福利事业的方法帮助农村工业解决困难。因此要求对整个农村工业和对于国民健康与精力至关重要的、不断增长的粮食流动始终充满信心。

我已经讲过广义的家庭问题，反对党领袖也谈到过。这届议会将使我们的注意力集中在这一点上。是否可以这样说，当争论将生命的火花赋予了议会辩论的时候，真正的荣誉是属于议员，不管他在什么地方任职，都能够提出有益的建议，所以就等于直接服务于全体人民。

我们近来还要进行另一场关于外事方面的辩论，我不是想把任何事情都变成像今天对问题的一般探索。把现在的观念与两年前相比（我认为这样说是正确的），并不是不可怕，而是更使人迷惑不解。这些问题早在我们先辈时代已有定论，如今变得清楚明了。三年重新武装的计划跨出了这么一大步。朝鲜战争还在激烈进行，艾森豪威尔将军正在组织西欧部队，天空中弥漫着战争危机的阴云。我们的社会党内阁在保守的反对党的全力支持下同我们的美国同盟一道大踏步前进，以疯狂的努力对付苏联的威胁。

这一形势的主体已经得到了支持，英国一如既往的目标从政府更迭中得到实现。但是重大事件已经发生，不管对还是错，某种程度上覆盖上了一层面纱，也许实际上减轻了局势的严峻。朝鲜战争由战壕转到谈判桌上。将会由这些僵化、缠结的讨论中产生何种结果我们还不得而知。但是不管将会发生什么，由于朝鲜战争，一种主要的世界现实明显表露出来。美国再次成为武装到家的国家。

第二件世界大事就是，斯大林的死以及靠不同凡响的克里姆林宫政权对于世界力量的估计。对于这第二件世界大事我想多说几句。自从这件事发生以来，八个月过去了，人们到处在问斯大林时代的结束是否会导致苏维埃政权的变化？会不会产生新思想？

我不应当贸然要求下院或向我们国门之外的任何人提出要求，要他们就这些秘密问题作出积极的结论。可能会有这样的说法：许多人的心境和观点已经出现了深刻变化。目前广大文化界人士的思想已经倾向内部改善，而不是外部侵略。假如没有放松警惕性，力量削弱到不至于要养精蓄锐，而且是怀着希望，我深信这是有益的心境。不管这种判断是否正确，带着这一假设，我们都可以承受得起。

对于强大国家和有威力政府的行动，切实可靠的指导是对他们自己兴趣的正确估计。利用这一测试，我有一种解脱和轻松的感觉。研究一下我们自己的力量以及欧洲的力量，在硕大的美国保护伞下，我认为内部繁荣而不是内部征服不仅是苏联人民的深切愿望，也是他们统治者的长期兴趣，这样说，我并没感到失去理智或者有什么危险。

正是在这种心境之下，六个月前假如主要有关国家的首脑和政府能够会见苏联的新领导，并同他们建立个人的友好关系将会是一大好事，这样做早已证明是有益的而不是有害的。我还希望这种会晤在国际交往中会确定一个有效的地位。

另一方面，一个人绝不要忽略这种冒险行为，四国会议在比当前形势更加恶化的僵局中结束了。一切残忍的问题在东西方存在，在德国存在，在一切卫星国存在。想象一切残忍的问题尚有立刻作出总的决定的机会，这是极其愚蠢的。我们不可能使各国存在的残忍的问题立刻得到满意的解决，也不可能把这些问题当作世界上大的危险和邪恶，靠友好的私人会晤加以制止。毫无疑问，需要时间，比在座的我们中的有些人可能看到的时间还要长。

当然我与艾森豪威尔总统的关系是很密切的。我希望我们可以在百慕大就这一问题举行会谈。很遗憾，我受到自己控制不了的身体条件的限制。当前，我们正期待着四国外长会议的召开。我们衷心地希望会议能立即召开。假如会议能导致某些改善，本身会再次导致双方的进一步努力。相反，对苏维埃的调解邀请将会很快得到一个令人满意的答复。

我已经说及最近两年发生的两件很有影响的大事。还有第三件，虽然早就发生了，在这一期间发展速度快、规模大，以至于我仿佛把它当成一种奇怪的幻觉，遮盖我所说的那两件事，我是指迅速而且不断发展的原子战争和氢弹的问世。

这些可怕的科学发明将他们的阴影投射进每个有思想的人的心中，但是，我相信紧张局势已经得到缓和；再次爆发世界大战的可能性已经减少，起码越来越遥远。这样想我以为我们是正义的。尽管人类从来没有掌握的、毁灭性的武器还在继续发展，我依然这样断言。的确，我常常有种奇思怪想，销毁这些武器会给人类带来完全出乎意料的安全。

我上学的时候，数学学得不好。但是我听别人说，一定的精确量当其通过无穷大时，就由加号变成减号了，或由减号变成了加号（笑声）。我不敢冒昧详细叙述什么双曲线的渐进线。尊敬的先生们，无论你们中哪位只要有兴趣，就能发现研究这些问题的契机。这一规则可能有一个奇怪的用法，并且当新发明的毁灭性武器使每个人都能用它来杀人时（根本没有人想无故杀人。无论如何，这样说看来不会有差错），人们害怕战争，战争在双方间发生了。无疑，按当前的情况，战争发生的可能性比起早期那些野心勃勃的人领取眼前悬赏的令人眩惑的奖品的可能性要小。

我向下院说了这一慰藉的想法，同时小心翼翼地把它说清楚：我们唯一的希望可以从不懈的警惕中跳出来。毫无疑问，假如人类想怀着发自内心的希望，又摆脱了大规模的毁灭，那么作为一种选择就能够得到很多人梦寐以求得到的，他们有能力得到的物质生活的小康。

提及物质生活的小康，我不仅指丰富，还指某种程度上人们享受的悠闲，比如，在我们为生活而进行的殊死战斗时期从来不可能得到的东西。这些高尚的可能性应当发光，应当让它在每个国家劳苦大众的眼前发光。这些可能性应当等待和鼓舞所有负起行动指南责任的那些人。我们，乃至所有国家在人类历史的此时此刻勇敢地面对灭顶之灾，面对无可估量的奖赏。我的信念是：在上帝的慈悲中作出正确的抉择。

八十华诞
"崇高的荣誉"

伦敦威斯敏斯特议会大厅　　1954 .11.30

1953年11月丘吉尔所作的演说是一次伟大的演说，但是他的健康状况在上次大病之后明显恶化。从报界、从托利党后座议员席、从内阁里可以听到满腹的牢骚。但是他倔强地坚持到唐宁街去，一部分是因为他受不了永远离开公共生活的现实；一部分是因为他愈来愈怀疑艾顿的能力，还有一部分是因为他渴望最后一次与苏联人进行最高层会晤。

1954年11月，他终于还是留任了。在庆祝他的八十华诞之际，成为继格莱斯顿以后第一位如此高龄的在任首相。丘吉尔，一位自我主义者，由于受到热情接待而被深深地感动了。在威斯敏斯特议会大厅一次空前的仪式上，他收到议会赠送他的礼品：格雷厄姆·萨瑟兰为他画的一幅画像和一本闪闪发光的书，上面清晰地盖着下院议员的印章。

虽然丘吉尔对萨瑟兰为他画的像感到极大的厌憎（最后丘吉尔夫人叫人把画像毁掉了），他作了一次异常引人注目的演说以回击。只有约翰·科尔维尔注意到：其中"充满了智慧和火药味，顽童似的调侃。工于心计不说了，音调抑扬顿挫以及那无与伦比的道德城府使他看起来、听起来比他的实际岁数更年轻。"但是，岁数不饶人，这是丘吉尔最后的伟大公开露面的

身影。

　　这是我生活中最有纪念意义的公开机遇，以前没有人曾经获得类似的光辉形象。在英国历史上，没有任何东西与此相似，我确实怀疑任何现代民主政体是否对一名尚未退休、可能随时受到非议的党派政治家表达了如此程度的仁慈和慷慨。这确实是我了解到的英国议会原则在上院和下院议员身上所具有的那种特点的最光辉的榜样。"不要把政治带进私人生活"。这当然是我们国民生活不顾激烈的党派战争，不顾许多信念和情感的严重分歧，得到恢复和发展，团结一致的基本标志。我认为这种团结是在我们古老半岛制度的摇篮中抚养的自由儿童，是传统和习惯养成的光明磊落。

　　我十分感激艾德利先生，感谢他今天早晨提到我时所使用的令人愉快的字眼。感谢他对我的斑斓绚丽的生涯给予的宽宏大量的表彰。但是我必须承认，这一仪式以及它所具有的庄严和魅力很可能会被看做已经严重影响了我作为一名党派政治家的争执不休的价值。然而也许得到了适当帮助，我将能克服这一反作用，稍后恢复正常。

　　反对党领袖和我在最近14年中是我们国家仅有的两个首相，没有其他健在的首相了。艾德利先生在生死攸关的战争年代当了副首相和我一起共事。在不固定的任职期中，许多事件在国外发生了。国内出现了深远意义的变化，其间有三次普选基础上的大选。议会活动和党派方针一直享有绝对自由。艾德利先生和我整个任职期间在国王制下对于最强大、最有争议的职务的垄断成为无可非议的事实。外界可能认为这是我们英国生活方式内部稳定的象征，然而却无意把它固定成为宪法永久的特征。

　　我确信，这是任何下院议员所接受的最优厚的一次礼遇。特此我向两院代表表示我衷心的谢意，感谢以他们的名义赠送给我的礼物。画像是现代艺术最显著的例子，它自然是力量和直率的结合。这些就是下院议员所具有的品质。大凡上院或下院的积极议员都应当勇敢面对这一结合的艺术。没有这些品质，就不会有这样的现代艺术。下院之父（大卫·格伦费尔先生）赠送给我的这本书是友好亲善的表征和所有党派议员勇武的致意。可以说，我的一生都是在下院度过的，阅历了整个大动荡、大混乱世纪里54年中的52个年头。我已经目睹了命运中的大起大落，但是一直没有停止我对下院这位母亲的热爱和尊敬，她为许许多多国家的立法议会提出了一个模式。

把关注和思考都赋予这一美丽的书卷，书中所记述的几乎全体共事议员的实际情况以及每个人所盖的印章，深深地打动了我的心。请允许我这样说，我彻底地明白了那些认为弃权是他们的职责的人所持的立场。它的价值在于它应当是由衷的和本能冲动。只要我一息尚存，我就要敬爱此书，我的家庭和我的后代子孙将把它视为最宝贵的财富。读了书中的赞扬，我感到题写书名页上的颂词十分优美，颇具艺术性。上面有约翰·班扬的名句。我承认我完全受到两种情感的左右——自豪和屈辱。直到现在我常常把它们当作是相辅相成的；但是在这样的情况下，我不能说哪一方在我心中占主导地位，实际上二者仿佛手挽手同舟共济。这件事在谁身上发生，他都不会感到自豪，同时，我绝不敢断言离我应尽的职责究竟有多远。

很高兴听到艾德利先生描绘我战争时期所作的演说，它不仅表达了议会的意志，也表达了整个国家的意志。他们的意志是坚定的，所谓英雄无悔，事实证明是不可能的。我有责任去表达它，假如我没表达错的话就请你们记住：我一直在用我的笔和我的舌头维持着生计。这是一个围绕具有狮子般之心的地球而居住的民族、种族，我很幸运地被召唤去发出吼叫。我也希望常常能够向狮子建议：到合适的地方去张牙舞爪。我现在近乎走完了我一生的历程。我希望我还能做出一些贡献。不管将会有什么降临，我相信我绝不会忘记我今天的心境，并希望能够向那些同事、伙伴表达我的感激，我一生都在与他们一道追求他们献给我的至高无上的光荣。

告别演说
"永不绝望"

下院   1955.3.1

在他生命的最后一个月中，作为首相，丘吉尔把剩余的能量用在解决两个大的国际问题上：氢弹的挑战和威胁以及在斯大林去世后与苏联领导人的最高层会晤。他眼见一个月比一个月苍老；美国的热情也减退了；来自议长们和下院议员的压力愈来愈大。丘吉尔必须选择退休的日子。最后于1955年初复活节休假之前，他明确地提交了辞呈。

他迫切要表明：要求辞职出于他自由的愿望，并非因为年迈衰竭。为此他决心把三月初的辩解演说写成（用莫兰大人的话说）"将是他的长篇大论之一，下院需要长期记忆的某种事情"。他花了20个小时起草发言稿，并一字不漏地向听众转述，听众报之以深深的敬意，整个挤满听众的会场鸦雀无声。

克里斯托弗·索姆斯及时向他转达这次演说的确是"一次非常精彩的告别演说"。《星期日报》也中肯地说："丘吉尔的演讲显示了他才华横溢，有极严密的逻辑性。"4月5日辞去首相之前，他在下院又作了两次演讲，但是在其伟大辩辞结尾中，无疑，他故意向他的听众、向他的艺术作正式告别。

　　我们生活的这段时间在人类历史上是无与伦比的。可以理性地、广义上从地理的角度把整个世界分成共产主义纪律规范和个体自由这两部分。与此同时，这一智力的和心理的界限伴随着双方销毁核武器占有的领地。

　　现在我们的对抗程度之深，就像改革时期的对抗及其反作用一样，最后导致了30年战争，可现在已遍布全世界，而非仅仅存在于欧洲的一小部分。从某种程度上说，我们早在13世纪就已更无情地、更彻底地划分了蒙古人侵略的地域界限。我们有力量、有科学，作为全人类的奴隶，现在要成为他的主人去威胁他了。

　　我不是装模作样地去找出一个能解决民族间持久和平的方法，于今天下午去展示一下，我也不打算讨论我们大家深恶痛绝的冷战问题，我们只得去忍受。我想唐突地向下院提出一些观察到的、经过长期思考的一般特点。按照我的想法，我希望能够宽容地把它们接收过来。这里我想主观地作些题外的探讨。我不想自诩为具有渊博科学技术知识的专家，但是我想就我与切尔维尔之间建立的长期友谊研究探索一下事件的演变。假如我重复一遍20年前我写的下述这段话，我希望下院不要责备我有虚荣心和自负感。

　　我们很了解：下个50年的科学成就将会比我们耳闻目睹的要更伟大，来得更迅速，更令人吃惊……高级权威人士告诉我们，比我们了解到更重要的动力的新源泉，坚信将会被发掘出来。核能比我们今天使用的分子能量更加强大无比。人们一天之中所采的煤能做人力所做功的500倍。核能更强大，是人力所做功的100万倍。假如氢原子在一磅水中分解，重新组成核，其能量足以驱动1000马力的发动机，满足整整一年的需要。假如电子——原子系统外层的微小行星被吸引与氢原子核结合，释放出的马力将会是120倍那样大，科学家对这一巨大的能源耳熟能详，所缺乏的就是点火的火柴，或引起炸药爆炸的雷管。

　　无疑，这在人们所发现的诸多描写中不完全是准确的描写，它既然于20

年前即1931年12月的《海滨》杂志上发表，我希望下院能宽容地接受我长期保持对于这问题感兴趣的请求。

当前的情况如何？只有三个国家不同程度地掌握了制造核武器的知识和拥有它的权力。其中美国独占鳌头。由于在我们与美国之间，自1946年以来信息交换的中断，所以我们才独立自主地重新开始。幸运的是尊敬的反对党领袖迅速采取行动在核发展和核生产方面尽可能减少拖延。由于他的积极主动，我们已经制造了自己的原子弹。

面对氢弹问题，我尽力去达到尊敬的先生的标准。我们已经开始制造原子弹了。就是这个严肃的决定促成了我们今天下午讨论的《卫报》的创刊。虽然苏联的原子弹的贮存比英国的多，英国在基础科学方面足以使我们走在苏联前面。

可以说，出于简单避免冗赘混乱，我使用了"原子弹"这个名词，用"氢弹"取代了"热核"，并整体上保存了"核"的名称。在原子弹和氢弹之间有一个大鸿沟。不管战时还是和平时期，由于原子弹的恐怖，从思想和行动方面都没把我们带到人类控制和驾驭的范畴之外。但是当美国国会委员会主席斯得林·柯尔（Sterling Cole）先生，于一年前，即1954年2月17日发表了关于氢弹的综合评论，说整个人类事务的基础都革命化了，人类被置于一种无可估量、充满死亡的形势之下。

事实是一定量的钚（还剩下不满桌上的那只盒子）储存起来十分安全，可以生产并满足无可争辩的任何世界大国霸权所需要的武器。没有绝对反氢弹的防范措施，也没有这样的方法可借以充分保护任何民族、任何国家免于毁灭性的打击，只需要20来枚氢弹就可以给广大地区造成这样的恶果。

我们应该怎么办？用哪种方法拯救我们的生命和世界的未来？这对老年人关系不大，他很快就要人土，但是从所有年轻人的活动和锐气看，我发现这是一种辛辣的讽刺，特别是沉迷于自己有浓厚兴趣游戏中的幼小的孩子们。假如上帝厌倦了人类，我不知道他们的命运将怎样。

最好的防御当然是诚心诚意的全面裁军。这一点铭记在我们所有人的心中，但是决不能让情感的烟云迷住了我们的视线。常言道："事实是铁面无私的。"裁军委员会新换届委员会正在伦敦开会，其明确的目的是秘密进行辩论。我们决不隐瞒存在于苏联政府和大西洋公约组织大国之间的分歧。它长期以来阻止了一种协调一致的气氛。苏联的悠久历史和传统令苏联政府对"协调"极为反感，甚至连一系列的国际视察都被他们拒之门外。

另一方面，正如美国拥有核武器，具有压倒的权威性，那么苏联及其共产主义卫星国在"正统"部队中具有极大的优势——我们用来打二次世界大战的那种武装部队，现在都大大地完善了。当前的问题是要构想出一种平衡的、分期分批进行系列裁军。在任何时期都不能让任何参与者享有威胁他人安全的优越感。根据这些方针政策，去年由女王陛下政府和法国政府联合制定计划，并被已故维信斯盖先生作为讨论的基础接受下来，目前正在伦敦进行验证。

假如苏联政府自战争以来对于美国具有原子弹的优越感有过神经质的表现，那是因为尽管有诸多的挑衅形式，他们十分确信，原子弹都不会被用来侵略他们。再者，大西洋公约组织国家在继续进行侵略和把共产主义向欧洲和亚洲推进的基础上联合起来。几年之后，这种做法将会隐蔽起来，并销声匿迹。为德国人创造出来的希特勒主义是举世无双的事件，它竟然大范围地发生了。整个自由世界普及了信仰，如果不是美国的核优势，欧洲已经被削弱到行星的位置，那么铁幕一定会延续到大西洋以及英吉利海峡。

除非可信赖的普遍的裁军协议能够达成，国际间访问制度建立起来并起了作用，自由世界在以后几年里才会有一种明智的政策。那就是我们称之为：借威慑以防守的政策。我们已经采取并宣布了这一政策。除非他们有威慑力，这些威慑的力量随时会变成裁军之父、之母。为了制造威慑的力量，我们自己必须拥有最新式的核武器，以及相应释放它们的设施。

这就是政府的立锥地。我们把它当作原则问题进行讨论。还有许多要摆出来的现实原因。假如战争降临，我们和美国便有了立刻打击的目标。尚有几个机场，苏联人一旦有运载氢弹的轰炸机，便可以从这儿使用氢弹发动进

攻。这是我们获得生存的生命线，以及我们获得的力量和数量。假如出现这些潜在的共产主义的进攻，借此我们能够在发动战争的几个小时以内，粉碎他们的进攻。

下院注意到：讲话中我尽可能避免使用"苏联"这个词。我对苏联人民具有强烈的羡慕之情。羡慕他们的勇敢、羡慕他们的智慧，也羡慕他们善良的本性。我们反对的是共产主义专政，他们宣称的共产主义事业以及他们改变宗教信仰的活动，这也是使如此大的世界四分五裂的原因。

在铁幕背后依然有行政、工业的大目标，也还会有苏联的潜水基地和其他海军目标需要及早地给予关注。除非我们做出自己的贡献——这是我所坚持的一点——我不敢肯定：采取紧急措施我们便能如愿以偿地把其他国家的资源纳入我们的使用计划，我对那些最后有威胁力的目标给予着重的考虑。

这些目标也许具有这样基本的重要性，真正对我们起到性命攸关的作用。在决定我们对"正统"部队的政策的过程中必须把这一切铭刻在心。

同时，美国原子弹的威力是苏联的许多倍——我不想提供准确数字——他们当然具有十分有效的释放措施。我们从道义上、军事上对美国的支持，我们拥有的更高质量的核武器以及不可限量的规模，所有这些与美国释放核武器的装备一起将会大大增强自由世界的威慑力量，并将巩固我们在自由世界范围内的影响。无论如何，这是我们决定推行的政策。这就是我们正在做的事情。我感谢议会两院提出的许多宝贵意见，我坚信这个国家的大多数。

关于氢弹的大量信息有的真实可信，有的过于夸大其词。其实质不可避免地与杜撰情节混为一谈。我可以高兴地说，还没有达到那种混乱的局面。惊慌失措必然有伤于和平。就这件事进行必要的讨论不应当作BBC节目或作电视节目。这就是我之所以深感忧虑的原因之一。我认为我把女王陛下政府的意见提交给权威人士是公正的，这一意见立刻被他们接受了，并且非常心悦诚服。

我们这个国家一定不能惊慌失措，以致妨碍了和平，否则在许多国家中会引起众说纷纭的轩然大波，并剧烈摇摆终于成为行动。一旦人们采取了决定性的步骤，反思、回顾就此中断了。像现在这样，尽管有阴郁的印象和对于安全执著的向往，世界人民依然踏着每日的旅程。这就是我们继续前进的方式。

我满足于述说氢弹这一武器的威力，除了关于在广大地区蔓延的爆炸冲击波和热效应，还要考虑噪音后果、人们所谓的随风传送的辐射粒子。这二者对人类有直接的影响，人在这样的空气中穿行，粒子通过动物、草木和蔬菜，通过食物间接地传播给了人类。

这一事实摆在逃脱了有毒气体爆炸的直接影响、逃脱了饥饿的众人面前，他们的想象力被吓退了。当然有鼓舞民心的民防措施的减缓和保护，关于这一点，内政大臣今晚晚些时候将发表讲话。但是我们采取了最大的防护措施：可以肯定通过从一个基地上成功地进行核威慑演习，下院相信人们会保持沉着、冷静、不懈的警惕性。

此外，一个奇怪的自相矛盾现象出现了。可以简单地说，某一特定观点传出来以后，有人会说，"坏事变成了好事"。

新近发生的广泛影响几乎无限地传播开来，起码在很大的程度上使一个地区陷于死亡的危险之中。把大量的空间和分散的人口与我们人口稠密的小半岛以及西欧一起放在一个均衡的位置或近乎一个脆弱的均衡的位置上，这一现象肯定会增加苏联的威慑。

我不能把这一发展看成是强加给我们的危险。我们已经达到高峰。不然的话，面对这一形式的攻击，大陆和我们这一岛国都是不堪一击的。至今人口众多的国家，如我所说的，同联合王国和西欧一样具有这一突出的弱点。但是氢弹带着大面积的杀伤力，以及对更广阔区域的污染，将会更加有效地反对那些人口广泛分布在如此大面积的土地上，以至他们感到他们是根本没有危险的国家。

他们也变得非常脆弱，也许并非均衡的脆弱，但却变得越来越脆弱。

我们再次看到了威慑的价值，以免感到突然的惊诧而且也会为两院的人深深理解。我重复一次"两院"，他们有控制事态的能力。这就是我为什么长时间期待最高层会晤的原因，会上这些问题可以由代表们清楚地直截了当地提出来。

而后完全可以说，凭借一种高雅的讽刺方法，我们可以在这一故事中达到一个高度，在这一高度上，安全是一个恐怖健壮的孩子，而幸存则是毁灭的孪生兄弟。虽然美国人创新了武器，可以设想：他们能制造我说的一切实效。我们相信苏联人已经通过核武器实验造出一种具有中等威力的原子弹。

然而根本就没有他们所以不应该在四年、三年、甚至两年之内制造出更先进武器和采取充分的措施向北美目标发射这些武器的理由。的确，反倒有充分的理由相信，在这段时间内，他们是可以办到的。照这样向前看，我们必须小心谨慎地避免拿我们当前的准备情况与三年内苏联将会进入的这一阶段相比较。这是一个大的错误，不能拿苏联今后三四年内的状况与我们自己今天的状况相比较。这样做不仅错在飞机发展方面相应准确的细节上，也错在漫无边际的核武器的发展上。

氢弹对这一半岛袭击的威胁不在眼下而在未来，据所能得到的消息，我已利用了各种机会请教所有可以找到的权威——今天，在接到通知几小时后可以发动带有氢弹的全面核大战的国家唯有美国。这肯定是一个重要事实，从某些观点来看，对我们中的某个人来说，无疑是一大慰藉。

可以想象，苏联也怕核武器的攻击，在他没赶上美国以前也制造了他自己的威慑武器，也许他想利用核武器再次发动突然袭击，以跨越这一鸿沟。所以美国得到英国的增援以后，对核武器方面的优势一定会进行一番改造，而后明确指出：这样的突然袭击不会立即阻止更大规模的报复行动，这是威慑政策的本质。

为了达到这一目的，不仅必须用各种可能的方法去刺激西欧大国的优势，而且他们发射炸弹的方式也必须得到进一步发展、提高，使其异军突起。这并非不可能，虽然在大西洋公约组织范围之外是绝无仅有的，美国在大量采取这些做法上有可能已经先声夺人，我们应当尽可能地协助他们。我不想面面俱到，不过，众所周知，试验基地已经在世界各地尽可能多地建立起来，美国的战略轰炸机部队在其他地区也突兀而起，最大程度的威慑能力正在不断地完善之中。

一般说来，苏联政府不会不知道我们所推行的威慑政策，不会不了解美国的实力以及我们对美国实力的加强。所以他们应当相信：突然袭击不能排斥中间的报复行动。如果有人这样对他们说："虽然你们也许会屠杀数百万我们的人民，利用突然袭击到处制造大混乱，进行破坏。在这次野蛮行动的几个小时之内，无疑我们可以发射几枚你们使用过的、比核物质重量大几倍的炸弹，并继续以同样规模予以还击。可以说，我们已经有几百个基地，可以从各个角度瞄准目标发射，并已对适当的目标进行复杂的研究。"所以似乎我有些战时的谈话经验，我们可以一起就餐，一起度过一个友好的傍晚。我不会惧怕讨论他们能涉及的诸种问题。不管是这一问题，还是那些严酷的事实，肯定都会增加威慑的力量。

我们必须承认，然而任何承认都是可怕的，威慑遮不住疯魔病，遮不住具有和希特勒有同样心境的独裁者。想一想当希特勒发现自己最后躲进了防空洞时，当时的心境如何。一片空白、茫然若失。假如我们都一致反对威慑，幸运的是我们可以找到保护我们自己的方法。

所有这些思考使我们相信，基于广泛的见解，苏联人会鲁莽地在以后的三四年中发动大战。当一个人面临非常形势时必须常常想到别人的利益，他们的利益会成为你唯一可利用的准则。我们可以算计，正因如此在那段时间大战没有打起来。假如最后发生了极大的冲突，我今天下午描绘的武器，双方都可以取来为我所用，虽然这样设想有点荒唐，这些武器不会被双方利用。我们的部署和准备工作必须基于预测，一旦战争爆发，马上就可以派上用场。

在以后的四五年内，自由世界应该下决心在氢弹方面保持压倒的优势。在这期间苏联人不可能处心积虑地发动大战，或发动突然袭击。不管是大战

还是突然袭击都会立即遭到核报复的粉碎性的打击。三四年之内打大战的可能性会更小．因为情况会不断地变化。苏联人也许会有氢弹以及对准联合王国、对准北美目标发射氢弹的设施。而后他们会到达一个阶段，不是美国与英国的对峙阶段，而是人们称之为"势均力敌"的对峙阶段。

我必须解释这一艺术术语。"势均力敌"是指一个点位，在这一点上虽然强国比其他国家强大，也许要强大得多。二者都能够利用他们所占的优势去杀伤别人或半死不活地伤害别人，然而并不意味着以后会有更大的战争冒险。实际上，通过议论认为双方的险情会更小，因为双方都会认识到：全球大战必然导致双方的毁灭。

从这一意义上说，未来的大战不同于我们过去了解的任何情况。交战的任何一方，开始时都要忍受战争最使你恐怖的东西，使你失去战争所要吞噬的一切。威慑不断地抬高自己的身价。侵略者明白：战机就是胜利的希望。过去侵略者受抓住战机的驱使。将来等到他们认识到被侵略的一方总会有足够的力量予以还击，使侵略者遭到迅雷不及掩耳、难以逃脱的粉碎性打击。这时，他们就会戛然而止。

当然我们都会赞成这一说法：世界性的国际裁军协议就是我们应当针对的目标。西方民主国家在战争结束时实行裁军，苏联政府却不这样做。于是西方国家在苏联人和共产党人驾驭了整个中国和半个欧洲以后，尽管是局部的也不得不再度武装自己。这就是目前的形势。对于共产党国家而言，说一声"让我们禁止一切核武器"无疑是一件容易事。共产党在常规武器的支配地位方面今后会占压倒的优势，也许会带来和平，然而仅就自由世界对共产主义制度的控制形式而言，核武器会带来和平。

因为演讲的题目复杂，讲了那么长时间，我很抱歉。我迫切需要重复和强调一个主题词，即"威慑"，这就是我讲话的中心内容。氢弹已经令人惊讶地走进了我们的生活和思想的建构中，它的影响是极大、极深刻的，但是我不同意有些人的说法，"让我们拆除所有的防御工事，并把我们的精力和智慧集中在核武器及其辅助武器方面"。威慑政策不能仅仅依赖核武器，必须与我们的大西洋公约组织联盟一起巩固西欧的防御盾牌。

除非大西洋公约组织在地面上拥有一支有效的部队，并且能造一道防线，不然阻挡不住共产党在这一所谓和平时期的游击战和蚕食打法：利用陆续不断的渗透战术，共产党逐步破坏了欧洲的安全。除非某些当地事件在遥远的国家中一发生，我们就准备发动全部的核战争进行还击。我们必须完善我们的常规军，以对付这种潜在的危险。

所以我们必须承担起和平时期对欧洲大西洋公约组织部队做出贡献的光荣职责。战时这一防御盾牌具有异乎寻常的重要性，因为我们必须尽自己最大的努力与苏联及其卫星国保持一般可控制的距离，以防对这些半岛的短距离空袭和火箭袭击。因为正规军的巨大威力仍然在威慑政策方面具有重大作用，也许在冷战中具有更大的重要性。

虽然世界大战可以由核武器的威慑力量所禁止，共产党完全可以在世界各地诉诸军事行动，推行他们的渗透和蚕食政策。根据朝鲜的模式，肯定会有有限目标的战争，一旦联合国组织召唤，我们必定能发挥我们的作用。按今天的条件，这也是我们英联邦责任的一个方面，我们需要正规军的强大力量，在骚动的和平与狂暴时期去完成我们世界范围的义务。

总结有争议的这一部分。当然，核武器的发展将影响武装力量，还有民防的形态和组织。我们已进入了一个过去和未来迭进的过渡阶段。如果有人设想，由于这些变化，我们的传统势力就会被抛弃、被取代，这就大错特错了。陆海空三军这一过渡时期的任务在《防御白皮书》中作了清楚的明文规定。至于那些方略问题将在《局部报》上进行详细的解释，再由三军议长呈递下院。利用这些方略去履行他们的义务和职责。

毫无疑问，任何事情都不是完美无缺的。但是氢弹出现以后的第一年里就已做好了这些安排，由三军表现出来的远见卓识、循序渐进适应能力是非常突出的（议员们发出"啊"声）。我懂得了，将会有指责的动议出台，肯定会有的。任何事情都不会比想利用过渡时期不可避免的行政困难来搞党派的政治活动更应当受到指责。我不是说所有的人都在这样做，我们将有目共

睹这样的事情将会在何时发生。

民防的未来形态也在《防御白皮书》中概括地提到了。当新计划的准备工作在继续进行时，这一概要将会得到充实。但是对民防有效体制的需要是毫无疑义的。这项工作今天在其崇高的意义上得到体现，即帮助普通受苦的人们的那种基督教义务。救助、抢险、医护工作从来就是民防的核心工作。大凡城市、家庭、任何一个高贵的先生、太太都不能拒绝这一义务。并且要从别人那儿接受帮助，并不准备屈身答谢。假如战争爆发，许许多多人只能死后才会解除他们的义务。但是只要活着，没有人能否认它。假如否认了，他们也许（俗话说）就要到考文垂市①去了（笑声）。我在讲传统，并不是讲特别的地方风俗。

我不懈地努力去开展争论，并加强这项工作，在这个国家为我们提供了一个插曲，我们会充分地利用它，把它用在争论上，至少可以延长我们的安全，延长人类的安全。然而如何延长？有那么一些人相信，无论如何会这样说：“假如我们能受到占绝对优势的美国的保护，我们无须为自己制造氢弹，或建造轰炸机、航空母舰以利发射。我们可以把这件事拜托我们大洋彼岸的朋友去做。我们的贡献应当是，对愚蠢政策提出批评，他们可这样做，也可以不这样做。我们都应当对这项工作献上我们的心和良知。”

就我个人而言，明智也好，愚蠢也好，当我们像今天一样，需要大量依赖他们的保护时，我不能去想我们应当对于他们的政策和行动施加更大的影响。我们也必须拥有我们自己的强大的威慑力，决不能让联合王国与美国之间以及整个英语世界日益加深的兄弟般的团结受到妨碍和损害。对它的维护，对它的促进，以及对它的加强是每个希望看到世界和平、希望看到这个国家生存的人的头等重要义务之一。

结束语：假如我们把耐心和勇气结合在一起，上帝保佑，在今后的十

---

① 英国英格兰中部城市。

年中便会赢来时间和希望，所有的威慑都会提高并获得权威。那时，威慑完全可以到达顶点，接受它最后的奖赏。当人类求得了公平合理，对他的同胞献出了爱心，尊重正义和自由的时候，天就亮了，受折磨的下一代将静悄悄地、胜利地从我们生存的丑陋的时代阔步走出，同时永不退缩，永不疲倦，永不绝望。